잘나가는 사람은 혼자 가지 않는다

사람을 통해 부와 성공의 확률을 높이는 인적 레버리지

잘나가는 사람은 혼자가지 않는다

부르르Brr 지음

와이즈베리
WISEBERRY

불꽃 같은 영감을 허락하신
원형 님, 영린 님, 득희William 님께
진심으로 감사드립니다.

인적 레버리지

사람을 통해
부와 성공의 확률을 높이는
지렛대 효과

들어가는 말

사람은 혼자 살 수 있지만 혼자 갈 수는 없다

"지금 좀 바쁜데…. 5분 정도 드릴게요. 짧게 말씀해 주세요."
"원료를 구하지 못해 망하게 생겼습니다. 한 번만 도와주세요. 제발 부탁드립니다."
"그럼, 저랑 약속 하나 하시죠."
"네?"
"원료 드릴 테니까 나 몰래 몇 푼 더 얹어서 그거 그대로 팔지 마시고, 반드시 제품을 만들어서 파세요. 그렇게 하시겠어요?"
"네, 그러겠습니다. 약속하겠습니다. 반드시 약속 지킬게요!"

"덕분에 살았지. 그때 그 양반 아니었으면 우리 회사는 지금 없었어."

　시장 가치가 5000억 원쯤 달하는 기업을 일군 80대 CEO가 겪은 실제 경험담이다. 이 CEO는 내가 일하는 영업점의 VVIP 고객으로, 언젠가 과거를 떠올리며 자신의 이야기를 들려준 적이 있다. 회사가 벼랑 끝에 내몰렸을 때 필요한 사람을 찾아가 도움을 청했고, 덕분에 세찬 풍파에서 벗어날 수 있었다고 말이다.

　다른 사람의 도움 없이 혼자 힘으로 성공한 것을 일컫는 말이 있다. 바로 '자수성가'다. 그런데 아무리 자수성가한 사람일지라도 가만히 이야기를 듣다 보면, 어려울 때 도와주고 이끌어준 사람이 곁에 있었음을 알 수 있다. 어느 날 갑자기 무인도에 떨어져 홀로 물고기를 잡고 나무 열매를 따 먹고 살아가야 되는 상황이 아니고서야 우리는 알게 모르게 타인과 도움을 주고받고 산다.

　잘나가는 선수 곁에는 그를 이끌어준 코칭 스태프나 선배 및 동료 선수들이 있다. 뛰어난 실력을 가진 의사 곁에는 수술 실력을 지도해 준 교수나 잘 보조해 주는 수술방 스태프들이 있다. 큰일을 당해 앞이 막막할 때 거금을 척 빌려주는 친구가 있는가 하면, 자신도 모르는 재능을 먼저 발굴해 준 놀라운 선구안의 교사도 있다. 안 되는 일을 미련하게 붙잡고 끙끙대는 사람에게 따끔한 충고로 세상살이를 밝혀

주는 인생 선배도 있다. 결국 자수성가란 말속에 숨은 '혼자 힘'은 타인의 도움을 자기 식으로 체화한 것을 포함하는 말이 아닐까?

생각해 볼 짧은 이야기가 있다. 큰 홍수가 나서 널빤지에 의지해 표류하게 된 사람이 있었다. 배를 탄 어떤 사람이 다가와 타라고 했다. 그는 신이 절 구해줄 거라며 거절했다. 물은 점점 더 불어났다. 하늘에서 헬기가 다가왔다. 밧줄을 내려주며 잡으라고 했다. 그는 또 신이 절 구해줄 거라며 거절했다. 그렇게 몇 번의 도움을 거절한 그는 결국 죽고 말았다. 신 앞에 간 그는 원망을 했다. "왜 저를 구하러 오시지 않았습니까?" 신은 말했다. "내가 너를 구하러 그들을 보내지 않았더냐."

세상은 빠르고 복잡하게 변하고 있다. 배우고 알아야 할 것들이 차고도 넘친다. 과거에는 식당에서 밥을 먹으려면 음식점에 들어가 벨을 누르고 종업원에게 주문만 하면 됐지만, 지금은 키오스크라는 주문기를 다룰 줄 알아야 한다. 길거리에 오가는 택시가 없으면 휴대폰에서 택시 앱을 켜고 택시를 불러야 한다. 그렇지 않으면 한여름 뙤약볕에 오랫동안 기다리고 있어야 한다. 편의성을 위한 기술은 더욱 발달하고 있고, 우리는 우리의 삶이 편리하도록 고안된

기기나 기술들을 익히지 못하면 외려 불편하고 힘들다. 때론 고생길이 열리기도 한다.

　이런 단순한 일도 그럴진대, 이보다 더 복잡하고 어려운 일은 말해 무엇하랴. 습관적으로 인터넷이나 모바일로 검색을 해보지만, 정작 중요한 진짜 정보나 도움은 나오지 않는 경우도 허다하다. 진짜 알짜배기는 그렇게 쉽게 얻어지지 않는다. 누구나 아는 상식은 더 이상 정보로서의 가치가 없다. 우리는 귀할수록 아껴두려고 한다. 지식이나 정보들도 다를 바 없다. 그렇다면 우리는 겉으로 보이는 것 말고 이면의 무언가를 찾아야 한다.

　은행에서 일하는 덕에 참 많은 사람을 만나게 된다. 그저 스쳐 지나가는 단순한 고객도 있지만, 크고 작은 거래를 하며 꾸준히 인연을 이어오고 있는 지인도 있고, 거래를 넘어서서 필요한 도움과 조언을 주고받는 좀 더 끈끈한 관계의 은인도 있다. 어쨌든 나는 나의 의지와는 별개로 이들의 자산 구조나 재산 현황을 보게 된다. 은행을 찾는 이들은 돈을 맡기러 혹은 빌리러 오는 사람들이기 때문이다. 덕분에 자연스럽게 알게 된 사실 하나가 있다. 세상에는 성공한 부자들이 참 많구나.

　'부자'라면 익히 떠오르는 이미지들이 있겠지만, 내가 만나본 부자들은 그와는 달랐다. 하나같이 자신의 '한계'를 누구보다 잘 알고 있었고, 자신보다 '뛰어난' 누군가를 찾아가 배움을 구하고 도움을 청하는 일을 당연하게 여겼다. 이들은 아는 것은 알고, 모르는 것은 모른다고 인정한다. 그런 여유와 품격이 이들을 성장하게 하는 원동력이다. 아는 만큼 성공의 기회가 커진다. 따라서 모르는 것보다 모르면서 아는 척하는 것이야말로 이들에게는 창피한 일이다. 전문가의 조언을 귀 기울여 듣고, 더 큰 성공을 위해 협업도 주저하지 않는다. 그야말로 '인연 만들기'의 달인인 셈이다.

은행업을 하며 알게 된 부자들과 성공한 사람들을 보면서 나는 느꼈다. 사람이야말로 성공의 속도와 양, 질을 결정하는구나. 그렇다면 사람들 또한 이들에게는 자산이겠구나. 여기에서 나는 '인적 레버리지'란 개념을 떠올렸다. 사람을 통해 부와 성공의 확률을 높일 수 있겠구나.

레버리지 하니 부정적 생각부터 드는 사람도 있을지 모르겠다. 남의 것으로 내 이득을 취하는 것처럼 느껴지니까 말이다. '사람을 이용해 부의 효과를 높이라는 건가?'라고 생각할 수도 있다. 그렇다면 왠지 내키지 않고 꺼려질 것이다. 하지만 다시 보자. '사람을 이용해'가 아니라 '사람을 통해'서다. 전자는 이기적이지만, 후자는 발전적이다. 어째서일까?

생각해 보자. 주변을 좋은 사람으로 채우기 위해서는

내가 먼저 좋은 사람이 되어야 한다. 좋은 사람이 되는 비결은 뭘까? 굳이 말하지 않아도 알 것이다. 따라서 인적 레버리지는 궁극적으로는 '같이 잘되는 것'을 꿈꾼다. 나만이 아니라 나와 관계된 모든 사람이 이왕이면 같이 잘살고, 같이 성공하고, 같이 부를 쌓는 것이다. 그리고 실제로 그렇게 행하는 사람들이 있다. 그러한 사람들의 이야기까지 나는 솔직하게 이 책에서 풀어놓을 것이다.

성공하고 싶은데, 부자가 되고 싶은데, 막상 노력하려니 귀찮다. 모두 운에 달린 일이라며, 그 핑계 뒤에 숨어 실컷 게으름만 피운다. 이런 사람들에게 세상은 쉽다. 적당히 해도 운만 터지면 그만이다. 아직 때가 오지 않았을 뿐이라며 자기 위안을 한다. 물론 저마다 꽃 피우는 시기가 다른 것은 맞다. 하지만 그것도 꽃을 피우려 노력하고 애쓸 때만 할 수 있는 말이다. 감나무 밑에서 감 떨어지길 기다리는 것과 뭐가 다르단 말인가.

기회와 시간은 무한대로 주어지지 않는다. 우리의 인생은 짧고, 잘못된 길로 들어섰을 때 치러야 할 기회비용과 수업료는 어마어마하다. 먼저 가본 자들의 고난과 실패의 이야기에서 지식과 경험, 지혜를 배울 수 있다면 금쪽같은 시간을 획기적으로 아낄 수 있을 것이다. 성공한 사람들이,

부자인 사람들이 자신의 이야기를 아낌없이 풀어놓는 것도 이런 이유에서다. 자신의 실패를 타산지석 삼아 뒤에 오는 사람은 시행착오를 자기보다 덜 겪게 되기를 바라기 때문이다. 우리는 도움을 원하기도 하지만, 이렇게 도움을 주고 싶어 하기도 한다. 일본의 유명한 한 철학자는 이를 '공헌감'이라고 표현했다. 타인에게 내가 도움이 된다는 생각이 우리를 행복하게 한다.

 그렇기에 인적 자산은 중요하다. 서로가 서로를 돕고, 함께 더 높은 곳으로 나아가게 하기 때문이다. 무엇보다 땡전 한 푼 없는 사람도 인적 자산만큼은 쌓을 수 있다. 인적 자산을 쌓는 데 필요한 밑천은 판단과 결심 그리고 실행력이기 때문이다. 다행히도 우리는 이런 밑천을 마음만 먹으면 쉽게 마련할 수 있다. 이 책은 이러한 인적 자산을 어떻게 하면 만들고 굴릴 수 있는지, 그리고 인적 레버리지는 어떻게 누릴 수 있는지 구체적이고 다양한 사례를 담아냈다. 부디 나의 깨달음이 독자 여러분에게 닿아 행복한 삶과 성공의 궤도를 그리는 데 도움이 되기를 바란다.

2024년 가을
부르르Brr

차례

들어가는 말 사람은 혼자 살 수 있지만 혼자 갈 수는 없다 • 8

1 | 잘나가는 사람은 혼자 전전긍긍하지 않는다

JYP 박진영의 생각을 오해하기 쉬운 이유 • 20

혼자 고민 말고 지금 당장 찾아가라 • 25

'인적 자산'이 곧 나의 현 위치를 말해준다 • 32

내가 어떻게 저 사람을? 내가 바로 저 사람을! • 39

SNS는 빤하다, 휴먼 바이브를 살려라 • 45

우리를 망설이게 하는 세 가지 오해 • 53

백문불여일견! 유튜브만 봐서 뭐 하나? • 62

나는 반드시 당신을 만날 것이다 • 69

2 | 그 사람을 내 편으로 만드는 법

삶은 달걀로 7000억 원에 달하는 의뢰를 얻다 • 84

판을 흔드는 질문을 던져라 • 91

기대되는 사람이 되어라 • 98

잘 보여서 손해될 것은 없다 • 110

잘못은 인정, 감정은 뒷전, 수습은 우선 • 119

보고서를 64번이나 고쳐 썼더니 • 129

기브 앤 테이크의 균형을 맞춰라 • 140

발전적인 관계를 구축하라 • 147

3 | 인적 자산, 어떻게 쌓아야 할까

'더 현대 서울'은 어떻게 대박이 났을까 • 154

뉴턴 형, 에르되시 형? 중요한 것은 용기다 • 161

무작정 찾아가 노래를 부르고 춤을 췄더니 • 167

묻지도 따지지도 않고 이메일부터 보낸 결과 • 172

거절당했다고 그만 포기할 것인가 • 181

무협 고수처럼 실력의 3할은 숨겨라 • 189

달팽이가 나무 위로 올라간 까닭 • 196

너무 열심히 완벽을 추구하다 보면 • 205

4 | 인적 레버리지, 이렇게 높여라

내 안의 반전미를 드러내라 • 216

하루에 100명을 다 만날 수는 없다 • 224

무의식에 박혀버린 거리낌을 걷어내면 • 232

말 한마디에 천 냥 빚을 갚는다 • 240

신동엽이 여전히 인기 있는 이유 • 248

앞에서 못 할 말은 뒤에서도 하지 않는 법 • 254

얻어걸리는 게 어때서 • 261

열린 마음, 열린 사고, 열린 사람 • 268

5 | 인적 레버리지를 해치는 것들

생각만 하다가는 끝난다 • 276

조금만 더 기다려주시면 안 될까요? • 283

당신이 뭔데 나한테 이래? • 290

아, 그럼요, 믿습니다! • 296

조바심이라는 덫에 걸리면 • 305

이만하면 됐겠지? • 313

안 하고 후회 안 할래 • 320

나 혼자 성공할 수 있다는 착각 • 329

나오는 말　　각자도생이 함께 도생이 되도록 • 336

1

잘나가는 사람은
혼자 전전긍긍하지 않는다

삶을 바라보는 인간의 방식이 그의 운명을 결정한다.
_알베르트 슈바이처

JYP 박진영의 생각을 오해하기 쉬운 이유

JYP의 수장 박진영은 부자다. 2024년 3월 18일 기준으로 박진영이 보유한 JYP 주식은 546만 2511주 정도 된다(금융감독원 전자공시시스템에 의거한 바에 따르면). 주당 가격이 7만 원대니 단순 계산해 봐도 3700억 원에 달한다. 오늘 당장 절반만 팔아도 통장에 꽂히는 돈이 어마어마하다.

박진영은 말한다. "실력이 있으면 (사람들이) 알아서 찾아온다"고 말이다. 그러니 "쓸데없이 인맥 쌓는 데 시간 낭비 하지 마세요"라고. 성공한 부자이자 국내 최대의 엔터테인먼트사의 수장이 이렇게 말하면 보통은 수긍하게 될 것이다. 마음 편안히 사람을 만나기 위해 노력하는 일을 그만둘지도 모른다.

하지만 이러한 박진영도 미국에 건너가 JYP USA를 설립할 당시, 자신을 홍보하기 위해 수많은 미국 엔터테인먼트사를 찾아다녔다는 사실을 알고 있는가? 심지어 한 엔터테인먼트사의 안내 직원과 친해지기 위해 음료수를 사 들고 몇 번이나 방문했다고 직접 밝히기도 했다.

자, 여기서 질문 하나. 미국에 진출했을 당시 박진영은 이미 한국에서 유명한 가수이자 댄서, 작곡가, 프로듀서, 엔터사 사장이었다. 이런 그에게 곡을 받기 위해, 혹은 JYP 소속 가수가 되기 위해 많은 사람이 줄을 섰을 것이다. 그렇다면 "실력이 있으면 알아서 찾아온다"라는 말은 한국에서만 통하고 미국에서는 안 통한다는 말인가?

여기에는 보완 설명이 필요하다. 이 말은 사람을 만나는 분명한 목적성이 있느냐 없느냐가 중요하다는 뜻이다. 이는 단순히 놀고 먹고 떠들기 위해 사람을 만나는 것과는 시작점이 전혀 다르다. 분명한 목적성이 있는 만남은 나의 '인적 자본'을 쌓는 일이다. 그냥저냥 시간을 같이 보내는 모임은 단순한 인맥 쌓기에 불과하다. 그렇다면 애초에 출발선이 다를 수밖에 없다. 에너지 효용성 측면에서도 마찬가지다. 단순한 인맥을 쌓는 데 시간을 그리 소비하는 것은 비생산적일 수밖에 없다.

그러니 박진영이 말한 '인맥 쌓기, 시간 낭비, 실력 쌓기'의 행간에 스며 있는 뜻을 오해하면 크나큰 실수를 할 수 있다. 특히 '난 돈도 실력도 아무것도 없으니 성공하기는 글렀네'라고 생각하는 사람이라면 더욱 그렇다.

만약 당신이, 진짜 실력이 있는 건지 없는 건지 모르겠지만, 그렇게 생각한다고 치자. 그런 이유로 그냥 주저앉아 포기하고 말 텐가? 세상에 그러고 싶은 사람은 아무도 없다. 최소한 실력이 쌓일 때까지 '혼자' 아등바등하며 방법을 강구할 것이다. 언젠가 내 실력을 보여주리라! 물론 포기하는 것보다는 백배 나은 태도다. 하지만 '나 홀로 칼 갈기'가 과연 최선의 방법일까?

이어서 질문해 보자. 그렇다면 어느 정도의 에너지를 얼마간 쏟아야 나의 실력이 누군가에게 명함을 내밀 정도가 될까? 그때쯤에는 진짜 그 실력을 보고 다른 사람이 나를 만나러 올까? 아니면 내가 자신감이 생겨 다른 사람을 만나러 갈 수 있을까? 그런데 그 실력의 수준은 대체 누가 정하는 것일까? 이미 감이 떨어져 철 지난 수준의 실력이라면?

이럴 때 우리는 흔히 '죽 쒀서 개 주었다'고 한다. 노력의 방향이 잘못된 것이다. 나는 이럴수록 더 악착같이 필요한 사람을 '찾아가야 한다'고 생각한다. 자신보다 더 많이 알고, 더 잘 알고, 감각의 날이 서 있어서 나의 문제와 가능성을 금세 포착해 줄 '바로 그 사람'을 찾아 나서야 한다. 이를 두고 우리는 흔히 '발품을 판다'고 한다. 하지만 나는 그 이상을 지향한다. 당신에게 없는 것이 '그 사람들'에게 있다면 주저 없이 찾아가 만나야 한다. 만나서 묻고 배워야 한다. 그래야만 지면으로는, 화면으로는 얻을 수 없는 생생한 노하우를 터득할 수 있다. 심지어 대면했을 때 느껴지는 에너지까지 덤으로 챙길 수 있다.

어느 TV 프로그램에서 박진영은 이렇게 말했다. 자신이 성공한 것은 지독하게 운이 좋아서라고. 그 운으로 그는 다음과 같은 것들을 꼽았다.

- 자신을 태어나게 해준 부모님을 만난 것
- 미국에 살면서 미국인을 만나 영어를 배운 것
- 마이클 잭슨을 알고 음악에 흥미를 갖게 된 것(비록 마이클 잭슨은 만나지 못했지만)
- 김형석, 방시혁 등을 만난 것

뭐가 보이는가? 그렇다. 박진영이 성공을 거둘 수 있었던 '지독한 운' 중심에는 언제나 '사람'이 있었다. 다만 그는 만나는 데서 끝나지 않고 자신을 발전시키는 동력으로 삼았다. 쉰이 넘는 나이에도 녹슬지 않은 그의 춤 실력을 보았는가? 끊임없는 열정과 노력, 뼈를 깎는 자기 관리를 통해 지금도 그는 곡을 쓰고, 프로듀싱을 하며, 노래를 한다. 젊은 감각을 잃지 않기 위해 더 젊은 사람들과 교류하고 의견을 나누면서 말이다.

우리는 내가 잘되면 내가 잘한 것처럼 느끼고, 내가 못하면 세상이 잘못한 것처럼 느낀다. 하지만 그렇지 않다. 자세히 들여다보면 주변의 모든 것이 협력이 잘되었을 때는 일이 잘 풀렸고, 그렇지 않았을 때는 힘들었을 것이다.

모든 일의 중심에는 '사람'이 있다. AI의 발전으로 인해 '인간 소외' 현상이 두드러질 것이라고 예견되지만, 그 AI의 근간을 이루는 것도 결국은 '인간의 데이터'다. 데이터는 쌓이는 것이다. 하나의 사례를 가지고 데이터라 하지 않으며, 나올 수도 없다. 따라서 홀로 골방에 처박혀 칼을 가는 것보다는 내게 도움을 줄 수 있는 사람을 찾아가 만나는 것이 좋다. 그 사람이 여럿이면 더 좋다. 그래야 다양한 노하우가 쌓이면서 생각이 확장되고 성공 가능성이 높아진다.

그렇다고 아무나, 아무렇게나 만나라는 뜻은 아니다. 그것은 박진영이 따끔하게 충고한, 인맥을 쌓는다는 명분으로 만나서 놀고 먹고 떠드는 시간 낭비보다 훨씬 더 좋지 않은 결과를 불러온다. 명확한 좌표를 설정해라. 지금 내게 필요한 도움이 무엇인지, 어디로 가야 그러한 도움을 줄 사람을 만날 수 있을지 목표를 명확히 해라. 그것이 진정한 출발점이다.

혼자 고민 말고 지금 당장 찾아가라

잠깐 나는 어떤 사람인지 생각해 보자. 고민거리나 문제가 생겼을 때 나는 어떤 태도를 취하는가. 혼자 고민하고 혼자 결정을 내리는가, 아니면 적극적으로 주변에 도움을 청하는가. 자존심이 센 사람일수록 혼자 고민하고 혼자 결정을 내리려고 한다. 자신의 약점을 남에게 내보이기 싫은 것이다. 똑똑하고 고집이 센 사람 역시 마찬가지다. 지금껏 자신의 선택이나 결정이 틀려본 적이 별로 없었기 때문이다.

하지만 우리네 인생살이가 어디 우리 마음먹은 대로 되던가. 자존심이 밥 먹여주지 않으며, 똑똑하게 굴다가 헛똑똑이가 되는 경우도 허다하다. 괜히 '집단 지성'이란 말이 나왔겠는가. 서로 협력하든지 경쟁하든지 해야 우리는 더 좋은 결과를 얻는다. 개인의 고민거리나 문제에 대해서도 마찬가지다.

진정으로 자신감 있고 똑똑한 사람은 자신을 잘 파악

하고 있어, 자신이 잘 모르거나 자신 없는 분야는 그 분야의 전문가를 통해 처리하려고 한다. 최소한 자신보다 잘 아는 사람을 통해 해결하려고 한다. 그게 훨씬 더 효과적이고 효율적이며, 리스크를 최소화할 수 있는 현명한 방법임을 알기 때문이다. 잘못된 길에 들어섰을 때 주저 없이 후진하며, 생각을 빠르게 전환해 새로운 길로 들어선다. 그렇기에 남들보다 덜 헤매고 더 빨리 길을 찾는다.

어느 날, 30대의 젊은 약사 P가 은행 영업점으로 찾아왔다. P는 탁월한 수완을 발휘해 서울뿐만 아니라 경기도 부천, 대구에까지 약국을 총 다섯 개 두고 있었으며, 본인 명의로 된 건물까지 가지고 있었다. 본업은 약사였지만 그야말로 사업의 달인이라 불러도 손색이 없을 정도였다. 그의 나이를 생각하면 꽤 대단한 일이었다. 앞으로도 그의 인생은 탄탄대로이지 않을까? 그런 그가 근심 어린 얼굴로 찾아온 것이다.

띵동. 영업점 비상구 벨이 울렸다. 시계를 보니 오전 8시 40분이었다. 은행이 문을 여는 9시가 되기까지 20분이나 남은 상황. 뭐가 이리 P를 서두르게 만들었을까.

나는 P를 데리고 지점장실로 들어갔다. 자초지종을 들어보니 과연 그럴 만도 했다. P는 경기도 부천에 있는 자신의 건물에 입점한 약사와 골치 아픈 명도 소송을 진행 중이었다. 그곳 약국의 매출이 너무 잘 나오다 보니 임차인이 임대차 계약 2+2를 다 쓰고도 나가지 않고, 오히려 건물주인 P에게 권리금을 내놓으라며, 자신의 요구를 들어주지 않으면 소송이 끝날 때까지 그 자리에서 계속 약국을 하겠다고 엄포를 놓고 있는 상황이었다. 임차인의 주장은 자기 덕분에 매출이 올랐으니 약국 자리에 대한 프리미엄을 돈으로 보상받는 게 당연하다는 논리였다. 급기야 임차인은 P에게 건물을 아예 통째로 넘기는 게 어떻겠냐는 제안까지 했다.

듣고 있자니 사정이 참 딱하게 되었다는 생각이 들었다. 끝을 기약할 수 없는 게 소송 아니던가. 그쪽에서 제안한 건물 매입 대금도 거의 헐값이나 다름없었다. 젊은 나이의 P가 감당하기에는 너무 버거워 보였다. 왜 아니겠는가. 그간 승승장구만 해오던 터에. 그로서는 난생처음 겪어보는 황당한 사건이었다.

일은 여기에서 그치지 않았다. 이로 인한 스트레스 때문에 정신이 쇠약해진 나머지 다른 네 곳의 약국을 관리하는 것에도 문제가 생겼다. 대출 이자를 내야 하는 날을 놓쳐 연체 이자가 발생했고, 약제 구매 대금과 관련된 카드 결제일까지 놓치면서 그야말로 모든 게 엉망진창 뒤죽박죽이 되었다. P의 멘탈은 빠르게 무너졌다. 여기에 건물 대출 원리금 상환일까지 도래해 월 4000만 원 이상의 목돈까지 필요해졌다.

가뜩이나 정신없는 마당에 수천만 원에 달하는 대출 원리금 상환이라는 압박까지 더해지자, P는 이러다 정말 큰일 나겠다 싶었다. 그래서 급한 마음에 주거래 은행을 찾아갔지만, 원칙만을 이야기하고 뾰족한 답은 내주지 않더라는 것이었다.

소송은 진행 중이고, 대출금 상환 날은 돌아오고, 주거래 은행은 속 시원한 해결책을 못 내주는 상황이니, 그야말로 피가 마를 지경이었다. 오죽하면 주거래 은행도 아닌, 한쪽 발만 살짝 걸친 정도의 우리 은행에 와서 그간의 사정을 털어놓고 도와달라 토로를 다 했을까.

나와 실무자는 그의 금융거래 현황을 확인하고, 담보로 제공된 건물의 등기부등본을 떼어 보았다. 최초 감정 기일을 보니 감정 가격이 더 나올 수 있는 수준이었다. 이에 감정평가사에게 긴급 탁상감정*을 요청했고, 예상대로 평가 결과가 좋게 나와 어렵지 않게 해결할 수 있을 듯했다.

---

* 매물을 직접 보지 않고 이런저런 정보를 참고해 감정가를 매기는 방법.

우리는 해당 건물에 대한 정식 감정을 의뢰했다. 참고로 정식 감정을 하면 수수료가 붙는데, 모두 은행에서 부담한다. 감정평가 수수료는 최종 감정가를 기준으로 몇십만 원에서 많게는 수천만 원까지 나온다. P의 건물은 정식 감정에서도 평가액이 좋게 나왔다. 그랬으니 그가 얼마나 혜택을 보았을지 짐작이 갈 것이다.

우리는 P에게 대출을 더 받을 수 있고, 기존 대출의 월별 상환 도래 원금까지 하나로 묶어 대환(당행으로 갈아타기)하면 금리도 더 낮출 수 있고 상환 부담도 훨씬 덜 할 것이라고 설명했다. 남은 것은 P의 결정이었다. 그의 기존 주거래 은행에서는 왜 담보를 재감정할 생각을 해보지 않았을까. 탁상감정만 해봤어도 해결책이 보이는 것을 말이다. 여전히 의아하다.

우리의 말을 듣던 P는 안도감과 허무함이 동시에 몰려들었는지, 양손으로 얼굴을 감싸고 손끝으로 눈가를 연신 비볐다. 시뻘게진 눈두덩이가 북받치는 심경을 대변하고 있었다.

그래서 결과는 어떻게 됐을까? 당연히 P는 우리의 해결책을 받아들였다. 추가로 우리는 그의 약제 매입 전용 카드 사용 한도를 본부에 승인받아 최대로 올려주었다. 덕분에 그는 카드 대금의 일정 금액을 현금성 포인트로 더 많이 돌려받아 매달 수백만 원을 절감할 수 있게 되었다.

내게 일이 생겼을 때 도와줄 누군가를 찾아가는 게 그리 어려운 일일까? 약사이자 건물주인 P는 혼자서 고민할 시간에 우리 은행을 찾아와 그의 앞에 놓여 있던 모든 문제를 한 방에 해결했다. 의약 지식은 당연히 P가 많겠지만, 같은 담보를 가지고 엎어 치고 메치는 금융 지식과 기술은 현업에서 뛰고 있는 은행원들을 능가할 수 없다. 이건 잘나고 못나고의 문제가 아니다. 운동선수로 친다면 어떤 근육을 주로 쓰느냐의 문제다. 창던지기 선수가 쓰는 팔의 근육과 축구 선수의 허벅지 근육이 다를 수밖에 없듯이 말이다.

제아무리 똑똑한 사람이라 할지라도 세상의 모든 사물과 원리를 간파하고 홀로 알아서 척척 해낼 수는 없다. 설사 그게 가능하다 할지라도 그렇게 되기까지 얼마나 많은 시간과 노력, 에너지를 들여야 하겠는가. 굳이 그렇게까지 할 필요는 없다. 제대로 된 사람을 찾아가는 것이 지금 당신이 해야 할 일이며, 지금 시대를 살아가는 우리 모두에게 필수 사항이다.

P는 주거래 은행을 갔다가 아니라는 판단이 서자 바로 우리 은행으로 왔다. 그 정도의 결정과 실행은 이 책을 읽는 우리 모두가 할 수 있다. 덕분에 P와 나의 관계도 달라졌다.

이제 그는 나의 주요 고객이 되었고, 나는 그의 주거래 은행 부지점장이자 지인이 되었다. P는 내게 자신처럼 약사인 부인을 소개시켜 주었고, 덕분에 P의 부인도 나의 고객이 되었다. 이후로도 그는 다른 동료 및 선후배 약사들을 소개해 줄 것이다. 뜻하지 않게 맺은 인연이 우리에게 더 큰 성공의 세계를 선사한다.

내 역량으로 감당하기 힘든 일에 부닥쳤을 때는 혼자 고민하며 끙끙 앓지 말자. 내 힘으로 해결하면 가장 좋겠지만, 살다 보면 그렇게 할 수 없는 일들도 꽤 많다. 그렇다면 누군가의 조언과 도움을 구하는 것도 현명한 방법이다. 아는 게 없어서, 가진 게 부족해서 발을 동동 구를 필요가 없다. 시시각각 변하는 세상에서 내게 필요한 사람이 누구고, 어떤 도움을 받아야 하는지 파악하는 것은 전혀 이상한 일이 아니다. 물론 나의 기대대로 안 될 수도 있다. 그렇다고 손해 본 것은 아니지 않은가? '밑져야 본전'이라는 마음으로 '찾아가기'를 선택하라. 반복하다 보면 분명 길이 열릴 것이다.

'인적 자산'이 곧 나의 현 위치를 말해준다

통장의 저금액도 하루아침에 쌓이는 것이 아니듯 '인적 자산' 역시 하루아침에 쌓이지 않는다. 꾸준히 주변 사람들과 좋은 관계를 맺고 이어가야만 비로소 인적 '자산'이라고 할 수 있다. 물론 돈과는 달리 인적 자산은 그저 많다고 해서 좋기만 한 것은 아니다. 인간관계란 기본적으로 '기브 앤 테이크Give & Take'를 바탕으로 한다. 그렇지 않은 관계도 있긴 하지만, 평균적으로 대개 그렇다. 사람의 마음이란 게 주는 만큼 받고 싶어 하기 때문이다. 따라서 감정적 소모가 뒤따르게 마련이다. 알고 지내는 사람이 많을수록 감정적 소모도 커질 수 있다.

그럼에도 주변에 늘 사람들이 끊이지 않고 모여드는 사람이 있다. 리더십이 있어서 그럴 수도 있고, 베푸는 걸 잘해서 그럴 수도 있다. 모든 사람을 공평하게 대해서 그럴 수도 있고, 함께 있으면 재미있어서 그럴 수도 있다. 확실한 건, 이러한 사람들은 모두 사람 좋다는 '입소문', 즉 평판이 좋고 명성이 있다는 점이다. 동네 반장도 일을 벌일 땐 동네의 평판 좋고 명망 있는 사람을 찾아가 부탁한다. 이런 사람은 인적 자산을 형성하는 데 유리하다. 사람들이 그에게서 좋은 점만을 보고 함께하고 싶어 하기 때문이다. 이런 사람에게는 언제 어디서 문제가 생겨도 도움의 손길이 따른다. 그 사람의 됨됨이와 능력을 믿기 때문이다.

주식회사 J의 대표 S는 수익률이 현저히 떨어지는 상업 건물을 잘 살리는 것으로 유명하다. 어떤 사업 수완이 있는 걸까? 일단 그는 건물에 식음료 매장 및 스터디 카페 등을 연 뒤, 일부러 손님이 많은 시간대를 골라 주변 사람들을 초대한다. 와서 눈으로 직접 보라는 뜻이다. 굳이 말할 필요 없이 자신이 이만큼 잘되는 사업을 운영하는 감각 있는 사업가라는 점을 어필하는 것이다. S는 평소에도 실적 포트폴리오를 만들어 주변 사람들에게 카카오톡(카톡)으로 뿌리는 등 자기 사업 홍보에 매우 적극적이다.

초대받은 사람들은 공짜로 밥을 먹으면서 "와, 이 집 장사 진짜 잘되네" 하고 감탄한다. 바쁜 시간에 괜히 와서 자리만 차지하고 있는 것은 아닌지 눈치가 보이기도 한다. 때론 장사하는 데 방해가 될까 싶어 오래 앉아 있지 못하고

서둘러 일어나기도 한다. 알고 보면 S는 2만 원짜리 밥 한 끼를 대접했을 뿐이다. 하지만 정작 얻어먹은 사람은 그 시간을 통해 S의 사업적 능력을 확인하고 무한한 신뢰를 보낸다. 건물은 있는데 어떤 업종을 들여야 할지 모르겠거나, 월세를 많이 올리지 못해 직접 자신이 매장을 운영해 볼까 고민되는 애매한 부자들에게는 이만한 시그널이 없다.

S의 식당이 주말에만 잘되는 거라면 속임수일 수도 있다. 하지만 그는 평일에도 그에 못지않은 매출이 난다는 것을 국세청에 제출한 증빙 자료를 통해 자연스럽게 노출시킨다. 그러면 의혹은 눈 녹듯 사라진다. 현금 흐름이 약한 건물주들이 두 번 고민할 것 없이 바로 조언을 구하거나 동업을 문의하는 연락을 준다고 한다.

이렇게 누가 봐도 아쉬울 것 없이 잘나가던 S가 어느 날 나를 찾아왔다. 돈 문제는 아니었다. 사업적인 문제였다. 그는 지금 자신이 하는 것보다 더 큰 그림을 그리고 있었다.

S는 지금처럼 건물 하나에 점포 하나를 입점시키는 등의 단발성 사업 말고, 어느 정도 규모가 있는 건물 하나에 입점할 점포를 통째로 직접 설계하고 총괄하는 일을 하고 싶다고 했다. 다시 말해, 건물의 입지 조건과 상태, 주변 상권을 분석해 층마다 어울리는 업종을 직접 선택하고 유치하고 싶다는 것이었다. 이를 통해 건물 자체의 수익을 퀀텀 점

프시키는 더 큰 영역으로 나아가길 원한다고 말이다. 그런 일을 맡기 위해서는 성과 샘플이 있어야 했다. 그런 포트폴리오가 있다면 앞으로 더 크고 높은 단계의 사업을 따내는 데 상당히 유리하게 작용할 터였다. 그의 입장에서는 사업의 발전과 자신의 성장을 위해 꼭 필요한 프로젝트였다.

하지만 그게 가능하기 위해서는 몇 가지 조건이 받쳐줘야 했다. 우선 상권이 죽은, 혹은 현금 흐름이 저조한 건물을 이렇게 살렸다는 걸 보여주어야 하니 신축 건물보다는 어느 정도 규모가 있으면서도 힘이 빠진 구건물을 찾아야 했다. 여기에 해당 건물주가 대출 등 현금 동원력이 있어 S가 제안하는 사업을 진행할 수 있어야 했다. 조건도 만만치 않았고, 사업하느라 동분서주하는 S가 혼자 직접 그런 건물과 건물주를 알아보는 것도 쉬운 일이 아니었다. 그러던 차에 자신의 집 앞에 있는 건물이 눈에 들어왔다. 하지만 어떻게 접근해야 할지 엄두가 나지 않았다. 다년간 사업을 하면서 많은 지인을 둔 S였지만 생각만큼 필요한 도움을 얻기란 예상보다 힘들었다.

나는 이런 내용을 우리 지점장에게 함께 외부 업체 섭외를 나갈 때 전했다. S의 진정성과 사업 능력을 어필하며 우리가 좋은 구심점이 되었으면 좋겠다는 의견도 덧붙였다. 그런데 얼마 후 깜짝 놀랄 일이 벌어졌다.

며칠 뒤 지점장이 어떤 상갓집을 방문했는데, 그곳에서 우연히 우리 영업점과 거래 중인 우량 고객 T사의 재무이사 H를 만난 것이다. 별도의 일행이 없었던 지점장과 H는 같은 테이블에 앉았고, 밥을 먹으며 대화를 나누던 중 T사 회장이 보유한 건물 이야기가 나왔다. 기업 승계로 인해 해당 건물에 반드시 점포가 입점해야 하는 상황이란 것이었다. 건물에 입점한 점포가 많을수록, 업종이 다양할수록 세금을 줄일 수 있었기 때문이다. 그런 이유로 건물 전체적인 입점 과정을 맡아줄 곳이 필요하다고, 소개시켜 줄 만한 업체가 있느냐고 H가 지점장에게 물은 것이다. 지점장은 너무 놀라서 건물 입점 과정을 총괄할 사람을 찾고 있는 것 맞느냐고 재차 확인했다. 그리고 내가 이야기했던 S를 떠올리며 곧바로 이런 사람이 있다고 H에게 전했다.

다음 날, 지점장은 무척이나 상기된 얼굴로 내게 이 상황을 전달해 주었다. 나는 곧바로 H와 통화를 한 뒤 S에게 연락해 두 사람을 연결시켜 주었다. 잠시 후 S에게 전화가 걸려왔다. 매우 흥분된 목소리였다.

공교롭게도 그 건물은 바로 S가 좋다고 한 자기 집 앞의 그 건물이었다. 일이 되려니 이렇게도 되는구나 싶었다. S가 얼마나 기분이 좋고 신이 났겠는가. 상권 분석부터 입점할 아이템까지 바로 분석을 끝낸 다음 자료를 만들었다.

그리고 단 한 번의 브리핑으로 T사 회장 및 임원진으로부터 합격점을 받았다.

아무리 능력 있는 사람도 때로는 누군가의 도움이 필요하다. 평소 주변 사람들에게 좋은 이미지와 호감을 심어주었다면, 이럴 때 발 벗고 나서주는 누군가가 분명 있다. S의 경우 사업적 능력도 능력이지만, 그가 평소 진정성 있고 매우 열심히 하는 사람이란 걸 나나 지점장이 알고 있었기에 가능한 일이었다. 그렇지 않았다면 이런 큰 프로젝트를, 그것도 우리의 주요 고객사를 상대로 소개해 주었을까? 우리 입장에서는 자칫하다가는 양손의 든 떡을 모두 놓칠 수도 있는 일이었다.

옛말에 옷깃만 스쳐도 인연이라고 했다. 이번 인연의 옷깃은 우리 영업점에서 스치게 해주었다지만, 평소 눈여겨본 건물의 일을 맡게 되었다는 점에서 사람 일이란 정말 언제 어떻게 될지 모른다는 점이 명확히 확인되었다. 우리가 사는 세상은 이렇게 좁지만 또 이렇게 넓다. 그렇기에 돈만 말고 사람 자산도 쌓아야 한다.

그렇다고 단순히 성공의 기회를 위해서 그렇게 하라는 말은 아니다. 성공은 어떻게 보면 덤으로 주어지는 결과일 수도 있다. 주객이 전도되면 세상살이가 너무 피곤해진다.

게다가 누가 봐도 빤하게 계산적으로 다가오는 사람을 좋아할 사람이 어디 있겠는가(물론 사업적으로 계산기를 잘 두드려서 줄 건 주고 받을 건 받는 등 딱 떨어지는 관계를 선호하는 사람도 있겠지만).

흔히들 말한다. 바닥으로 떨어졌을 때 그 사람의 진가가 나타난다고. 성공하지 못해도, 잘나가지 못해도 주변에 사람들로 넘쳐난다면, 최소한 인덕은 있는 것이다. 그 인덕이 지금 내 자리, 내 위치를 말해준다. 그걸로도 충분히 괜찮은 인생이지 않을까. 최소한 나는 그렇게 생각한다.

내가 어떻게 저 사람을? 내가 바로 저 사람을!

나는 은행원이다. 18년 차로 이제는 한 영업점의 부지점장이자 팀장이다. 그리고 내게는 일하는 영업점 내의 팀 말고도 외부적으로 운용하는 크루(팀)가 있다. 여기에는 은행 내 실무자, 감정평가사, 공인중개사, 세무사, 법무사, 변호사, 컨설턴트 등 각 분야의 전문가들이 속해 있으며, 마치 하나의 팀처럼 유기적으로 움직여 정보를 제공해 준다. 어느 기업 대표가 나를 찾아와 100억 원대 사옥 또는 사업장을 찾는다고 말하면 매물 탐색부터 가격, 대출 가능 금액, 이후 가치 평가까지 원스톱으로 서비스를 제공할 수 있다. 고객은 살 건지 말 건지만 결정하면 된다.

고객 입장에서는 나 한 명만 알 뿐이고, 나한테만 필요한 부분을 말했을 따름이다. 그럼에도 필요한 서류 작업부터 매물 감정, 중개, 세금, 법률적인 부분까지 한 번에 알아볼 수 있다. 어디 그뿐인가, 괜찮은 물건을 합리적인 가격에 타진하고, 대출 가능한 금액까지 바로 확인할 수 있다. 그야말로 앉은 자리에서 열을 얻고 가는, 환상적인 서비스를 경험하는 것이다.

그렇다면 나는 어떻게 이 크루를 얻게 됐을까? 결론부터 말하자면, 발품을 팔아 한 명 두 명 알게 된 인연이 꾸준히 이어져 지금의 관계가 되었다.

어느 날, 서울 마포구에 있는 한 부동산중개법인을 찾아갔다. 거래 고객의 대출 만기 연장과 관련하여 거래약정서에 자필 서명을 받아야 했는데, 거기서 만나기로 했기 때문이다. 문을 열고 사무실로 들어갔다. 들어가 보니 어느 대만계 부자도 함께 소파에 앉아 있었다. 나는 얼떨결에 부동산 사무실 대표와 대만계 부자에게 명함을 건넸다. 잠시 후 서류 작업을 맡아줄, 그 일대 큰손(건물주)들과 관계가 좋은 법무사 사무장이 거래 고객과 같이 들어왔다. 나는 그 자리에서 생각지도 못한 큰 인연을 셋이나 얻는 행운을 잡았다. 특히 법무사 사무장은 지금도 탄탄한 회사들을 내게 소개해주며 많은 도움을 주고 있다.

이런 식으로 발품을 팔면서 많은 사람을 만나고 돌아다니다 보면 연락처를 여러 개 얻게 된다. 가령 이런 식이다. 한 지인 덕분에 1번부터 10번까지 연락처 10개를 얻었다. 이 연락처를 바탕으로 나는 1-3번 김씨를 만나게 된다. 김씨 또한 자신의 지인 10명을 소개해 주어 나는 또다시 연락처 10개를 얻게 된다. 이 연락처 10개를 통해 나는 또 1-3-5번 미스터 J를 알게 된다.

참 신기한 일이다. 김씨도 미스터 J도 처음엔 모르던 사람이었다. 그렇다고 내가 그 사람들을 알아서 찾아간 것도 아니다. 그렇다고 내 이름이 널리 알려져 그들이 나를 찾아온 것도 아니다. 그저 몇 번 발품을 판 덕에 연락처 10개를 얻어 김씨를 알게 되었고, 또 김씨를 통해 연락처 10개를 얻어 미스터 J를 알게 됐을 뿐이다. 인적 자산은 이렇게 시작돼 구성되기도 한다. 그리고 이런 경험은 나를 달라지게 만들었다.

사실 나는 본점에서 오래 근무하다가 승진을 하면서 영업점으로 다시 오게 되었다. 영업점 팀장(부지점장)으로 발령받은 것이다. 오랜만에 영업점으로 돌아오니 낯설고 어려웠다. 세월의 흐름에 따라 지점의 영업 구조와 환경도 많이 바뀌어 있었다. 불안한 마음에 밤잠을 설치는 일도 있었다. 이 순간만 넘기자, 어떻게든 1년만 버티고 다시 본점으로 돌아가자는 생각으로 본점 복귀를 위한 꼼수를 모색하기도 했다.

하지만 나는 결과적으로 그렇게 하지 않았다. 정말로 그럴 마음을 먹었다면, 나는 본점에 있는 인맥을 총동원해서 다시 본점으로 복귀하려는 작업을 시도했을 것이다. 하지만 차마 그럴 수 없었다. 도피하고 싶지는 않았다. 낯설고 두려운 환경 속에서도 어떤 막연한 기대가 있었던 것 같다. 어쩌면 여기서 또 다른 새로운 기회를 맞이할 수도 있겠다는.

나의 기대는 빗나가지 않았다. '여기에 발령받아 오길 잘했구나'라고 깨닫기까지 그리 오랜 시간이 걸리지 않았다. 수십 년간 산전수전을 다 겪으며 부를 이룬 자산가들이나 성공한 기업체 대표들과 직접 만나는 일은 남은 나의 인생을 어떻게 설계할 것인지 고민하고 깨닫게 했다. 무엇보다 이들은 통장에 수십억, 수백억이 들어 있는 게 확인된 나의 고객들이었다. 사기와 기만이 판치는 요즘, 이보다 더 확실한 사실로 나의 의식을 확장시켜 줄 사람을 내가 또 어디서 어떻게 만날 수 있을까. 다시 생각해도 백 번 천 번 감사할 일이다.

어떤 업계든 마찬가지겠지만, 은행 영업점은 특히 1년 내내 실적 압박에서 자유로울 수가 없다. 본점은 상대적으로 그런 부담이 덜하다. 이를 가르는 차이가 바로 '사람 만나기'다. 본점과는 달리 영업점은 사람들을 끊임없이 만나야 살아남을 수 있다. 그런데 이러한 면을 잘만 활용하면 '무조건 찾아가기'를 자연스럽게 훈련할 수 있으며, 이를 통해 엄청난 인맥과 정보를 동시에 확보하는 일도 가능하다.

만약 내가 제대로 마음먹고 본점으로 돌아가려고 했다면, 그래서 그 시도가 성공했다면 어떻게 됐을까. 지금쯤 본점이라는 폐쇄된 공간에서 실적 압박 없이 비교적 편안한 직장 생활을 누리고 있을지도 모를 일이다. 그렇다면 영업점의 내 크루(인맥)들을 과연 만날 수나 있었을까? 업계의 거물들과 차를 마시고, 그들의 인생 노하우를 공짜로, 심지어 대접까지 받아가면서 들을 수 있는 기회를 가질 수나 있었을까? 아마 장담컨대 없었을 것이다.

내 크루 10명이 저마다 10명씩의 지인을 소개해 주면, 나는 이들을 통해 새로운 사람 100명을 빠르게 얻을 수 있다. 그리고 이 100명이 저마다 10명씩의 지인을 또 내게 소개해 준다면, 나는 순식간에 1000명이라는 사람을 얻게 된다. 그런 식으로 나는 '1만 명의 사람'을 얻을 수 있다. 인적 레버리지가 커지는 것이다.

꼭 1만일 필요는 없다. 보이는 숫자에 매몰되면 곤란하다. 중요한 것은 관계의 깊이와 끈끈함이다. 카톡에 친구 1000명이 등록돼 있어도 정작 필요할 때 연락할 사람이 하나도 없다면 그 무슨 소용이 있겠는가. 편하게 연락이 가능한 사람으로 만드는 것은 내가 하기 나름이며, 결국 내가 해야 할 몫이다. '인적 레버리지'를 늘려 내 삶을 부유하고 성공 확률이 높게 만드는 것은 전적으로 나 자신에게 달렸다는 뜻이다. 때론 너무 많은 부름과 응답에 귀찮고 피곤할 수 있겠으나, 달리 말하면 그 속에 더 많은 잭팟의 기회들이 기다리고 있다는 뜻도 된다. 그렇다면 그 피곤함을 다소 기분 좋게 여기고 '인적 레버리지'를 당겨볼 만하지 않을까.

SNS는 빤하다, 휴먼 바이브를 살려라

요즘 같은 세상에서 은행은 참 영업하기 힘들다. 보통 힘든 게 아니다. 더럽게 힘들다. 보이스피싱이 기승을 부리는 탓에 더욱 그렇다. 은행 '갑질' 프레임에 대포통장 같은 범죄 연루 이미지까지 더해져 고객에게 대출을 해주면서도 죄책감을 느껴야 할 판이다. 그럼에도 나는 '고객들'을 만나러 가야 한다.

영업이란 세계에선 경쟁 업체끼리 고객을 뺏고 뺏기는 게 일상이다. 신용도 좋고 매출도 좋은 사업체가 있다면 무조건 찾아가 거래하자고 매달려야 한다. '갑질'하는 은행인 줄 알았는데 실상은 이렇게나 다르다. 나 역시 지점장 옆에 서서 하루에 폴더 인사만 수십 번씩 한다. 명함을 주고받고 악수를 건네며 호감 어린 눈빛으로 미소를 멈추지 않는다. 사람들이 알고 있는 **뻣뻣한** 은행의 속사정은 이렇다. 은행도 이러할진대 다른 사람들은 어떨까. 성공하고 싶다면서 말만 할 뿐, 필요한 그곳에, 생각한 그곳에 찾아갈 생각을 얼마나 해봤을까. 필요한 그 사람을 만나기 위한 노력을 얼마나 해봤을까.

이런 은행에도 장점은 있다. 그중 하나를 꼽으라면 나는 '구심점 역할'이라고 말하겠다. 부자든 가난한 사람이든, 사업가든 월급쟁이든, 대기업이든 중소기업이든, 심지어 자본주의 국가든 공산주의 국가든, 은행은 돈이 있는 곳이면 계좌를 열어주고, 돈이 머물고 드나들 수 있게 한다. 한마디로 돈과 정보가 가장 많이 모이는 곳 중 하나가 은행이란 뜻이다.

만약 당신이 돈을 벌고 싶다면, 성공하고 싶다면, 제일 먼저 무엇을 해야 할까? 굴리는 돈만 수천 조에 이르는 미국의 최대 자산운용사 블랙록 본사를 찾아가면 될까? 아니면 같이 한 번 점심 먹는 데 수억 원을 내야 하는, 그것도 운이 좋아야 가능한 워런 버핏을 만나러 가야 할까? 그럴 수 있다면 정말 좋겠지만, 사실 이건 너무나도 꿈같은 이야기다. 현실적인 조언을 하자면, 은행 영업점을 찾아가면 된다. 믿을지 모르겠지만, 한국의 은행 영업점은 스타벅스 점포보다 많다.*

친절을 가장한 직원이 틱틱거려도, 심지어 내 자존심을 상하게 해도 신경 쓸 필요 없다. 가장 빨리, 가장 쉽게, 가장 효과적인 방법을 알려줄 사람이 거기 있다면 찾아가는 게 맞다. 심지어 차도 주고 상담비도 받지 않는다. 약간의 시간만 내면 된다.

물론 은행에 오면 반드시 성공한다는 뜻은 아니다. 이건 하나의 예시에 불과하다.

모바일 앱만 깔아도 은행 업무를 충분히 볼 수 있는 세상이다. 심지어 모바일로 주택담보대출도 받을 수 있다. 하긴 인감증명서까지 인터넷으로 발급되는 형편이니 말해 무엇하랴. 총알배송으로 인해 주문 물품은 당일에 도착하고, 새벽배송을 통해 싱싱한 과일과 채소가 매일 아침 문 앞까지 배달된다. 소셜네트워크서비스 SNS, Social Network Service 로는 낯선 사람과 이야기를 나누고 각자 가진 정보를 주고받을 수도 있다. 그런데 뭔 발품을 팔고 직접 은행에 와서 사람까지 만나라는 것이냐, 충분히 저항 심리가 생길 수 있다. 하지만 내가 이렇게 말하는 데는 분명한 이유가 있다.

대화는 전화 통화로도 충분히 할 수 있다. 카톡에서 모바일 명함을 주고받으면 이메일, 사업장 주소 등 웬만한 정

---

* 2024년 2월 14일자 《뉴시스》 기사를 보면 현재 국내 스타벅스 점포 수는 1893개로 연내에 2000개를 돌파할 것으로 예상되며, 2024년 3월 19일자 《서울신문》을 보면 4대 은행 영업점 수는 2083개에 달한다.

보도 다 알 수 있다. 그런데 이게 전부다. 정제되고 수정되어 틀린 게 하나 없는, 빈틈없는 자료만 있을 뿐이다. 여기엔 상대를 마주하며 눈빛으로 교감하고, 서로의 손을 붙잡고 악수하며 나눈 체온과 이야기의 흔적이 없다. 실제로 대화를 주고받으며 예상치 못하게 터지는 다이아몬드 원석급의 정보는 기대할 수 없다. '전화번호만' 아는 사람으로 남을 것인지, '전화번호까지' 아는 사람으로 남을 것인지는 오롯이 내게 달렸다. 이조차도 찾아가 대면하고 이야기를 나눌 때 가능한 기대치다. 이 차이가 얼마나 인생을 가르는지는 두고 볼 일이다.

그렇지만 이것만큼은 분명하게 말할 수 있다. 한 톨이라도 더 정성을 들인 관계에는 다른 한 톨이 더 있을 수밖에 없다고 말이다. 당연하지 않은가. 차고 넘치는 정보의 범람과 편의성을 추구한 탓에 이제는 누군가의 전화번호 같은 신상 정보는 가벼이 여겨지는 세상이 되었다. 그런 탓일까, 실체를 확인하고 상대의 호흡을 느낄 수 있는 대면 만남은 외려 원시적이면서도 독특한 느낌을 주며, 동시에 가장 빠르게 신뢰를 쌓을 수 있는 시작이 된다.

그렇게 사람을 찾아가 마주하면, 빤한 홈페이지나 안내문에서는 찾을 수 없는 꿀팁이나 노하우, 책자나 글자로는 담을 수 없는 어렵고 복잡한 내용들을 얻을 수 있다. 때에 따라서는 좀 더 큰 도움을 줄 수 있는 사람을 2차, 3차에 걸쳐 소개받을 수도 있다. 이는 모두 직접 찾아가 만나야 생기는 일들이다. 만남을 거듭할수록 내가 가져가는 정보의 양과 질이 달라지며, 그 과정에서 나의 인적 자산도 탄탄하게 쌓인다.

요즘 많은 사람이, 특히 젊은 사람들이 통화하기를 어려워한다고 한다. 문자 메시지, 메신저로 소통하는 것에 익숙해졌기 때문이다. 하지만 정작 중요한 용건은 결국 말로 해야 한다. 문자나 이메일에 짧게 담긴 내용은 제대로 이해가 안 될 때도 있을뿐더러 상대의 표정이나 분위기가 보이거나 느껴지지 않기에 오해도 사기 쉽다. 통화 역시 마찬가지다. 상대의 얼굴이 보이지 않고, 어떤 상황인지 모르기에 말투만으로 판단하다 보면 자칫 실수를 저지를 수도 있다. 지금 이 시대에도 대면 미팅이 어려운 경우, 화상 미팅이라도 하는 데는 다 그만한 이유가 있는 것이다.

나는 다른 은행에 근무하는 은행원 A와 인테리어업을 하는 B, 건물주 C를 알고 있었다. 어느 날 사업장이 필요한 업주 D가 찾아왔다. D는 매우 적극적이고 긍정적이며 열심히 하려는 의지가 강한 사람이었다. 다만 그의 자금 사정이 좋지 못해 사업장 마련이 여의치 않았다. 나는 D를 도와주고 싶었으나 우리 영업점에서는 굳이 무리하게 대출을 진행할 수 없는 입장이었다. 그래서 D를 다시 돌려보냈다. 하지만 D는 계속적으로 찾아와 사정을 호소하며 방법이 없겠느냐고 물었다.

나는 고민 끝에 A에게 연락해 대출 가능 여부를 타진했다. 마침 대출 실적이 필요했던 A는 흔쾌히 진행할 의사를 내비쳤다. 다음으로 나는 B에게 연락해 사정을 설명했다. B는 견적을 뽑아본 후 D의 사정을 감안해 공사비를 할인해 줄 의향이 있다고 전해왔다. 마지막으로 C에게 연락했더니, 마침 임대 계약 기간이 끝나가는 건물이 있어 싸게 내놓은 상태라고 했다.

D는 다른 은행에서 예상보다 훨씬 더 많은 금액을 저렴한 이자로 대출받았다. 좋은 입지의 건물을 적당한 가격에 매입하여 합리적인 공사비로 인테리어를 마쳤다. 사업이 잘되고 있음은 당연하다. 어느 날, D가 현금 1억 원을 들고 나를 찾아왔다. 우리 은행에 1억 원의 예금을 신규로 들겠다는 것이었다. 나는 A를 좀 도와주면 어떻겠느냐고 요청했다. 하지만 D의 의지는 확고했다. 결국 나로 인해 이 모든 일이 성사되었다고 생각했기 때문이다.

실제로 D가 챙긴 혜택은 금전적인 것으로만 따져도 엄청났다. D가 빌린 금액은 10억 원이었는데, 대출 이자가 우리 은행에서보다 1퍼센트 이상 더 적었다. 즉 1년에 1000만 원이라는 돈을 아낄 수 있게 된 것이다. 물론 A 입장에서는 대출을 해주고도 신규 예금을 추가로 예치하지 못해 서운할 수도 있다. 하지만 A도 필요한 대출 실적만큼은 챙겼다. B 역시 공사비를 할인해 줬으나 예상치 못한 수주를 받아서 돈을 벌었다. C는 적기에 건물을 털어 현금을 확보했다. 나는 전화 몇 통으로 D에게 필요한 사람들을 연결해 준 덕분에 정기예금 1억 원을 신규로 예치했다. 이 얼마나 환상적인 윈윈Win-Win인가. 바로 인적 레버리지가 만들어낸 결과다.

이런 과정이 어느 홈페이지나 소개 책자에 나올 수 있겠는가? 이건 그야말로 사람과 사람과의 관계가 만들어낸 일종의 팀워크다. 서로 윈윈할 수 있는 접점을 찾고, 그렇게 움직인 결과 각자 필요한 이득을 챙겼다. 너무 특별한 사례가 아니냐는 질문이 나올 수도 있다. 아니다. 은행 영업점에서 일하다 보면 이런 일은 생각보다 자주 일어난다. D처럼 직접 찾아와 부딪힌 사람들만 가져갈 수 있다는 해피엔딩이라는 점이 다를 뿐이다.

나는 대면 미팅을 하고 종이 명함을 받고 나면, 영업점에 돌아와서 거기에 날짜와 시간 등을 포함해 명함 주인에 대한 간단한 내용을 적어 넣는다. 그런 다음 명함 앱을 이용해 촬영하고 저장한 뒤, 꼭 명함집에 실물을 넣어둔다. 시간이 지나도 명함에 적힌 내용을 보면, 그 사람을 만났던 그날의 휴먼 바이브Human Vibe가 생생히 전해진다. 그렇게 나는 그 사람을 다시 한번 떠올리게 되고, 혹시라도 우연히 만나게 되더라도 어려움 없이 대화를 나눌 수 있다. 이야깃거리가 있기 때문이다.

예전에 한 번, 잠시 만났던 사람이 다음번 만남 때 사소한 것이라도 기억하고 말해주어 기분이 좋았던 경험 한두 번쯤은 다 있을 것이다. 자신을 기억해 주는 이를 싫어할 사람은 없다. 오히려 호감도 상승이다. 역으로도 마찬가지다. 그 작은 한 톨의 관심과 기억이 당신의 성공과 발전을 돕는 발판이 될 수 있음을 염두에 두자.

우리를 망설이게 하는 세 가지 오해

 사람들이 혼자 고민하며 누군가를 찾아가지 못하고 망설이는 데는 여러 이유가 있을 것이다. 나도 한때는 이런저런 핑계를 대며 그랬으니까 말이다. 그중 가장 큰 이유는 누군가를 찾아갔을 때 내가 '어떤 수준'으로 '평가'될 것 같은 두려움 때문이 아닐까 싶다.

 어느 날, 말쑥하게 차려입은 40대 초반 남자가 상담을 하고 싶다며 영업점을 찾아왔다. 나는 그를 지점장실로 안내하고 대화를 시작했다.
 5분쯤 지났을까, 남자는 슬슬 검증되지 않은 이야기로 자신을 방어하기 시작했다. 결론은, 다른 은행에서 외환 거래를 하고 있는데 마음에 들지 않는다, 우리 은행에서 하고 싶다는 게 요지였다. 급기야 자신은 무역회사에 오래 다녀 외환 업무에 빠삭하고 재테크에도 밝아 어지간한 은행원보다 더 잘 알고 있으니, 일하다 모르는 게 있으면 언제든 물어보라는 식으로 나왔다.

이 사람이 왜 이러지, 여기에 간을 보러 왔나 하는 생각이 들던 나는 그 순간 이 남자의 속뜻을 알게 되었다. 그가 전달하는 메시지는 다름 아닌 이런 것이었다. "나 이만큼 알아. 그러니 얕잡아 보지 마."

이걸 어쩌나. 나는 그럴 생각이 추호도 없었다. 오히려 그 반대였다. 정말로 이 사람이 그런 경험이 많다면, 나는 절대 그를 얕잡아 보지 않을 것이다. 오히려 내가 배울 점이 무엇인지 찾고, 우리 직원들이 그에게 하나라도 더 배울 수 있도록 독려할 것이다. 차라리 아는 게 많은 건 괜찮다. 진짜 실망하는 지점은, 잘 아는 줄 알았는데 알고 보니 별 볼 일 없는 실력임이 드러나는 경우다. 차라리 모르면 처음이라 그러겠거니 생각이라도 할 텐데, 어깨에 잔뜩 힘주고 뭐라도 많이 아는 양 굴다가 밑천이 드러나면 실없는 인간, 허세 부리는 인간, 믿을 수 없는 인간으로 평가될 소지가 있다.

타인에게 평가를 받는다는 것은 그리 유쾌한 일이 아니다. 어떤 식으로든 관찰당하고 평가받는 것은 불쾌하고 불편하다. 우리는 어릴 때부터 경쟁하고 평가받으며 자라난다. 직장 생활도 예외는 아니다. 그러다 보니 사람을 만나는 자리에서 이 사람이 날 이렇게 생각하면 어쩌지, 저렇게 생각하면 어쩌지 고민이 끊이지 않는다. 잘 보여야, 좋은 인상을 심어주어야 나를 도와줄 것이 아닌가 하는 생각도 든다.

"내가 간 뒤에 이상한 사람이라고 하면 어쩌지? 창피해."

"내가 뭐 말실수한 건 없을까? 실없는 사람이라고 생각하면 어떻게 해."

"내가 뭘 잘못했나? 왜 이리 반응이 차갑지?"

만나는 자리가 불편한 것에는 코로나 팬데믹을 겪은 탓도 있다. 우리는 코로나 팬데믹 기간 동안 누군가를 대면하지 않고도 살 수 있다는 것에 익숙해져 버렸다. 여기엔 모바일과 SNS가 큰 역할을 했다. 이런 공간에서는 의견이 다르면 무시하면 되고, 이상한 평가를 받아도 "네가 날 얼마나 안다고?" 하고 가볍게 넘어갈 수 있다. 평가에 무심해질 수 있는 것이다.

그렇지만 한편으로는 '코로나 블루'라고 해서 격리와 고립으로 인한 우울증이 생겨나 심각한 사회 문제가 되기도 했다. 어쨌거나 우리는 '만나야 살 수 있는 사람'들인 것이다. 단순히 사람 대 사람의 관계만을 이야기하는 것이 아니다. 우리가 성장하고 발전하려면 실질적인 '경험'을 해야 한다. 이 경험은 랜선 및 모바일 세상만으로는 얻을 수 없다.

백문불여일견百聞不如一見이라고 했다. 밖으로 나와서, 부딪혀서, 몸으로 익히고 머릿속에 저장해야 한다.

그리고 우리의 생각과는 달리 모든 사람이 그렇게 누군가를 함부로 평가하지 않는다. 길을 갈 때 누군가 나를 보고 웃고 지나가면 내 지퍼가 열리지 않았는지 확인해 본다는 우스갯소리가 있는 것처럼 우리 스스로가 타인의 시선에 민감하게 반응하는 면이 더 크다.

그런데 설사 평가를 받았다고 치자. 그것이 무슨 문제가 될까? 나의 자존심에 상처가 났다고? 도움이 필요해서, 성장하고 발전하고 싶어서, 성공하고 부자가 되고 싶어서 찾아온 길 아니었던가? 유비도 제갈량을 세 번이나 찾아갔다. 고수인 사부를 만나고 배우기 위해 문전박대와 무시를 당하면서도 끈질기게 배움을 청하는 제자가 나오는 것은 무협지의 오랜 클리셰다. 자존심은 성공한 후에 챙겨도 된다.

수모를 겪고 거절을 당했다 해도, 내가 찾아가 만난 사람을 통해 내가 무언가 한 개라도 배웠다면, 그걸로도 이미 어제보다 한 뼘은 성장하고 발전한 셈이다. 그게 작은 깨우침일 수도 있고, 결정적인 깨달음일 수도 있다. 마치 싱거운 국에 소금을 한 톨 넣었을 때 맛이 완전히 달라지는 것처럼 말이다. 그러니 미리 지레짐작하지 말고, 할 수 있는 걸 하지 않는 우를 범하지 말자. 어떤 기회를 맞이할지도 모르는

데, 그대로 놓치기에는 너무 아깝지 않은가.

노예임에도 불구하고 황제조차 스승으로 예우했다는 고대 그리스의 철학자 에픽테토스는 이런 말을 남겼다. "인간이 고통스러운 이유는 단순히 어떤 일이나 사건이 일어나서가 아니라 그것을 대하는 그 사람의 생각과 해석 때문이다." 결국 자기 스스로가 만든 생각의 틀의 갇히게 되면 세상 어느 것에도 쉽게 도전하지 못하게 된다.

다음으로 누군가를 찾아가는 일을 망설이는 이유는, 사람을 만나 해결하려는 것이 비겁하거나 바람직하지 않은 일로 여겨지는 마음 탓일 것이다. 혹은 편법이라는 마음도 들 것이다. 나 역시 처음에는 그렇게 생각했다. 하지만 시선을 살짝만 돌려보자.

현재 전 세계에서 가장 힘 있는 국가는 G2라 불리는 중국과 미국이다. 중국은 알다시피 꽌시關係가 유명하고, 미국은 로비스트가 합법일 정도다. 이런 국가에서는 취업도 '소개'를 통해 많이 이루어진다. 미국 대입 관계자들은 입학생들을 모집할 때 이런 점을 매우 강조한다. "취업에는 대학 졸업장도 중요하지만 누구를 아는지도 매우 중요합니다."

우리라고 다르지 않다. 우리나라도 점점 경력직의 경

우는 지인 추천을 통해 입사하는 경우가 늘고 있다. '아는 사람'이 많은 것도 능력인 시대가 된 것이다. 다만 '아는 사람'의 범위는 매우 넓고 다양하다. 소개를 받아 연을 맺는 것도 분명 좋은 일이지만, 직접 발품을 팔아 노력해서 이뤄진 관계는 또 다르다. 어느 쪽이 내게 더 큰 경험과 더 큰 세상을 안겨주겠는가. 인적 자산은 이렇게 쌓아야 한다는 마음이 있어야 한다.

물론 세간에는 청탁이나 뇌물같이 진짜 편법이나 불법이 판을 치는 것도 사실이고, 그로 인한 문제도 분명 있다. 아무 능력도 없는 사람이 뭔가를 쉽게 얻으려고, 별다른 노력 없이 결과물을 앗아가려고 욕심을 부리기 때문이다. 이건 남에게 피해를 주는, 명백히 옳지 않은 행위다. 이런 건 분명 하지 말아야 한다. 하지만 이런 부정적인 방향이 아니라면 인적 자산은 나의 삶을 보다 개선시키고 발전시키는 데 충분히 유효하다.

마지막으로 찾아가는 걸 망설이는 이유는, 과연 내게 도움이 될까 하는 의구심이 들기도 하고, 실제로 아니었을 경우 상처받는 게 싫어서일 것이다. "찾아가 만난들 내가 그 사람처럼 성공할 수 있을까?" 이는 어쩌면 헛고생이 될지 모른다는 피곤함과 귀찮은 일을 피해 가고 싶은 핑계가 맞물린 결과일 수 있다. 해보지도 않고 결과부터 생각하는 건 나쁜 습관이라고 어릴 때부터 배워왔지만, 마음 약한 사람이다 보니 상처받기 싫어 결정적인 순간에 물러나는 것이다. 공자는 "세 사람이 길을 가면 그중에 반드시 내 스승이 있다"라고 말했다. 타인은 나를 비추는 거울이다. 결과가 좋든 나쁘든 분명 얻게 되는 것이 있다.

미국 매사추세츠병원에서 실시한 연구 결과를 한번 살펴보자. 외과의 71명과 6516건의 외과수술을 대상으로 어떤 경험이 수술 성공률을 높이는지 분석한 것이다. 연구 결과, 수술 성공률에 큰 영향을 미치는 요소는 두 가지였다. 바로 '타인의 실패 경험'과 '자신의 성공 경험'이었다. 타인의 성공은 그냥 부러움으로 끝나는 데 반해 나의 성공은 자신감으로 쌓였다. 반면 타인의 실패는 타산지석이 되어 나의 발전에 도움이 되었지만, 나의 실패는 내 탓이 아니라 남의 탓으로 돌리는 바람에 별 영향을 끼치지 못했다.

성공한 사람들이라고 실패담이 없을까? 세상에 수많은 성공담을 들여다보면 하나같이 '어떻게 실패를 딛고 일어섰는지'를 주로 이야기한다. 우리가 성공한 사람들의 이야기에 귀를 기울이는 것은 그들의 실패담과 극복기를 통해 배울 점을 찾고자 하기 때문이다. 단지 부럽기 때문이라면 들을 필요도 없다.

내가 만나본 부를 이룬 수많은 자산가와 성공한 기업체 대표들 역시 마찬가지였다. 모두 다 살면서 한 번씩은 깨지고 무너지고 한 경험이 있었다. 술자리에서 이들이 털어놓는 눈물겨운 스토리는 상상을 초월한다. 때론 과장도 섞였을지 모르나, 그만큼 힘겹던 시절을 잘 견뎌준 자신에게 보내는 칭찬이자 마음의 표현이리라.

또한 성공한 사람들에게는 자신의 경험을 나누어주고픈 욕망이 있다. 서울대 심리학과 최인철 교수가 그의 저작 《굿 라이프》에서 밝힌 바에 따르면, 사람들은 당장은 신나고 즐거운 일을 하고 싶어 하지만 나중에는 가치 있고 의미 있는 일을 하고 싶어 한다고 한다. 부와 성공을 거머쥔 많은 사람이 왜들 그렇게 다른 사람을 돕고 기부를 하는지 이해가 되는 대목이다. 자신의 성공담과 실패담을 나누는 것도 아마 이 연장선상에 있지 않을까 생각한다.

세상엔 겸손한 실력자도 많다. 진심으로 조언을 구하고 도움을 요청하면 외면하지 않을 것이다. 분명 찾아가길 잘했다는 생각이 들 것이다. 설사 그렇지 않더라도 상관없다. 역으로 내가 그 사람을 평가하며 사람 보는 눈을 키울 수도 있기 때문이다. 이런 정보들이 쌓이면 누군가의 시간 낭비를 막아줄 수도 있다.

'만남'에만 초점을 두지 마라. 누구를 만날지, 어떻게 만날지, 어떤 대접을 받았는지, 어떤 이야기를 들었는지, 어떤 성향의 사람이었는지, 그 모두가 나의 정보가 된다. 그로 인해 나의 시야가 넓어지고 세상을 한층 더 배웠다면 그걸로도 충분히 의미가 있다. 살아가는 한 우리에게 쓸데없는 경험이란 없다.

백문불여일견! 유튜브만 봐서 뭐 하나?

세상에는 간혹 천재가 있다. 혼자 알아서 척척 다 해내 곤 한다. 농사를 짓다가 뒤늦은 나이에 독학으로 대학에 입학한 사람이 있는가 하면, 한 번 본 춤을 그대로 따라 하는 춤꾼도 있고, 한 번 들은 음을 그대로 재현해 내는 피아노 신동도 있다. 그런 사람들을 볼 때면 부러움을 넘어 신기하기까지 하다. 어떻게 저럴 수 있을까?

그런데 이런 특별한 재능을 가진 사람은 소수다. 희소성이 있기에 눈에 띄고 남들이 주목하는 것이다. 우리들 대부분은 그냥 평범하다. 천재에게는 천재의 방식이 있다면, 평범한 사람들에게는 평범한 사람들의 방식이 있다.

나는 수영을 오래 했다. 잘하는 운동이 있느냐고 누군가가 물으면, "그건 좀 제가 합니다" 하며 어깨에 힘줄 수 있는 거의 유일한 운동이다. 다른 모든 운동이 마찬가지겠지만 수영은 독학하기가 참 힘든 운동이다. 물과 함께한다는 특성상 책을 가지고 들어갈 수도, 휴대폰을 가지고 들어갈 수도 없다. 미리 책이나 동영상을 보고 머릿속에 넣어놓고 간다고 해도, 정말 머리가 좋거나 기억력이 뛰어나야 가능한 일이다. 게다가 내 자세가 제대로 되었는지 어떻게 보고 판단한단 말인가. 어디 드론이라도 가져와서 내 위에 띄워놓아야 하나? 배보다 배꼽이 더 크다.

하지만 나는 바보 같게도 혼자서 수영을 시작했다. 짐작하겠지만 엉망진창 난리가 났다. 폼은 폼대로 안 나고, 사방에 물이 마구 튀어 주변 사람들의 눈총을 받은 적도 한두 번이 아니었다. 잘못된 폼 때문에 운동을 하고 나면 또 아프다. 아프면 쉬어야 한다. 그러면 결국 수영은 나랑 안 맞아, 포기하게 된다.

다행히 나는 포기하지 않고, 강사를 찾아가서 수영 강습을 받았다. 강습을 받고 나니 후회가 되었다. '그냥 처음부터 와서 배울걸…' 그나마 포기하지 않고 강습받기로 한 결정 때문에 나는 수영을 체계적으로 배우고 잘할 수 있게 되었다. 발로 물을 차도 왜 몸이 나아가지 않는지, 팔을 휘젓는데도 왜 몸이 가라앉는지, 숨을 쉬려고 고개를 돌리는데 왜 공기 대신 물만 들어오는지, 물에 뜨려면 힘을 얼마만큼 빼야 하는지, 힘을 빼고도 어떻게 발차기만으로 앞으로 나아갈 수 있는지, 강사의 친절하고도 세심한 강습 덕에 실력도 빠르게 늘고, 덕분에 지금까지도 수영이라는 운동을 계속 해오고 있다.

세상에는 보기에는 쉬운데 막상 하려고 하면 어려운 일들이 많다. 눈으로 배울 게 있고, 찾아가서 직접 확인하고 익혀야 할 게 있다. 뭔가 대단한 걸 바라서 그러는 게 아니다. 오랜 시간과 에너지를 들여 구축한 그 사람만의 노하우와 지름길을 안내받고, 내가 지금 하고 있는 방식이 맞는지 검증받고자 하는 것이다. 잘하고 있다면 자신감을 가지고 더 하면 되고, 잘못하고 있다면 조언을 받아 수정해서 발전시키면 될 일이다. 나의 기준점으로 삼을 만한 것만 얻어도 충분하다.

하지만 대부분의 사람들이 이런저런 이유로 직접 확인하는 것을 꺼리고 무시한다. 그러면서 나랑은 맞지 않아, 포기한다. 그러면 거기서 끝이다. 내게 남는 건 아무것도 없다. 앞으로도 영원히 얻지 못한다.

한번 자신을 되돌아보자. 해돋이를 보러 간 적이 있는지, 불꽃놀이를 하거나 보러 간 적이 있는지, 하다못해 동네 약수터에라도 간 적이 있는지. 그나마 가본 적이 있다면 다행이다.

"그거 빤한 거 가서 뭐 해?"

"아이고 사람 많고, 정신없고, 돈 써야 하고. 생각만으로도 귀찮아. 됐어!"

"귀찮게 뭘 그렇게까지 해. 물이야 사 먹으면 되고, 약수 맛 다 거기서 거기지."

이런 반응이라면 조금 안타깝다. 참 섣부른 판단이다. 빤한 경험이 실제로 해보면 빤하지 않다. 물론 해돋이, 불꽃놀이, 약수터를 경험해 보지 않은 사람이 어디 있겠는가. 하지만 다르다. 어디서 보느냐에 따라, 누구와 갔느냐에 따라, 그날 내 감정 상태에 따라, 그날 사람이 많으냐 적으냐에 따라 분명 다르다. 그래서 나는 그런 곳에 가면 늘 이런 생각이 든다. '오길 잘했다.' 마주치는 사람도 다르고, 그날 내가 느끼는 것도 다르다. 심지어 나조차도 어제의 내가 아니지 않은가.

하지만 지금은 나를 대신해서 경험해 주는 사람이 너무나 많다. 유튜브가 대표적이다.

유튜브에는 나 대신 해돋이를 보러 가준 사람, 불꽃놀이를 보러 가준 사람, 약수터에 가준 사람이 매우 많다. 심지어 책도 대신 읽어준다. 사실 이런저런 시간이 부족한 현대인들에게는 이런 것도 도움이 되긴 한다. 아무것도 안 하는 것보다는 낫다. 문제는 그것으로 됐다고 만족하는 것이다.

한 기사에 의하면, 2024년 3월 기준 대한민국 국민의 절반이 월 평균 30~90시간 정도 유튜브를 시청하는 것으로 나타났다고 한다.[*] 최소 하루 한 시간은 본다는 말이다. 사실 유튜브 영상을 보는 것은 문제가 아니다. 유튜브 영상은 우리에게 쉴 시간을 제공해 주며, 때로는 좋은 교보재 역할을 한다. 최근 한 할머니가 유튜브 영상을 보고 전기에 감전된 전기기사를 구해서 화제가 되지 않았던가. 이처럼 분명 순기능도 있다.

하지만 이렇게 확실한 목적을 가지고 시청하는 사람이 얼마나 될까. 있다고 하더라도 문제다. 유튜브에서 보이는 것이 전부인 줄 안다. 대표적인 게 책 소개다. 책 읽기는 귀찮고 아는 척은 하고 싶으니 유튜브 책 소개에 기댄다. 그러면서 아는 척, 읽은 척을 한다. 정작 자기 생각은 하나도 없이 유튜버의 말을 되뇌면서 말이다. 그런 기억과 지식은 오래 가지 않는다. 진짜 내 것이 아니기 때문이다. 직접 책을 찾아 읽고 나의 생각을 가져야만 진짜가 된다. 보고 끝나는 것은 말 그대로 보고 끝난다. 휘발되는 것이다.

피아노를 배우기 위해 유튜브를 켰으면 보지만 말고

---

[*] 2024년 3월 11일 《이투데이》 유튜브 중독 보고서 ① 참조.

따라서 피아노를 쳐야 한다. 운동을 배우기 위해 유튜브를 켰으면 보지만 말고 따라서 자세를 해봐야 한다. 웹소설 쓰는 법을 배우기 위해 유튜브를 켰으면 보지만 말고 따라서 직접 써봐야 한다. "아, 그렇구나. 기억해 뒀다가 다음에 해봐야지." 그 다음이라는 게 과연 있기나 할까?

게다가 그 유튜버의 말을 맹신하는 것도 문제다. 치아에 문제가 생기면 치과를 최소 두세 군데 정도 가봐야 한다는 말이 있다. 디스크 때문에 수술을 해야 한다면 정형외과를 최소 두세 군데 정도 가봐야 한다고 권하는 사람들도 있다. 전문가들도 사안에 따라 시각이 다를 수 있기 때문이다. 운동도 마찬가지다. 사람마다 체형과 체질이 다르다. 근육이 잘 붙는 형, 근육이 잘 안 붙는 형, 어깨가 말린 형, 골반이 앞으로 튀어나온 형, 골반이 뒤로 빠진 형 등등. 그렇다면 각자에게 맞는 운동법을 찾아야 한다. 이런 것까지 영상이 해결해 주지는 않는다. 설사 키워드로 해당 영상을 찾는다 해도 전문가가 직접 보고 조언해 주는 것만큼의 정확도를 얻기란 힘들다.

속된 말로 '핑프'라는 것이 있다. 핑거 프린세스 또는 핑거 프린스의 준말로, 손가락이 귀한 공주나 왕자님이라서 직접 찾아보지 않고 남에게 묻는 사람을 뜻한다. 요새 우리 주변에는 이런 핑프들이 넘쳐난다. 세상이 너무 편해진 탓이다. 그런 사람들에게 진짜 경험, 진짜 지식이란 게 존재할까? 편하게 얻은 건 금세 사라진다. 우리가 가외로 들어온 돈을 막 써버리는 것처럼 말이다.

월 90시간이면 1년에 1000시간이다. 이런 시간을 영상을 보면서 흘려버리기엔 너무 아깝지 않은가. 유튜브 볼 시간은 있고, 직접 할 시간은 없다는 것은 핑계다. 우리가 직접 경험하는 세상은 유튜브 밖에 있다. 듣는 것보다 보는 게 낫고, 보는 것보다 경험하는 게 낫다. 유튜브는 어디까지나 오락거리나 교재에 불과하다. 교과서를 보고 공부한들 그것이 적용되는 건 현실 세계고, 현실 세계는 막상 교과서에서 배운 것과 또 다르지 않은가. 교과서는 어디까지나 기본 지식을 제공할 따름이다.

유튜브 안 개구리가 되지 말자. 우리가 사는 세상은 그보다 훨씬 더 크고 넓다.

나는 반드시 당신을 만날 것이다

　미국 작가 제니스 캐플런과 운 연구가 바나비 마쉬가 쓴 《나는 오늘도 행운을 준비한다》를 보면, 테레사 수녀가 비행기 일등석을 타고 다녔다는 이야기가 나온다. 수녀라면, 그것도 테레사 수녀라면 제일 먼저 떠오르는 단어가 봉사, 헌신, 희생이지 않던가. 그런 사람이 가장 비싸다는 일등석을 타고 다녔다고? 일순 의아함이 들 것이다. 나도 처음엔 그랬다. 하지만 여기에는 테레사 수녀의 깊은 뜻이 있었다.

　테레사 수녀가 비행기 일등석을 타고 다니는 이유는 바로 기부자를 찾기 위해서였다. 알다시피 일등석은 매우 비싸다. 그렇다면 경제적으로 여유가 있는 사람들이나 기업체 사람들이 이용할 확률이 높다. 심지어 장시간 하늘에 떠 있다 보니 딱 일등석 칸에 고립되어 어디 갈 수도 없다. 테레사 수녀 입장에서는 어려운 사람을 도울 수 있게 기부 좀 해달라고 말하기가 더할 나위 없이 좋은 환경인 것이다.

물론 일등석을 탄 모든 승객이 부자라고 단정 지을 수는 없지만, 단 한 명만이라도 기부를 유치할 수 있다면 테레사 수녀 입장에서는 비싼 일등석 값을 톡톡히 치른 셈이다. 게다가 테레사 수녀는 선행으로 널리 알려진 세계적 명사가 아닌가. 아마 모르긴 몰라도 테레사 수녀에게 붙잡힌 일등석 승객들은 꼼짝없이 기부라는 아름다운 행위에 동참할 수밖에 없었을 것이다. 자산가라면 겨우 1~2달러 혹은 10~20달러 정도 내는 것으로 자신의 체면을 우주 밖으로 날려버리고 싶지는 않았을 테니까.

하늘 위의 호텔이라고 하는 에어버스사의 대형 여객기 A380-800의 경우, 전체 좌석이 407석에 일등석은 12석이다. 만약 테레사 수녀가 이 비행기의 일등석을 탔고, 나머지 11석의 사람 중 한 명만 기부한다고 해도 그녀의 기부 유치 성공 확률은 10퍼센트나 된다. 에어버스의 경쟁사인 보잉의 대형 여객기 B747-8i의 경우는 전체 좌석이 386석에 일등석은 6석이다. 테레사 수녀가 이 비행기의 일등석을 탔다면 나머지 다섯 명 중 한 명만 기부한다고 해도 기부 유치 성공 확률은 20퍼센트나 된다. 테레사 수녀가 어떤 전략적 선택을 하느냐에 따라 기부 유치 성공 확률은 기본적으로

10~20퍼센트가 된다. 여기에 한 명만 더 동참해도 배로 늘어난다. 일등석이라는 환경을 잘 이용한 덕분에 얻을 수 있는 결과다.

수녀님이 참으로 머리를 잘 쓰셨다는 생각밖에 안 든다. 복잡하고 머리 아프게 부자들에게 한번 찾아갈 테니 시간과 장소를 알려달라 안 해도 되고, 기부해 달라고 밀당하며 부탁할 필요도 없다. 그저 이곳에서 자신의 역할을 다하고 저곳으로 이동하는 동시에 기부자도 손쉽게 찾아낼 수 있으니 그야말로 일석이조 아닌가.

그 비행기 일등석 나도 한 번 타보고 싶다는 생각 다들 해봤을 것이다. 로또에 당첨되면 말이다. 로또는 서민의 일주일을 행복하게 해주는 아이템이다. 최소한 1등 당첨자가 발표되기 전까지 꿈을 꾸며 행복하게 보낼 수 있으니까 말이다. 지금까지 로또 당첨금 최고액은 2003년 4월 12일에 나온 407억 2296만 9400원이다. 무려 20년 전이니 물가상승률을 감안해도 실로 엄청난 금액이다.

지금이야 당첨자가 동시에 여럿 나오는 탓에 1등에 당첨되어도 저 때처럼 어마어마한 금액을 받지는 못한다. 그럼에도 로또는 여전히 서민의 꿈이다. 직장인은 더 그렇다. 단 20억만 받아도 이놈의 직장 때려치울 수 있을 텐데, 기대를 멈출 수 없다.

요즘엔 5000원이면 나의 행운은 다섯 번이나 시험해 볼 수 있다. 문제는 당첨 확률이 800만 분의 1이라는 것. 즉 800만 번의 게임을 해야 한 번 '당첨될 수 있다'는 뜻이다. 로또 한 게임에 1000원인 셈이니, 계산해 보면 800만 번의 게임을 하기 위해서는 80억을 써야 한다(1000원×800만 회). 다만 여기에도 함정이 있는데, 80억 원을 다 쓰기도 전에 당첨이 될 수도 있지만, 80억 원을 다 쓰고도 당첨이 안 될 수도 있다는 것이다. 확률, 다시 말해 '당첨될 수 있다'는 것은, 800만 번의 게임을 했을 때 한 번 정도는 1등이 될 수 있다는 가능성을 뜻하는 것이지 '무조건 된다'는 사실을 뜻하는 것이 아니다.

그러면 여기서 한 가지 생각을 해보자. 어느 여행 블로거의 미국 여행 후기를 보니 인천에서 미국 로스앤젤레스까지 가는 A380의 일등석 가격은 1000만 원이 넘는다고 한다. 만약 당신이라면 1000만 원 정도를 지불하고 성공 확률이 10~20퍼센트에 달하는 게임에 도전하겠는가, 아니면 80억 원을 지불하고 800만 분의 1인 게임에 도전하겠는가.

이해를 돕기 위해 일등석 가격과 로또 확률을 대입했지만, 사실 우리가 사람을 만나는 데 있어서 1000만 원까지 쓸 일은 별로 없다. 게다가 1등석을 타기 위해 1000만 원을 모으든, 로또에 당첨되기 위해 80억을 쓰든, 그 정도 정성과 꾸준함이 있는 사람이라면 충분히 인적 자산을 쌓고 인적 레버리지를 누릴 수 있을 것이다. 사람을 만나는 일은 용기와 실행력, 그리고 커피 한잔 혹은 술 한잔 값이면 충분하기 때문이다.

몇 번을 말하지만 사람을 만나는 것은 100퍼센트 성공하는 게임이다. 사소한 것일지라도 만남 자체에서 얻고 배우는 게 있기 때문이다. "에이, 이 사람 별거 없네. 시간 낭비했어." 시간을 낭비했다는 것 자체도 경험이고 배움이다. 아예 시도하지 않았다면 시간 낭비였는지 아니었는지조차 몰랐을 것 아닌가. 만날까 말까 고민하며 만나야 할 사람 리스트에 남겨두는 것보다 이쪽이 훨씬 더 생산적이다. 과감히 미련을 버리고 정리할 수 있기 때문이다.

나는 사람의 힘을 믿는다. 인적 레버리지를 기대한다. 내가 직접 듣고 보고 경험했기 때문이다. 나는 무수히 많은 일이 사람과의 관계로 풀리고, 사람과의 관계로 성공하는 것을 보았다. 물론 우리를 지치게 하고 아프게 하는 것도 사람과의 관계다. 하지만 그 상처가 무섭다고 해서 시도조차 하지 않으면 고립되어 외로이 침몰할 수밖에 없다. 당연한 말이지만, 우리는 혼자서는 살 수 없는 세상에 살고 있기 때문이다. 최소한의 인적 디딤돌이라도 만들어두어야 한다.

"뭐 다 좋은데, 저처럼 인맥도 없고, 아무것도 없고, 사람 만나는 게 겁나는 사람은 어떻게 하나요? 도대체 누구를 어떻게 찾아가 인적 디딤돌을 만들고, 인적 자산을 쌓고, 인적 레버리지를 누리란 말인가요?" 이러한 질문을 하는 사람도 있을 것이다. 분명 고민이 되는 문제다. 그렇다면 쉬운 예를 들어 설명해 보겠다.

당신이 살고 있는 집이 오래되고 낡아서 새로 수리와 인테리어가 필요하다고 치자. 아는 사람을 통해 믿을 만한 사람을 소개받으면 좋을 텐데, 공교롭게도 당신 주변에는 그렇게 해줄 사람이 없다. 그렇다면 알아서 해결할 수밖에. 당신은 제일 먼저 인터넷이나 휴대폰을 들고 '○○동 인테리어'를 검색한다. 그러면 목록이 주르륵 뜬다. 그 많은 목록에 어디를 선택해야 할지 자신이 없다. 그래서 키워드를 추가해 '○○동 인테리어 추천'이라고 검색한다.

그런데 블로그마다, 동네 커뮤니티마다 추천하는 곳이 제각각이다. 또 혼란이 앞선다. 누구는 추천했는데 누구는 또 사기를 조심하라고 한다. 점점 더 미궁에 빠지는 느낌이다. 어쩔 수 없이 후기 사진을 보며 괜찮다고 여겨지는 곳이나 그나마 좋은 내용의 댓글이 많이 달린 업체를 두세 곳 골라서 전화를 건다. 제발 좋은 업체이기를 바라면서.

이게 맞는 걸까? 인테리어 공사는 적게 잡아도 수백만 원, 많게는 수천만 원이 들어간다. 그런데 사진 몇 장과 댓글 내용만으로 결정하는 것이 과연 잘하는 일일까? 하지만 어쩔 수 없지 않은가. 내가 아는 인테리어 업자가 있는 것도 아니고 소개를 기대할 수도 없는데. 일산에 사는 친구 세무사 I가 바로 이 같은 문제를 겪고 있었다. 그리고 그는 이 문제를 다음과 같이 해결했다.

I 역시도 집을 고치기 위해 인터넷에서 인테리어 업체 몇 군데를 알아보고 견적서를 받아봤다. 그런데 업체마다 공사비가 심각할 정도로 다 달랐다. 견적서에 적힌 숫자가 최대 6500만 원까지 나왔다. 숫자로 먹고사는 그로서는 참으로 희한한 일이었다. 어떻게 똑같은 집을 고치는 데 이렇게 차이가 날 수 있을까? 어디 가서 물어나 볼까 싶어 집 근처 업체를 찾아가 물었다. 아파트 단지 내 거주자를 주로 상대하는 그곳은 크게 아쉬울 게 없는지 매우 불친절했다. 그냥저냥 대충 얼마쯤 든다 알려주고, 할 테면 하고 말 테면 말란 식이었다.

답답한 마음을 안고 업체 사무실을 나서는데, 마침 일산 킨텍스에서 진행하는 건축 박람회 홍보 현수막이 눈에 들어왔다. 집에서도 멀지 않은 곳이니 가보면 좋을 것 같았다. I는 무작정 박람회로 향했다. 가서 보니 수많은 업체들이 생전 처음 보는 내·외장재와 건자재 등을 진열해 놓고 고객 유치를 위해 열심히 설명하는 중이었다.

I는 관심 있는 부스를 드나들며 설명을 하나하나 꼼꼼히 들었다. 들으면 들을수록 별것 아니네 싶었다. 다만 자재나 부품 가격을 듣고 나니 자기가 견적을 냈던 업체들이 얼마나 부풀리기를 했는지 알게 되고 충격을 받아 화가 날 지경이었다. 하마터면 뒤통수를 제대로 맞을 뻔한 것이다. 전시회장을 한 바퀴 돌고 나니 I의 손에는 이 부스 저 부스에서 받은 명함이 가득했다. I는 박람회가 끝날 때까지 세 번을 더 갔다. 아내와 아이들은 근처 일산 공원에 데려다주어 바람을 쐬게 하고, 자신은 전시회장에서 더 열심히 찾고 보고 들었다.

그런 다음 I는 건자재, 공사 용역 인력, 감리자 등으로 파트를 나눠 업체를 추린 후 연락을 취했다. 어디서 받은 견적은 더 낮았다며 경쟁을 유도해 가장 낮은 금액을 부른 곳과 계약을 하는 기지까지 발휘했다. 박람회에서 업체 선정 때 중요한 점과 자재 구매 및 용역 인력 구성은 어떻게 하는 게 좋은지 듣고 배운 덕분이었다. 자재 가격과 인건비에 얽힌 내막도 알게 되었으며, 어떤 부분에서는 오히려 자신이 업자들에게 이러쿵저러쿵 알려주는 수준까지 되었다.

결국 I는 최대 6500만 원까지 나왔던 공사비를 2000만 원이 조금 안 되는 금액으로 낮출 수 있었고, 이 비용에 공사를 진행했다. 이제 I에게는 믿고 맡길 수 있는 인테리어 업체가 생겼다. 그리고 이 업체를 인테리어를 고려하고 있는 주변 사람들에게 자신 있게 소개해 줄 수도 있다.

어떤가? 이렇게 보면 참 별것 아니지 않은가? 사람이 중요하다고, 인적 자산을 쌓으라고, 인적 레버리지를 누리라고 말하니 혹시라도 삼성전자 이재용 회장 정도는, 아니면 최소한 자신의 분야에서 이름이 널리 알려진 사람 정도는 찾아가야 하는 것 아닌가 생각했다면 오해다. 그냥 작은 것부터, 내 필요에 의한 사람부터 찾아도 된다. 그렇게 해서 차츰 쌓아가는 것이다. 우리가 은행에 가서 저금을 할 때도 처음부터 목돈을 척 내놓는 것은 아니지 않은가. 티끌 모아 태산이라는 말은 인적 자산을 쌓는 데도 해당된다.

지금 휴대폰을 열어 연락처 목록이나 카톡의 친구 목록을 살펴보자. 마음만 먹으면 얼마든지 참석할 수 있는 모임, 이를테면 동문회나 기수 모임 등이 하나쯤은 있을 것이다. 마음만 먹으면 전화해 만나자고 할 수 있는 친구나 지인이 한두 명쯤은 있을 것이다. 종교 생활을 하는 사람이라면 더욱 쉬울 것이다. 교회, 성당, 절은 365일 열려 있다.

내가 필요로 하는 현장에 나를 던져라. 구직하는 중이면 인터넷을 뒤져 합격 후기만 찾을 것이 아니라, 수소문해서 생생한 조언을 해줄 사람을 찾고, 같은 분야를 준비해 정보를 나누고 같이 모의 면접을 할 수 있는 동료를 찾아라. 경찰직을 준비하고 있다면 집 근처 파출소를 찾아가 묻는 것도 방법이다. 준비는 어떻게 했고, 실제 경찰 생활은 어떤지, 만족하는지 물어보는 것이다. 파출소는 어디에나 있으며, 그 고된 직업을 준비하는 지원자라면 아마 열린 마음으로 받아줄 것이다. 돈이 필요하다면 주변 지인들한테 아쉬운 소리를 하기보다는 은행을 찾아라. 여름에는 시원하고 겨울에는 따뜻한 은행에 오면 물 한잔 얻어 마시며 필요한 모든 것을 물어볼 수 있다.

주변을 찬찬히 둘러보면 참 갈 곳이 많다는 사실을 알게 될 것이다. 1년에 대한민국에서 열리는 무료 세미나와 박람회, 아카데미가 몇 개인 줄 아는가? 학생이면 학교에서 진행하는 과정이, 직장인이면 직장에서 진행하는 과정이 얼마나 많은지 알게 될 것이다. 동네 복지센터나 구청에서조차 이런저런 무료 교육과 강의를 진행한다고 끊임 없이 홍보를 해댄다. 그런 곳을 찾아 공짜로 배움을 얻고 새로운 친구를 사귀는 사람도 알고 보면 매우 많다.

그 과정을 진행하는 강사 등은 어떤가. 면면을 살펴보

면 업계에서 잔뼈가 굵은 사람들이다. 학생들 등록금으로, 주민들 세금으로 운영하는 프로그램이다 보니 강사 이력에 신경을 쓸 수밖에 없다. 직장에서는 업무 스킬로 이어지다 보니 실용적인 팁을 제대로 알려줄 전문가를 찾을 수밖에 없다. 궁금한 게 있으면 바로 질문하고, 혹여 나중에라도 궁금한 점이 생기면 연락해도 되는지 묻고 연락처를 받아라. 우리 주변에는 물어보고 도움을 구할 수 있는 '미래의 지인들'이 이렇게나 많다.

좋아하는 가수의 콘서트를 보러 가기 위해 우리는 수십만 원씩 지불하고, 티켓 예매를 위해 드는 시간과 노력을 아끼지 않는다. 물론 이런 것도 중요하다. 내 삶을 풍부하게 하고, 지친 나에게 주는 선물 같은 시간이니까 말이다. 그런데 정작 내 삶을 더 나아지게 하는 자산을 쌓는 일에는 왜 무심한지 모를 일이다. 누구도 아닌 나의 삶이다. 좋아하는 가수에 대한 열정만큼 내 삶에 대한 열정도 챙겨야 한다.

좋은 사람을 만나기 위한 방향을 설정하고 길을 나서라. 가는 도중에 또 좋은 사람을 만날 수 있다. 내가 도움을 받을 줄만 알았더니 역으로 내가 상대에게 도움을 주는 순간도 있을 것이다. 때론 민폐가 되는 순간도 있을 테고, 부정적 평가를 받는 때도 있을 것이다. 그때는 인정하고 반성하면 된다. 그렇게 하지 않는 것이 문제지, 받아들이고 더 나은 사람이 되도록 노력한다면 문제될 것이 없다. 부족하면 부족한 대로 실력을 더 쌓고 성장하겠다, 그러니 도와달라, 지켜봐 달라 부탁하면 된다. 단 부탁으로 끝나서는 안 된다. 자신이 원해서 찾아간 자리니만큼 그에 걸맞는 사람이 되도록 노력하는 것은 기본이다.

그리고 나서 나중에 자신이 어느 경지에 올랐을 때는 그 경험을 또 다른 사람과 나누는 것이다. 그렇게 하면 성공의 경험이, 작게는 성취의 경험이 여러 사람에게 확장될 수 있다. 그러면 우리가 사는 세상이 조금 더 나아질 것이다. 단순히 나만 성공과 부를 이루는 것이 아닌, 우리 모두가 조금씩 더 성장하고 부를 이룬다면, 나뿐만 아니라 우리 모두를 위해서 더 좋은 일이 아닌가. 이 또한 '사회 공헌'의 한 방법이다.

단 인격적 모독은 참지 마라. 아무리 그 사람이 내게 필요한 사람인들 나를 인격적으로 대해 주지 않는다면, 그 사람 자체가 모났다면, 속된 말로 인성이 글러 먹었다면, 과감하게 익절해라. 손절이 아니라 익절이다. 이런 사람 때문에 손해를 볼 수는 없지 않은가. 만에 하나 처음에 그런 사람인지 몰랐다고 한다면 나중에라도 과감하게 손절해라. 이런 사람은 절대 나의 인적 자산이 될 수 없다. 오히려 나의 정신을 갉아먹어 내 인생에 마이너스를 초래할 수도 있다.

당신이 원한다면 당신은 만날 수 있다. 유튜브 보면 되는데, 모바일 검색하면 되는데, 귀찮은데, 연락하기 어색한데, 찾아갔다가 문전박대 당하기 싫은데 등 게으른 핑계를 대지 않는다면 말이다. 우리의 모든 삶의 순간순간이 라이브Live며, 모든 기회가 당신에게 열려 있다. 당신은 그 기회를 잡으면 될 뿐이다.

2

그 사람을 내 편으로
만드는 법

세상에서 가장 어려운 일은
사람이 사람의 마음을 얻는 일이란다.
_생텍쥐페리의 《어린 왕자》 중에서

삶은 달걀로 7000억 원에 달하는 의뢰를 얻다

성공하고 부를 얻기 위해, 혹은 눈앞에 닥친 난제와 어려움을 해결하고 극복하기 위해 누군가를 찾아갔는가? 그렇다면 당신의 그 용기 있고 희망찬 첫 발걸음에 진심으로 박수를 보내는 바다. 자, 이제 당신이 찾아간 그 사람이 당신을 돕게 만들어볼 차례다.

직장인들에게 출근은 전쟁이다. 느긋하게 앉아 아침을 먹고 출근할 수 있다면, 혹은 회사에서 제공하는 아침밥을 먹을 수 있다면 참 좋을 텐데. 이런 행운을 가진 사람도 있지만, 많은 직장인이 허기진 배를 안고 출근해서 모닝커피로 때운다. 사실 커피는 배를 채우는 용도라기보다는 정신을 깨우는 노동 연료에 가깝긴 하지만 말이다. 이럴 때 누군가가 삶은 달걀이라도 하나 쥐어준다면 어떨까? 심지어 손에 쥔 순간 삶은 지 얼마 안 되는 것 같은 따끈함이 느껴지고, 거기에 짧은 응원 멘트까지 붙어 있다면?

고마운 마음이 들면서 아직까지 세상은 살 만하구나 싶을 것이다. 물론 이렇게까지 하는 이유를 궁금해하며 의심의 눈초리를 보내는 사람도 있을 것이다. 아무렴 어떠랴. 먹을 것을 손에 쥔 사람의 마음은 그리 깊지 않은 법이다. 맛있게 먹으면서 그 순간을 잠시 즐기면 될 뿐이다. 이러한 아침의 짧은 여유를 선사하는 사람이 실제 있다. 바로 부동산 감정평가사인 M이다.

M은 참으로 신기한 사람이다. 그는 주로 인프라가 부족한 곳을 찾아다닌다. 수도권이 아무리 GTX 같은 교통편으로 서울과 가까워졌다고 한들 서울과 똑같은 서비스를 누릴 수 있는 것은 아니다. 심지어 도시지만 조금만 더 들어가면 치킨 배달이 안 되는 지역도 있다. 서울로 편입이 되네 마네 하는 정치 이슈로 도마에 올랐던 김포시만 해도 그렇다. 넓은 터가 필요한 공장 지역일수록 접근하기는 더욱 어려워진다. 파주의 인쇄소 지역이 바로 그렇다. 전철역에 내린 후 차가 픽업을 와야 갈 수 있으며 편의점도 눈에 잘 띄지 않는다. M이 차를 끌고 주로 찾아다니는 곳이 바로 이런 데다.

M의 차량에는 특이하게도 트렁크에 삶은 달걀이 한가득 쌓여 있다. 집에서 갓 삶아 가지고 나온 것들이다. 달걀

이 온기를 잃지 않도록 보온에도 신경 써 오래도록 따뜻하다. 오늘 그의 목적지는 김포 지역에 있는 은행 영업점들이다. 그는 방문할 영업점 수와 사람 수를 세어본 다음, 달걀을 두 개씩 비닐봉지에 나눠 담는다. 혹시 모르니 세어본 인원수보다 넉넉하게 준비한다.

고맙게도 도심과 떨어진 외곽에는 은행들이 옹기종기 모여 있다. 은행 몇 군데 도는 데 그리 많은 시간이 들지 않는다. 9시에 들어가면 달걀이 좀 식을 수 있으니, 은행 영업 시작 30분 전에 가서 벨을 누른다. 그러면 청원 경찰이 M을 알아보고 문을 열어주며 인사한다. M은 그에게 삶은 달걀을 건네며 말한다. "안녕하세요, 좋은 아침입니다. 이거 식기 전에 드세요."

사무실에 들어선 그의 눈에 주르륵 앉아 있는 은행원들이 보인다. M은 가장 낮은 직급의 직원부터 가장 높은 자리의 지점장까지 한 사람도 빠뜨리지 않고 전 직원에게 준비해 온 따뜻한 달걀을 돌린다. 별다른 말은 하지 않는다. 인사와 함께 딱 세 마디만 한다. "시장하시죠? 식기 전에 드세요. 집에서 삶은 겁니다." 단 달걀이 든 비닐봉지에는 명함 하나가 붙어서 달랑거린다. '○○감정평가법인 이사 M○○'

은행 직원들은 그 명함을 달걀 껍데기를 까면서 한 번

보고, 매끈한 달걀 속살을 베어 물며 또 한 번 본다. M은 그렇게 영업점 내를 한 바퀴 휘 돈 다음, 다른 은행 영업점을 포함해 여러 금융사의 지점들을 찾아간다. 보험사, 증권사, 카드사, 캐피털 회사까지 부동산 담보와 연계된 곳이라면 어디든 말이다.

M의 자동차 내부는 여기저기 달걀 껍데기로 가득하다. 그는 절대 "저를 찾아주세요"와 같은 말을 하지 않는다. 따끈한 달걀과 명함을 건네며 오직 이렇게 말할 뿐이다. "시장하시죠? 식기 전에 드세요. 집에서 삶은 겁니다."

뭐 이런 미친 감성 마케팅이 다 있을까. 나는 M을 보며 참 대단하다고 생각했다. 먹고살겠다고 주린 배를 안고 아침 시간을 정신없이 보낸 많은 사람을 먼저 나서서 챙겨주다니. 게다가 달걀은 단백질원에 완전식품 아닌가. 다이어트하는 사람이 있다면 제격이기도 하다. 그것도 편의점에서 사서 온 차가운 달걀이 아닌 누가 봐도 집에서 삶아 온 게 확실한 온기가 느껴지는 달걀이다. 보통 정성이 아니다. 난 M의 그 정성에, 그 마음에 탄복했다.

뭘 저렇게까지 하나 싶은 사람도 있을 것이다. 그깟 달걀 얼마나 한다고 생각할지도 모른다. 하지만 대부분의 사람이 그렇게 하지 않는다. 말은 쉽다. 생각하기란 쉽다. 마음먹고 실행하기란 매우 어렵다. 그러니 함부로 재단할 것이 못 된다.

 이런 식으로 M이 수년간 쓸어 담은 감정평가 의뢰 누적 금액이 7000억 원에 달한다. 감정평가 건수는 너무 많아 말하기도 벅차다. 총 7000억 원에서 M이 챙기는 수수료는 얼마나 될까? 정확히는 모른다. 평가 금액마다 법정 수수료가 다르고 할증이 붙기 때문이다. 최소 임계 금액(예를 들면 3억 원)을 넘어가야 수수료를 계산하는 감정법인도 있다. 순수수료는 감정평가 금액에 따라 구간별로 계산된 수수료를 합산하여 청구하기에 그야말로 제각각이다. 다만 제법 많이 가져간다는 것쯤은 짐작할 수 있을 것이다.

 이쯤 되면 비결이 뭘까 물을 필요도 없다. 이 책을 읽고 있는 사람이라면 누구나 그 답을 알고 있을 것이다. M은 찾아가 만난 사람들의 마음을 삶은 달걀 두 개로 사버렸다. 굳이 그에게 감정평가를 의뢰하지 않아도 그는 크게 상관하지 않았으리라. 그 역시 직장인이고, 직장인이 어떤 마음으로 출근하는지 잘 알기 때문에 자신의 작은 배려가 누군가에게 도움이 된다면 그걸로도 충분했으리라. 하지만 그 정성을 받은 사람들은 감정평가를 받을 일이 있을 때 무조건 M을 먼저 떠올릴 것이다. 자신이 필요하지 않아도, 주변의 누군가가 감정평가를 받을 일이 있다고 하면 M의 명함을 망설임 없이 건네줄 것이다.

다들 알겠지만 감정평가사는 전문직에 속한다. 하지만 또 영업이 중요한 직종이기도 하다. 물론 요즘 세상에 영업이 중요하지 않은 직종이 어디 있겠는가. 변호사, 의사마저도 홍보 및 마케팅을 해야 하는 시대가 되었다. 《육일약국 갑시다》란 책을 보면 저자인 약사가 자신의 약국을 홍보하기 위해 얼마나 피나는 노력을 했는지가 잘 나온다.

돈이 많은(?) 은행조차 영업이 9할을 차지한다. 나 역시 살아남기 위해 하루에도 수십 통씩 전화를 돌린다. 다른 은행과 고객을 뺏고 뺏기며 저렴한 금리 등을 내세워 우리 은행의 이점을 어필하고, 대출 고객을 지키려 틈틈이 챙기고, 영업점을 방문하는 고객에게 폴더 인사를 하며 얼굴 근육이 얼얼하도록 웃어댄다. 그러다 보면 감정평가사들을 만나는 일도 잦은데, 올 때마다 일이 없다며 입버릇처럼 징징대는 일부 감정평가사들을 보면 이런 생각이 든다. '달걀 좀 삶으셔야….'

결국 영업이란 사람의 마음을 움직이는 일이다. 광고나 홍보도 마찬가지다. 왜 그렇게 '믿을 만한' 이력을 내세우는 걸까? 신뢰를 주기 위해서다. 신뢰를 주어야만 그 사람이 나를 찾기 때문이다. 달걀을 삶고 나눠주는 일은 알고 보면 아무것도 아닐지 모른다. 하지만 그 행위가 지속적으로 계속된다면 그것은 하나의 상징이 된다. '아, 저 사람은

한결같구나. 믿을 만하네.'

찾아가 만났다면, 이제 그 사람을 내 편으로 만들어야 한다. 기브 앤 테이크도 좋고, 진정성을 내보이는 간절함도 좋다. 그 사람의 마음을 움직여서 내게로 오게 만들어라. 어깨에 힘 잔뜩 주고 나만 믿으라 허세를 부리는, 감동도 감정도 없는 이야기에 넘어갈 사람은 없다. 진심이라고는 눈 씻고 찾아봐도 없고, 그저 푸념 섞인 넋두리만 늘어놓는 이에게 마음이 움직일 사람은 없다.

다만 지나친 절실함은 외려 상대를 한 발짝 물러서게 만들 수도 있다. 내 편이 되어주면 좋겠지만, 아니어도 어쩔 수 없다는 마음을 가져야 한다. 고무줄을 너무 당기면 끊어지는 법이다. 또한 단시간 내에 얻겠다는 조급함도 금물이다. 사람의 마음은 물건을 사는 것과는 다르다. 첫눈에 마음이 맞는 사람도 있겠지만, 두 번, 세 번 자꾸 보아야 마음을 여는 사람도 있다. 나라는 사람의 본질을 잊지 말고 한결같음을 보이는 것이 중요하다.

판을 흔드는 질문을 던져라

 몇 년 전, 영화 〈범죄도시〉로 스타가 된 배우 진선규가 TV 프로그램 〈무한도전〉에 출연한 적이 있다. 당시 〈무한도전〉 고정 멤버들이 진선규에게 개인적으로 궁금한 질문을 던지는 코너가 있었는데, 답을 하는 과정에서 엉뚱한 재미를 터뜨리는 게 목적인 듯 예상치 못한 질문들을 던지고는 했다. 물론 질문을 제대로 못하면 프로그램 특성상 다른 멤버의 구박이 이어지곤 했다. 그러다 하하 차례가 되었다. 하하는 이렇게 물었다.

 "선규 씨는 (제게서) 어떤 질문을 받고 싶으세요?"

 진선규는 선뜻 답을 하지 못했고, 멤버들은 웅성거렸다. 작가가 써준 것인지, 아니면 하하의 애드립인지 모르겠지만, 매우 영리한 질문이란 생각이 들었다. 눈치 빠른 유재석이 좋은 질문 같지만 책임을 전가하는 것 아니냐고 따져 묻기는 했는데, 나는 여전히 그 장면이 기억에 남을 정도로 매우 신선한 접근법이라고 생각한다. 질문은 보통 묻는 사람이 주체가 되게 마련이다. 그런데 발상을 뒤엎어 받고 싶은 질문이 무엇이냐고 답하는 사람을 주체로 만들어버린 것이다. 이런 의외성이 빛을 발한 탓일까, 이어 대답한 진선규의 대답 또한 빛났다.

"지금 제가 느끼는 기쁨으로 따지자면, 선규 씨의 동료들은 어떤 사람인가요, 라는 질문을 받고 싶어요."

본인보다는 도와준 동료들의 이야기를 하고 싶다는 진선규의 선함이 돋보이는 대목이다. 그 역시 사람이 누구보다 중요함을 잘 알고 있었던 듯하다. 그 질문 덕분에 배우 진선규의 인간적이고 감동적인 면이 매우 잘 드러났다. 결국 진선규는 코너 말미에 가장 인상적인 질문자로 하하를 지목했다.

이렇듯 질문은 사람과 사람 사이에서 예상치 못한 큰 힘을 발휘한다. 어떤 질문을 하느냐에 따라서 상대에 대한 많은 정보를 얻을 수 있고, 그렇지 않을 수도 있다. 시답잖은 질문은 상대로 하여금 맥이 빠지게 하고 질문자를 저평가하게 만든다. 경우에 따라서는 저 사람이 나한테 관심이 없구나, 말없는 상황이 괴로워 아무 말이나 던지는구나 하고 오해하게 만들 수도 있다(물론 실제로 그런 경우가 있기도 하겠지만 말이다).

반면 진심을 끌어내는 질문은 상대로 하여금 기분 좋게 만들어 더 많은 이야깃거리를 만들어낸다. 간혹 상대를 압도하는 강한 에너지를 뿜어낼 때도 있다. 질문을 받은 사람이 순간 답을 하지 못할 정도로 당황스러워해도, 그것이 온전히 자신을 향한 관심임을 알기에 신중하면서도 진정 어린 답변을 하게 된다. 마음의 문이 열리면서 기회의 포인트가 생기는 것이다.

날카롭고 인상적인 질문은 상대의 뇌리를 파고들어 기억에 오래 남는다. 이 사람이 나를 이만큼 생각하고 고민했구나. 나에게 이 정도로 진심이구나. 실제로 예전에 유명 연예 프로그램의 한 리포터의 경우, 두 번째 만남에서 그를 기억하는 출연자들이 꽤 많았던 것을 기억한다. 그만큼 그 리포터와의 인터뷰가 인상적이었다는 뜻이리라. 그렇게 상대의 기억 속에 당신이 남는다면, 빈손으로 갔더라도 더 이상 당신은 빈손이 아니다.

200만 구독자를 가진 유튜브 채널 〈김작가TV〉에 부동산 전문가 이광수 대표가 출연한 적이 있다. 이광수 대표는 김도윤 작가에게 잘될 수밖에 없는 이유가 있다며, 질문의 수준이 좋다는 말을 전했다. 〈김작가TV〉 동영상에 달린 댓글의 상당수도 '질문이 너무 좋다'라는 칭찬이다. 실제로 김도윤 작가는 출연자에 대한 공부를 하고 모든 질문을 자신이 직접 구상한다고 밝힌 바 있다. 그런 정성과 관심을 보일 때 출연자도 더 많은 것을 쏟아낸다는 것이다. 자연히 구독자들은 빠져들 수밖에 없다. 그렇기에 많은 사람이 그의 유튜브를 찾아보고 구독하는 것일 테다.

일본의 학자 사이토 다카시는 그의 책 《질문의 힘》에서 질문은 상황이나 맥락을 어느 정도 파악했는지 나타내는 지표라고 말했다. 즉 당신이 어떤 질문을 던졌느냐에 따라서 대화의 향방이 달라질 수 있다. 질문의 수준과 깊이, 정성에 따라 상대는 당신에게 보석 같은 이야기를 던질지 말지 결정하게 된다. 간혹 자신도 모르게 신이 나서 "이런 이야기까진 안 하려고 했는데" 하며 흥에 겨워 더 넓고 깊은 이야기를 신나게 털어놓기도 할 것이다. TV 프로그램이나 신문 인터뷰를 봐도 그런 경우가 있지 않은가. 인터뷰어가 질문을 정말 잘한 것이다. 당신도 할 수 있다. 잘 던진 질문 하나가 나의 인적 자산으로 이어진다.

사실 나도 어느 정도 성공한 업체의 대표를 찾아가면, 그 사람이 나와 거리를 두려는 듯한 느낌을 받을 때가 있다. 이미 다른 은행과 거래 중이거나 우리 은행에 별로 좋지 않은 감정을 가져서인 경우가 많다. 따라서 잘 만나주려고 하지 않는다. 무엇보다 아쉬울 게 없는(이미 회사가 안정적인 궤도에 들어서서 돈이 궁하지 않은) 회사를 찾아갈 때면 발걸음이 무겁다. 그럼에도 꼭 가야만 하는 이유가 있다. 어렵게 따낸 미팅 기회를 그냥 날려버릴 수는 없기 때문이다.

   차를 앞에 두고 이런저런 이야기를 나눈다. 상대가 원하는 게 무엇인지 서로 탐색전을 벌인다. 나이가 지긋한 대표들은 산전수전을 다 겪어본 터라 은행원을 대하는 법에 도가 텄다. 성공하기까지 오랫동안 쌓였을 많은 경험에 노련미까지 더해져 그들의 방어력은 만렙이다. 그렇지만 그런 그들조차 마음대로 안 되는 게 하나 있다. 이 질문 하나면 판을 흔들 수 있다. 성공률 99퍼센트다.

   "대표님, 혹시 자녀분께서 기업을 승계하기 원하시나요?"

   갑자기 대표의 입에서 한숨 소리가 흘러나온다. 생각해 보라. 당신이라면 자기 인생을 통째로 갈아 넣어 만든 왕국을 누구에게 물려주고 싶겠는가. 아들이든 딸이든 자녀가 승계받으면 좋으련만, 물려받지 않겠다고 고집을 부려 골치 아프고, 다행히 승계받겠다 해도 세금을 왕창 뜯겨야 하니 속이 쓰리다. 자녀를 회사에 들였다가 사이가 틀어진 경우도 빈번하다. 비싼 돈 들여 외국에 유학까지 보내놨더니 부모를 가르치려고 해 얄밉고, 지분을 나눠주고 공동 경영으로 승계 연착륙을 시키려다가 내분이 발생해 머리 싸매고 누울 지경이다. 사업이 어려울 때 도와준 거래처와의 의리를 자식 때문에 어쩔 수 없이 끊어낸 속상한 사정도 있다.

"그게요, 참 마음대로 되질 않네요…."

잘나가는 회사든 그렇지 않은 회사든, 대표들의 속앓이 중심에는 대개 자식들이 있다. 자녀와의 불통으로 인한 고민이 대부분이다. 잘되고 있다고 표정이 밝은 경우는 열에 하나둘 될까 말까. 어쨌든 자식과 회사가 동시에 달린 문제니, 이런 질문에는 다들 어떤 식으로든 반응을 보이게 마련이다. 그 순간을 놓쳐서는 안 된다.

"대표님, 저희 은행 본점에서 기업 승계 컨설팅을 무료로 진행하는데 한번 받아보시는 건 어떨까요?"

"그런 상담 많이 받아봤는데, 뭐 다 비슷합디다."

"매출 천 개씩(1000억 원) 찍는 대표님들도 받아보시고 만족해하시기에 한번 말씀드려 봤습니다."

"보통 누가 와서 합니까? 회계사?"

"저희 은행 소속 컨설턴트가 합니다."

"그럼 내용이 좀 약할 것 같은데…."

"아, 그 친구들 정직원되려면 평가가 좋아야 하거든요. 목숨 걸고 할 테니까 걱정하지 마세요."

정말로 목숨을 걸지는 모르겠지만, 이런 컨설턴트는

보통 계약직으로 시작하는 경우가 많아서 계약직 신분을 벗어던지기 위해 열심히 노력하는 건 사실이다. 따라서 컨설팅 품질도 기대 이상이다. 어쨌든 질문 하나로 멀리 떨어져 있던 대표의 마음을 이만큼 당겨와 조금은 열었다. 그러니 그다음을 준비하면 될 일이다.

기대되는 사람이 되어라

길을 가다 보면 이런 문구가 써진 가게들이 간혹 보인다. "싸다 싸. 노 마진 특가. 주인이 미쳤어요!"

시장이나 길거리 노점상에서는 손님이랑 가격 흥정 끝에 주인이 이렇게 말하곤 한다. "아유, 이것도 밑지고 파는 거야. 그러면 남는 게 없어."

알고 있겠지만 거짓말이다. 예전에도 그런 말이 있었다. 장사하는 사람이 손해 보고 판다는 말은 대표적인 거짓말이라고.

하지만 물건 파는 사람이 이렇게 말하면 왠지 모르게 멈칫거리게 된다. 남는 게 없다는데 여기서 더 깎아달라고 떼쓰면 나만 나쁜 사람이 될 것 같다. '겨우 먹고 사는데 더 깎으시게요'란 표정까지 지으면 왠지 모르게 미안해지기까지 한다. 가격 흥정에서 이 말은 뚫기 어려운 철옹성이다. 싸게 사겠다는 의지를 꺾어버린다. 거짓말이라는 걸 알면서도 늘 손님이 지는 게임일 수밖에 없다.

"대표님, 금리 이렇게 깎으면 저희 역마진이에요. 진짜 마이너스라고요"

은행에 대출 금리 낮춰달라고 끈질기게 요구하는 고객에게 써먹는 레퍼토리다. 열에 아홉은 거짓말이지만 사실일 때도 한 번 있다. 그때는 시원하게 금리 스프레드(금리 간 차이를 보여주는 구성표)를 공개한다. "자, 여기 보세요. 역마진 나오죠? 은행 손해 맞지요?"

다만 자세하게 공개하지 않는 경우라면 말과 달리 '남는 게' 있다. 그렇다고 그게 잘못된 것일까? 나는 아니라고 생각한다. 내가 은행원이라서가 아니다. 장사란 게 그렇다. 마진(이익)이 없다면 팔아야 할 이유가 없다. 자선 단체의 봉사 및 기부 활동이 아니고서야 도토리 하나를 팔아도 남는 게 있어야 한다. 장사란 행위는 그게 미덕이다.

은행의 수익은 예금 이자와 대출 이자의 차이, 즉 예대마진에서 나온다. 그렇게 수익을 내는 구조로 되어 있는 곳이 은행이다. 그런데 예금 금리는 높이고, 대출 금리는 낮추라고 강요한다면? 이는 은행에게 있어 장사하지 말란 말과도 같다. 은행에도 수많은 월급쟁이가 있다. 수익이 있어야 먹고살 수 있다. 따라서 어느 정도 적정선을 요구할 수는 있지만, 역마진이 될 정도로 강요해서는 안 된다. 결국 '남는 게 없다'는 말은 최소한의 수익이라도 있어야 우리도 생계를 유지할 수 있지 않겠느냐는 말의 다른 표현이다. 그래서 장사하는 사람들도 요새는 이런 말을 쓰지 않던가. "제 인건비도 안 나와요." 당사자에게 돌아갈 인건비도 안 나온다니, 그러면 할 말이 없다.

따라서 세상에 '밑지고 파는 장사꾼'은 없다. 특히 우리는 손해에 민감하다. 이익은 못 내도 손해는 보려 하지 않는다. '손절'이라는 말이 괜히 나왔겠는가. 실제로 우리 뇌는 이익보다는 손해에 민감하게 반응한다는 연구 결과도 나와 있다.

장사꾼들만 거짓말을 하는 게 아니다. 내가 보기엔 우리가 알게 모르게 자주 하는 거짓말이 있다. 바로 '기대 안 합니다'라는 말이다. 우리의 뇌는 부정어를 인지하지 못한다는 연구 결과도 있는데, 이에 따르면 우리는 저 말을 하면서 이미 '기대'하고 있는 것이다. 말만 그렇게 할 따름이다.

정말로 기대하지 않는 평정심을 가지고 있다면 대단한 일이다. 박수를 받아 마땅하다. 아니, 이런 사람은 어쩌면 박수받는 일조차 기대하지 않고 무심하게 반응할지 모를 일이다. 하지만 대개의 경우 '기대하지 않는다'는 말은 어디까지나 중의적 표현이라고 생각한다. 최소한 나는 그렇다. 기대했다가 괜히 실망하고 상처받으니 미리 마음의 방어막을

치는 것이다. 일종의 보험이다.

　야구를 보는 사람들이 이런 경우가 잦은데, 만루 득점 상황이 와도 "누구라서 기대가 안 되네요", "1점이라도 얻으면 다행이겠네요" 하며 냉소적인 반응을 보이곤 한다. 그러면서 점수가 나면 누구보다 더 열심히 기뻐하며 좋아한다. 아니면 그럴 줄 알았다는 듯이 화내며 실망하고. 아니 대체 기대도 안 했는데 왜 좋아하고 왜 실망한단 말인가. 사람 마음이 이렇게나 쉽지 않다. 그래서 우리는 늘 방어막을 치고 안 될 때를 대비한다. "그럴 줄 알았어. 괜찮아, 어차피 기대도 안 했잖아?"

　하지만 역설적이게도 누군가를 내 편으로 만드는 방법 중 하나는 그 사람으로 하여금 '기대'하게 만드는 일일 것이다. 내게 '기대'하는 게 있어야 관계의 진전이 이루어진다. 우리는 기대가 없는 사람과 친하게 지내지 않는다. 거절당할 걸 알면서도 고백하는 것 또한 혹시 모를, 내 마음을 받아줄지 모른다는 기대 때문이 아니던가. 아주 작은 그 확률을 버리지 못해서 고백이란 절차를 밟는 것이다. 사람 마음이라는 게 또 이렇게나 간사하다.

　물론 여기에도 주의할 점이 있다. 상대가 내게 하는 기대는 '건강'해야 한다. 나 역시 상대가 '건강한 기대'를 할 수 있게 해줘야 한다. 일정 선을 넘어가면 그 기대가 '거짓'이나 '사기'로 변질될 수 있기 때문이다. '어장 관리'란 말이 대표적이다. 이는 상대로 하여금 기대를 잔뜩 하게 해놓고는 자기 마음 내키는 대로 상대를 휘두르는 것과 다름없다. 어장에서 탈출하면 될 일이긴 하지만, 우리는 그만큼 주체성을 가질 수 있는 존재지만, 눈이 멀게 되면 그런 일이 어디 쉽던가.

상대를 농락하는 기대는 하게 만들지 말자. 회사 내 인간관계에서도, 거래처와의 관계에서도, 심지어 가족 관계에서도 네가 이만큼 해주면 나는 저만큼 해줄 거란 기대를 품게 하고는 내가 언제 그랬냐는 듯 철판을 까는 사람이 꽤 많다. 상대에게 상처를 주는 행위일뿐더러 나의 평판도 깎아먹는 일이다. 이런 관계는 건강하다고 할 수 없다.

드라마 1회가 재미있으면 다음 회를 기다리게 되고, 우연히 본 유튜브 영상이 재미있고 취향에 맞으면 구독 버튼을 누르게 된다. 기대가 되기 때문에 시간과 비용을 써가며 다음 편을 보고, 광고를 봐주는 채널 구독자가 되는 것이다. 사람 사이도 마찬가지다. 상대를 진정성 있게 대하고, 함께 있는 게 즐겁고, 성장하는 모습이 보이고 후일이 궁금하다면 호감을 가지고 기대하게 마련이다.

"다음번에 또 만나고 싶은걸."

"지금보다 훨씬 나아질 수 있겠어. 어디까지 성장하는

지 한번 지켜볼까?"

"이런 부분이 좀 아쉽네. 그것만 넘으면 더 잘 될 텐데. 내가 좀 도와줘 볼까."

물론 이쯤 되면 반문이 생길 법도 하다. 세상에 공짜가 어디 있어? 즉 상대도 원하는 게 있으니 나에게 기대하는 것 아니냐는 의미일 터. 그런데 인간관계가 꼭 자로 잰 듯이 흘러가는 것은 아니다. 지금은 내가 줄 게 없으니 상대에게 기대를 심어주면 안 되는 걸까? 내가 줄 무언가가 생길 때까지 이 관계는 꽁꽁 묵혀두거나 외면해야 하는 걸까? 아니면 내게 기대하게 하는 것조차 실례인 걸까?

내가 은행에 입사하고 나서 처음 발령받은 곳은 고양시 일산의 1기 신도시에 있는 영업점이었다. 신도시의 풍경은 서울과는 사뭇 달랐다. 대도시 주변에 인위적으로 설계된 도시치고는 순박한 느낌이 강했다. 지금도 그렇지만 당시에도 곳곳에 논과 밭이 많았고, 땅값은 매우 착했다. 자연스레 넓은 땅이 필요한 공장들이 자리를 잡아 많이 보였다. 특히 가구 공장이 많았다. 안타까운 것은 대부분의 회사가 어려웠다는 점이다.

신입 행원인 나는 당시에 본격적인 대출 업무를 보기에 앞서 대출 원리금을 연체한 회사들을 관리하는 일부터 시작했다. 대출 원리금을 언제 상환할 수 있는지 전화로 묻고 때로는 독촉하는 일이 내 업무였다. 덕분에 본점 여신관리부(대출 이자, 원금 연체 등으로 더 이상 금융활동을 할 수 없는 개인 및 기업 고객을 관리하는 부서)의 집중 관리를 받아 분해되는 회사도 여럿 보았다. 대출금을 갚지 못하면 예금을 강제 출금하거나 담보로 잡힌 부동산을 경매에 부쳐 현금화를 시켜버리기 때문이다.

드라마나 영화에서 보면 막다른 골목에 다다른 인생은 참 거칠기 짝이 없다. 현실도 다르지 않다. 벼랑 끝에 몰린 회사 대표들은 상당히 거칠다. 거의 항복하기 직전인지라 심한 욕설도 내뱉곤 한다. 이해한다. 세상이 원망스럽고 분노가 치밀 것이다. 그래서 때론 전화를 걸면서도 '제발 받지 마라' 하는 마음이 생기곤 했다. 어차피 서로 끝인 걸 아는 마당에 목소리 높이며 언쟁하는 상황이 내키지 않았기 때문이다.

그렇지만 단 한 명, 내가 거는 전화를 피하거나 화내지 않고 공손하게 끝까지 잘 받아준 가구 회사 대표가 있었다. 굳이 안 그래도 되는데, 영업점까지 직접 찾아와 죄송하다고 사과를 건넸다. 민망하고 불편했다. 영업점에 피해를 준 것은 맞지만, 그 회사의 대출은 전액 담보가 있는 터라 경매가 진행되고 나면 모두 정리되어 원만히 해결될 수준이었다. 쉽게 말해, 은행이 그리 큰 타격을 입을 정도는 아니었단 뜻이다. 오히려 집이 날아가게 될 대표가 펄쩍 뛸 일이지. 그래서인지 대표가 보여주는 태도가 깊이 각인되었다.

모든 절차가 진행되고 난 뒤에도 한두 번 더 통화할 일이 있어 전화를 걸고 안부를 물었다. 초등학교 급식실에서 나오는 음식물을 수거해 버리는 일을 하고 있다는 답변이 돌아왔다. 수화기 너머로 다소 가라앉은 대표의 목소리를 듣고 있으려니 내가 다 안타깝고 미안해졌다. 그렇게 첫 영업점에서 2년을 보내고 나는 인천에 있는 큰 영업점으로 발령이 났다. 대리로 승진한 나는 이제 제법 대출 실무를 볼 줄 알았다.

그러던 어느 날, 누군가 나를 찾아왔다. 바로 그 대표였다. 지인의 도움을 받아 다시 한번 가구 회사를 차리고 재기에 도전한 그는 또 어려운 상황에 놓인 상태였다. 물건을 받아 보관하는 창고가 마침 내가 근무하는 영업점 관할 지역에 있었고, 그럴 의도는 아니었으나 은행에 왔다가 자리에 낯익은 이름이 보여 인사도 할 겸 보러 온 모양이었다. 나는 나도 모르게 벌떡 일어나 대표의 손을 잡고 악수했다.

우리는 마주 앉아 이야기를 나누었다. 예상대로 대표는 돈이 필요한 상황이었다. 다만 대화를 나눌수록 나는 대표가 참으로 대단하다고 느끼면서 놀라기까지 했는데, 단

한 번도 은행원인 나를 포함해 그 누구도 원망하는 발언을 하지 않았기 때문이다. 그냥 지나가는 말로도 자기 집이 그렇게 넘어가고 회사가 망해 화나고 섭섭했다 말할 수 있는 것을, 그는 절대 단 한마디도 꺼내지 않았다. 그저 앞으로의 계획만 이야기했다. 이번에는 가구 회사를 완전히 정리하되, 창고로 쓰던 터를 사업장으로 매입해 그 자리에서 고물상을 하겠다는 것이었다. 나의 눈을 보면서 차분하게 이야기하는 그의 모습은 담담하면서도 간절했고, 단호했다.

고물상이라니, 의아하게 여기는 독자들이 있을지 모르겠다. 그 얼마나 고되고 힘든 일인가. 게다가 버려진 고물들이 얼마나 값을 받겠는가. 아마도 어렸을 때 집에 있는 고물로 뻥튀기나 엿을 바꿔먹은 기억이 있는 나이 든 독자라면 더욱 그런 생각이 들 것이다. 하지만 알고 보면 고물상은 굉장히 알짜배기 사업이며, 의외로 주인이 부동산 거부인 경우도 많다.

일단 고물상은 수집한 고물을 쌓아둘 수 있는 터만 있다면 반은 먹고 들어가는 사업이다. 생각해 보라. 누가 거기 있는 더럽고 무거운 고물들을 훔쳐 가겠는가. 게다가 그 일대에 개발 바람이라도 불거나 누군가가 큰 건물을 짓는다고 한다면? 고물을 쌓아두는 그 넓은 터는 순식간에 알토란 같은 땅으로 변신한다. 업계 사람들은 잘 안다. 고물상이 잘만

하면 황금알을 낳는 거위가 될 수도 있다는 사실을.

나는 가만히 대표의 계획을 들어주었다. 가구 회사 말고도 가구와 연관된 인테리어업도 해봤던지라 폐자재 수급(수익 창출)에는 큰 문제가 없어 보였다. 나는 그를 도와주고 싶다는 마음이 강하게 들었다. 이상한 일이었다. 마치 내가 그에게 마음의 빚이 있는 느낌이었다. 단순한 충동은 아니었다. 그가 풀어놓는 계획에서 어떤 가능성이 느껴졌다. 조금만 도와주면 반드시 잘될 거란 확신이 들었다. 사업장이라 해봐야 땅만 있으면 될 일이고, 직원도 그다지 필요 없지 않은가. 그동안 대출 업무에 나름 내공이 생긴 나는 시설자금대출로 풀면 지원이 가능할 것 같단 생각이 들었다.

나는 책임자에게 과거 영업점에서 그와 있었던 일을 이야기하고, 대표의 성정을 어필했다. 대표의 신용등급이 영 좋지 않아 고물상 사업자는 배우자 명의로 내야 했지만, 이는 전혀 문제가 되지 않았다. 부인 역시 남편과 함께 늘 열심히 일했다는 사실을 나는 잘 알고 있었고, 이번 사업도 남편과 함께 열과 성을 다할 것이라 믿고 있었기 때문이다. 그런 간절한 바람이 통한 것일까? 우여곡절 끝에 대출 승인이 떨어졌다. 그가 봐둔 땅은 인천 검단에 있는 것으로 지금처럼 비싸지는 않았다. 마침내 대표는 땅을 매입했고, 거기에 고물상을 연 부부는 모든 것을 걸고 열심히 일했다.

그러던 와중에 고물상 주변 일대(검단산업단지)에 아파트 건설 바람이 휘몰아쳤다. 허허벌판이던 곳이 천지개벽 수준으로 변모하기 시작했다. 당연히 그의 고물상이 있던 땅도 가격이 폭등했다. 매입가 대비 10배가 넘었다. 이후의 일은 굳이 말하지 않아도 짐작이 갈 것이다.

돈이 많은 것을 지배하는 세상이다. 하지만 가진 것이 없어도 되는 세상이 아직은 있다. 대표가 내게 준 것은 없어도, 내가 굳이 대표에게 받을 것을 기대하지 않았어도 나는 그가 기대되었다. 그의 한결같은 진중하고 의연한 성품 탓이다. 그는 누군가를 원망하지도 않았고, 세상을 욕하지도 않았으며, 인간으로서의 도리와 미안함을 아는 사람이었다. 어쩌면 그런 성품이 냉철함이 필요한 사업가로서는 마이너스일 수도 있었다. 하지만 그는 또한 꿈을 저버리지 않고 도전을 멈추지 않는 사람이었다. 그가 주저앉지 않고 나를 찾아와 자신의 계획을 간절하면서도 단호하게 이야기했기 때문에 그는 원하는 고물상을 할 수 있었고, 비싼 값에 땅을 되팔 수 있었다.

그래서 아직 세상은 비벼볼 만한 것이다. 언제 어디서 인생의 스파크가 일어날지 누가 알 수 있으랴. 그렇기에 우리는 항상 다음을 기약하고 기대한다. 사람 사이도 마찬가지다. 사람 사이의 기약과 기대가 상대를 내 편으로 만들고, 내가 상대의 편이 되게 만들며, 우리가 서로의 편이 되도록 만드는 것이다.

잘 보여서 손해될 것은 없다

    누구에게나 처음은 있다. 이 시기에는 서툴고 실수할 수도 있다. 그렇지만 안타깝게도 '처음끼리' 비교되는 경우도 생긴다. 예를 들면 조직생활을 시작할 때와 같은. 나 역시 신입 행원이고 직장 내 교육 훈련OJT, On the Job Training을 받던 시절이 있었다. 아무래도 누가누가 잘하나 살피게 되고, 다른 동료들보다 못하다는 생각이 들면 주눅들 수밖에 없다. 아무리 신입인들 경쟁이 시작되었다는 사실을 모를 리 없기 때문이다.

    처음이니 서툴고 실수할 수도 있지, 분명 이해가 가더라도 그 서툶과 실수가 암암리에 적용되는 허용선을 넘어버리면 또 문제가 된다. 조직에서 신입 직원을 가르치고 훈련시키는 건 당연한 일이지만, 흔히 싹수가 보인다고, 이 단계에서 이런 실수는 하지 말아야 하는데, 너무 실수가 잦은데 싶으면 마이너스 평가를 받을 수밖에 없다. 이건 조직 생리

상 어쩔 수 없는 부분이다. 한 사람에게 너무 필요 이상의 시간과 노력을 쏟게 되는 것도 조직 입장에서는 다 비용이기 때문이다. 하지만 무엇보다 평가에 가장 큰 영향을 끼치는 것은 그 사람의 태도와 예의다. 이는 조직 생활뿐만 아니라 인간관계 전반에도 적용된다. 다만 조직 생활에서 이런 부분이 눈에 더 잘 띄는 건 매일같이 보는 사이이기 때문이다.

요즘 은행에서는 신입 직원을 정식으로 뽑기 전에, 지원자를 인턴으로 채용해 본점이나 영업점에 순환 배치 해본 후 태도와 실력을 1차로 검증하고 최종 면접을 보기도 한다. 아무래도 지원자들의 인생이 걸린 만큼 웬만하면 1차 검증 때는 후한 점수를 준다. 그럼에도 분명 탈락하는 친구들이 있게 마련이다. 주로 업무 스킬보다는 태도 불량 때문인데, 행동이 굼뜨고 싹싹하지 못하며 어딘가 의뭉스러운 구석이 있는 지원자는 열에 아홉 탈락한다. 나도 이제 직장 생활 18년 차가 되다 보니 같이 일하다 보면 대충 느낌이 오는데, 대부분 그 느낌이 들어맞는다.

우리 영업점에 새 인턴이 왔다. 얼굴도 잘생기고 차림새도 반듯한 것이 부족함 없이 잘 자란 청년처럼 보인다. 새 인턴이 앞으로 우리와 보낼 시간은 영업 기준일로 15일, 즉 3주다. 그 3주 동안 인턴이 할 일은 별것 없다. 선배 직원들의 단순한 일, 복사나 워드 문서 작업 등을 도와주면 된다. 물론 큰 목소리로 에너지 넘치게 인사하고, 기분 좋은 미소를 지어주면 더 좋다. 꼰대 같다는 건 알지만, 은행 업무상 어쩔 수 없다. 왜 내가 계속 '영업'점이라고 말하겠는가. 은행 업무는 기본적으로 영업을 바탕으로 한다. 사람을 만나서 무형의 상품과 서비스를 팔아야 한다. 따라서 밝고 활발한 인사성은 기본이다.

그런데 이 인턴, 말끝은 늘 뭉개고, 고개는 숙이다 말며, 눈도 마주치지 않는다. 힘없는 인사에 나부터 맥이 빠졌다. 원래 그런 스타일인가 하고 넘어갈 수도 있었지만, 영업점 밖에서 지인과 통화하는 모습을 볼 때면 분명 밝은 에너지를 뿜어내고 있었다. 물론 아는 사람을 대하는 것과 회사 내에서 운신하는 게 같을 수는 없다. 사람은 때에 따라 쓰는 가면, 즉 페르소나가 달라지기도 하는 법이니까 말이다. 다만 원래 성격이 소심하고 조용조용한 편이 아니라는 것쯤은 알 수 있었다. 그렇지만 나는 괜한 소리를 할까 싶어 말을 아꼈다.

인턴십 기간 중 일주일이 지나고 2주 차에 들어섰을 때, 그의 모습을 쭉 지켜보고 있었을 담당 과장이 그에게 다가가 말을 걸었다.

"혹시 어디가 안 좋아요?"

"네?"

"항상 힘이 없어 보여서요. 많이 힘들어요?"

처음이라 어색하고 서툰 것은 이해한다. 어떻게 사람들을 대할지도 모르겠고, 이게 맞는 건지 속으로는 고민도 될 것이다. 혹은 다른 회사에 가고 싶어서, 막상 겪어보니 은행 업무가 맞지 않아서, 같이 일하는 사람이 별로여서 그런 것일 수도 있다. 하지만 우리가 속마음을 알 방법은 없으니 겉으로 드러나는 모습만 보고 판단할 수밖에 없다. 공교롭게도 앞서 다녀간 인턴이 그와 정반대로 싹싹하고 인사성이 밝고 적극적인 친구였다면 더욱 비교가 될 수밖에 없다. 3주 동안 우리는 당사자가 보여준 업무 적응력과 태도로만 점수를 매긴다.

3주만 겪어보고 어떻게 그 사람을 안다고 생각하고 평가할 수 있느냐, 반문할지도 모르겠다. 그렇지만 원래 사람 뽑는 일이 그렇지 않은가? 수많은 보통의 회사가 이력서와 자기소개서, 그리고 적으면 한 번, 많게는 두 번 정도의 면접을 보고 직원을 뽑는다. 3주간의 인턴십은 적은 시간이 아니다. 채용이 될 경우, 앞으로 그 한 명에게 들어가는 비용만 해도 연봉 및 4대 보험, 각종 복지 혜택 등 연간 최소 수천만 원에서 많게는 수억 원에 달한다. 그나마 여유 있는 대기업에서는 이만큼의 시간이라도 들일 수 있지, 그렇게 하지 못하는 회사가 더 많다.

회사 입장에서야 필요한 만큼의 기간을 두고 반년이든 1년이든 두고 보고 싶지만, 이게 가당키나 한 일인가? 평가를 이유로 노동력을 착취한다는 공격을 당할 것이며, 지원자에게는 또 다른 희망 고문이 될 뿐이다. 계약직의 형태가 존재하는 것에 대한 의견이 저마다 다르듯이 말이다. 결국 3주라는 기간은 최소한의 방어 기간인 셈이다. 뽑으면 안 될 사람을 뽑았다가 회사가 입을지 모르는 손실을 최소화하겠다는 전략인 것이다.

우리가 흔히 사람을 평가할 때 쓰는 말 중 이런 표현이 있다. '물에 술 탄 듯, 술에 물 탄 듯하다.' 알다시피 이는 좋은 말이 아니다. 이런 사람과 잘 지내고 싶어 하는 사람은 별로 없다. '도와주고 싶다'거나 '기회를 주고 싶다'는 생각도 딱히 들지 않는다. 우리는 '똑 부러지는 사람'을 좋아한다. 이런 사람에게 더 많은 기회를 주고 싶어 한다. 이런 사람이 어려움에 처할 때면 절로 도와주고 싶은 마음이 생긴다.

똑 부러지지 못해서 고민이라면, 최소한 잘 보이기 위한 노력이라도 해야 한다. 몇 번이고 말하지만, 우리가 알 수 있는 건 겉으로 드러나는 태도와 언행뿐이다. 왜 그런 말이 있지 않은가, 인사성만 좋아도 회사 생활 반은 먹고 들어간다는. 커뮤니티 같은 데서 회사 생활을 할 때 업무 능력과 태도 중에 무엇이 더 중요하냐는 질문을 심심치 않게 보는데, 묘하게도 답이 반반으로 갈린다. 얼핏 생각하면 업무 능력일 것 같다. 그렇지만 많은 사람이, 특히 관리자 자리에 있는 사람이 꼽는 것은 인사성과 적극성, 그리고 지각하지 않는 것이다.

예의 바르고 성실한 사람을 싫어하는 사람은 없다. 그렇다면 최소한의 예의와 성실성을 갖추는 편이 좋지 않을까? 사회생활을 하면서 우리는 크고 작은 평가를 피할 수는 없다. 그렇다면 상대에게 잘 보여서 손해 볼 것은 없다. 자신의 개성과 자유를 제한하라는 말이 아니다. 자신의 개성과 자유를 제한하지 않고도 잘 보일 방법은 얼마든지 있다. 사회적으로 통용되는 기준만 잘 지켜도 된다. 인사를 잘하는 것, 상대 입장에서 말하는 것, 남을 배려하는 것, 시간 약속 잘 지키는 것 등. 그리고 앞서 말한 것처럼 우리는 시간 Time, 장소 Place, 상황 Occasion에 따라 다른 가면을 쓸 수 있다. 개성과 자유가 한껏 필요한 자리에서는 그렇게 에너지를 발산하고, 그렇지 않은 자리에서는 조금 자제하면 될 일이다.

마음을 사는 노력으로 수많은 기술을 익혀 자신의 인생을 바꾼 사람이 있다. 바로 일당 6만 원짜리 일용직으로 시작해 30대 후반에 일 매출 3000만 원, 연 매출 100억 원에 달하는 인테리어 회사를 일구어낸,《디깅》의 저자 아울디자인 박치은 대표다.

박치은 대표는 대학을 졸업하고 누구나 알 만한 중견기업에 입사했지만 곧 회사를 그만두었다. 기술을 배워 성공하겠다는 일념으로 오후 5시가 되면 인부들 대부분이 연장을 내려놓고 사라지는 인테리어 건축 현장에 제 발로 찾아갔다. 학원을 다니며 기술을 배우긴 했지만, 현장에서 배우는 것은 또 다르기에 그는 스스로 잡일부터 하기 시작했다. 남들이 다 사라지는 오후 5시가 넘어도 그는 집에 가지 않았다. 자신이 해야 할 일이 아니어도 허드렛일을 도우며 공사 파트별로 작업반장을 찾아가 일을 배웠다. 처음 찾아간 사람은 목공 반장이었다.

사실 이렇게 찾아가 들이대도 전문 기술자들은 처음부터 절대로 쉽게 일을 가르쳐주지 않는다. 자신들의 인생을 받쳐가며 쌓아 올린 경력이며 밥줄이다. 어디 함부로 가르쳐줄 수 있겠는가. 게다가 얼마나 갈까 싶은 마음도 있을 것이다. 기술 배우겠다고 찾아온 사람이 그간 어디 한둘이었을까.

박치은 대표는 포기하지 않았다. 목공 반장의 마음을 열기 위해 더욱 들이댔다. 잡일은 물론이고 시키지 않은 일까지 알아서 하곤 했다. 하루가 가고 이틀이 갔다. 몸은 고되고 당장이라도 쓰러질 듯 힘들었다. 때로는 공구로 얻어맞는 일도 있었다. 하지만 그는 포기하지 않았다. 그렇게 여러 날이 흐르고, 드디어 이거 한번 해보지 않겠느냐는 기회가 주어지기 시작했다. 이런 식으로 박치은 대표는 타일 반장, 필름 반장, 미장 반장, 도배 반장 등을 차례로 찾아가 일을 배우고, 급기야는 냉난방, 보일러, 수도, 전기 기술까지 현장에서 모두 섭렵했다. 인테리어 건축과 관련된 모든 영역을 빠짐없이 배우고 경험하고 익히게 된 것이다.

쉽게 가르쳐주지 않는 기술자들에게 박치은 대표는 따지고 원망하지 않았다. 그저 할 열의가 있음을 몸소 보여주었을 따름이다. 그 태도가 기술자들의 마음을 샀다. 그런 노력과 정성이 없었다면, 공사 현장에서 잔뼈가 굵은 기술자들이 과연 박치은 대표를 거들떠보기나 했을까?

나의 아버지도 일용직, 일명 막일꾼이었다. 새시를 뜯고, 유리를 깨고, 철거를 하는 등 부수고 짓는 모든 일을 했었다. 어릴 때 본 아버지의 일터는 거칠기 짝이 없었다. 피부가 뜯기고 몸이 다치는 일이 다반사였다. 그런 현장을 누구보다 잘 알기에 박치은 대표의 노력이 더욱 절절하게 와

닿았다.

찾아가라. 들이대라. 잘 보이려고 노력해라. "제발 나 좀 봐주세요!" 하고 외쳐라. 나에게 잘해주는 사람을 싫어하는 사람은 없다. 나에게 잘 보이려고 하는 사람을 싫어하는 사람도 없다. 나이 많고 경험 많은 눈치 백단들은 다 안다. 저 사람이 진정으로 나에게 잘 보이려고 하는 것인지, 그냥 원하는 게 있어서 잘 보이려고 하는 것인지. 후자여도 개의치 않는다. 그 잘 보이려는 노력이, 마음을 사려는 노력이 눈에 빤히 보이는데 어찌 가상하지 않을 수 있을까. 나를 위해 노력하는 사람이 있다는 것만으로도 마음이 흡족해지고, 떡 하나라도 더 주고 싶은 게 사람 마음이다.

잘못은 인정, 감정은 뒷전, 수습은 우선

한국에는 부자가 참 많다. 은행원인 나는 이러한 사실을 언론 매체의 기사나 소개가 아닌 눈으로 직접 확인한다. 통장을 보면 0이 참으로 많이도 찍혀 있다. 9개 이상이면 10억이다. 모니터 화면에는 천 원 단위로 금액이 표시되는데, 0이 다섯 개, 즉 100,000천 원이면 1억 원, 하나가 더 붙어 1,000,000천 원이면 10억 원이다. 이런 0의 행렬을 나는 자주 본다.

우리 영업점에서만 당장 동원할 수 있는 현금이 억대인 100억 원대 자산가(기업 포함)가 이렇게나 많다고? 보고도 믿기지 않는다. 괜히 주눅도 든다. 그렇지만 실제로 이런 현금 부자들을 만나 이야기를 나눠보면 생각보다 수수하고 겸손한 사람들이 많다는 사실에 또 한 번 놀란다. 때론 온순하다 못해 순진해 보이기까지 해서 긴장의 끈을 놓고 싶은 유혹에 빠져들기도 한다. 그런데 이러한 겉모습에 속아서는 안 된다. 열 길 물속은 알아도 한 길 사람 속은 모른다고 했었나. 겉으로는 어수룩하고 수수해 보일지라도 그 안에는 냉철한 계산의 눈이 번뜩이고 있다.

고수는 절대 요란하고 시끄럽지 않다. 차분하게 보이는 눈빛 뒤에 숨은 내공과 경험치는 상대를 압도하고도 남는다. 전 금융권의 금리를 매일같이 체크하며 꿰뚫고 있다. 100억 원의 이자가 하루 0.1퍼센트라고 한다면, 세전으로 82만 1917원을 얻을 수 있다. 0.1퍼센트 포인트만 올라도 단박에 이자로 160만 원을 얻을 수 있다. 솔직하게 털어놓지 않으면 덜미를 잡히고, 괜히 아는 척을 했다가는 밑천만 드러난다. 어디 금융자산만 그럴까.

부동산 자산은 더욱 꼼꼼하게 살피고 관리한다. 내가 운영하는 유튜브 채널 〈부르르 부동산〉에서도 여러 번 언급했지만, 자산가들은 큰돈을 주고 정보를 산다. 우리가 월 구독료를 내고 해당 콘텐츠를 보는 수준으로 생각하면 곤란하다. 한 자산가는 거의 리포트 수준으로 정보를 제공받고 있음을 스스럼없이 밝혔다. 이는 매우 당연한 일이다. 수백억 단위의 자산을 굴리는 사람에게 있어 더 많은 돈을 벌게 해줄지 모를 정보를 돈을 주고 사는 일은 일종의 비즈니스다. 이렇게 누구보다 많은 정보를 파악하고 있으면서도 그들이 종종 은행에 요청하는 사항이 있다. 그중 하나가 '당사자라면 어떤 결정을 내리겠느냐'는 것이다.

어느 날, 자산가 W로부터 연락이 왔다. 자신이 관심 있는 부동산이 있는데, 거기에 대한 상황 파악은 다 끝냈으나 은행에서는 어떻게 생각하는지 의견을 묻고 싶다는 것이었다. 참으로 껄끄럽고 예민한 주문이다. 답변에 따라 영업점의 수준은 물론, 은행의 격까지 결정되는 매우 중차대한 건이다.

의견이 맞고 틀리고가 아닌 '다를 뿐이다'라는 점을 주장하려면 근거가 매우 자세하고 명확해야 한다. 영업점은 이런 방대한 정보가 필요한 경우 본점에 의뢰해 자문을 구한다. 사안에 따라서 전문 부동산 컨설턴트가 지원을 나오기도 한다. 이번 건이 그랬다. 나는 필요한 사항을 정리한 파일을 지원 오기로 한 부동산 컨설턴트 B차장에게 전달하고, 세 차례 이상 통화했다. 절대 실수가 있어서는 안 되는 중요한 고객이니 더욱 신경 써달라는 당부도 잊지 않았다.

약속한 미팅 날이 되었다. B차장은 세무사까지 대동해 그럴듯한 그림을 연출했다. W는 기대에 부푼 얼굴로 지점장실에 마련된 미팅 테이블 앞에 앉았다. 그런데 어찌된 영문인지 B차장이 자리에 앉자마자 내가 요청한 질의가 무엇이었는지 되물었다. 순간 나는 불안했다. "이렇게 자료를 준비했습니다"라고 바로 튀어나와도 모자랄 판에 질의가 뭐였냐니, 이 무슨 기가 막힌 상황이란 말인가. 사전에 이미 W가 듣고 싶은 의견이 무엇인지 꼼꼼히 확인하고 전달했다. W도 어이 없어 보이기는 마찬가지였다. 의견을 듣기로 약속한 날에 이 무슨 일이란 말인가. 나는 식은땀이 다 났다.

동석한 세무사가 뭔가 잘못됐다는 것을 직감했는지 바로 치고 들어오며 세금에 대해 먼저 설명하겠다고 주의를 돌렸다. 그렇지만 W는 세금 문제는 이미 전속 세무회계 담당자가 검토를 끝냈노라고 잘라 말했다. 나는 이제 당황하기까지 했다. 이 상황을 정리해 줄 사람은 오로지 B차장뿐이었다. 마지못해 B차장이 말을 꺼내는데, 누가 들어도 이미 핵심을 벗어나 있었다. 당연히 W는 마음에 차지 않는 기색이 역력했다. 그는 이마를 긁으며 나와 B차장을 번갈아 쳐다보았다. 그러고는 이내 작정한 듯이 말을 꺼냈다.

"하나만 물읍시다. 앞으로 이 아파트가 가격 조정을 받을 것 같습니까?"

"그건 잘 모르겠습니다."

"아니, 그냥 선생님의 의견을 묻는 겁니다."

"제 생각에는… 가격 조정을 받아도 이후에 계속 가격이 올라갈 것 같습니다."

"그렇게 생각하시는 이유는요?"

"네?"

"제가 궁금한 건 그거예요. 그 얘기를 듣고 싶어서 온 겁니다."

W는 이 말도 안 되는 상황을 마주하려고 바쁜 시간을 쪼개서 지점에 온 게 아니었다.

나의 등은 이미 식은땀으로 축축했다. 당황함을 넘어 창피했다. 결국 W가 듣고 싶었던 내용은 B차장의 즉흥적인 생각으로 마무리됐다. 어떤 근거도 기준도 없었다. 누구나 할 수 있는 빤한 생각을 앵무새처럼 되풀이한 꼴이었다. 나는 이제 B차장에게 화가 날 지경이었다. 내가 그런데 W는 오죽했으랴. 입맛을 다시며 연신 어이없는 듯 웃음을 짓는 그를 보며 나는 쥐구멍이라도 있으면 들어가고 싶었다.

"잘 들었습니다. 이쯤 하지요."

W가 자리에서 일어났다. 평소 점잖은 W가 그렇게까지 단호하게 미팅을 중단시키는 경우는 처음이었다. 눈치 빠른 세무사가 다시 한번 나섰으나 그의 닫힌 마음은 조금도 열리지 않았다.

지점 문밖까지 W를 배웅하는 몇 걸음이 민망하다 못해 고통스러웠다. B차장은 아무렇지 않은 듯 평온한 얼굴로 짐을 챙기고 있었다. 반쯤 남은 음료수까지 탈탈 털어 마시고는 가타부타 말도 없이 자리를 떴다. 나를 B차장을 붙잡고 따지고 싶었다. "지금 뭐 하자는 겁니까? 장난해요?"

그렇지만 영업점에는 보는 눈이 많았다. 자칫 싸움으로 번질까 싶어 마음을 누그러뜨리고 순순히 보냈다.

찜찜한 기분으로 자리에 앉아 있는데 W로부터 전화가 왔다. 짧고 간결했다. 자신에게 무례했고, 그래서 불쾌했다는 것이었다. 민망함이 몰려왔다. 나는 W와의 통화가 끝난 즉시 휴대폰을 들고 B차장이 아닌 그를 관리하는 팀장에게 연락을 했다. 오늘 미팅에서 일어난 일련의 상황에 대해서 자세히 전달했다.

"어떻게 이런 일이 있을 수가 있어요? 사전에 몇 번이나 통화도 하고 잘 부탁드린다, 준비 잘해주십사 얼마나 신신당부했었는데요. 너무 당황스럽다 못해 화까지 나네요."

"죄송합니다, 부지점장님. 그 친구가 절대 그럴 친구가 아닌데…. 하…."

"W대표님이 굉장히 불쾌하셨대요. 저희 지점 최고 VIP신데…. 이건 진짜 아닌 것 같습니다."

통화를 하다 보니 점점 감정이 격앙되었다. 무시당했다는 느낌마저 들었다.

팀장과의 통화가 끝난 후 곧바로 문제의 B차장으로부터 전화가 왔다. 그런데 그의 말이 나를 더욱 화가 나게 만들었다.

"죄송합니다. 사실… 오늘 일정을 깜빡했어요."

"뭐라고요?"

미칠 노릇이었다. 이 일을 업으로 하는 사람이 일정을 깜빡했다고? 무슨 말을 해야 할지 말문이 막혔다. 지점장까지 나서서 B차장이 소속된 부서의 장에게 전화를 걸어 거칠게 항의 중이었다. 이는 절대 가벼운 실수가 아니었다. 게다가 W는 부행장 중 한 명과 호형호제하는 막역한 사이이기도 했다. 윗분들에게까지 이야기가 전달되는 건 순식간이었다. 지점도 지점이지만, B차장에 대한 평판이 떨어지는 것도 당연한 수순이었다. 어떤 형태로든 이 일을 수습해야 했다.

잠시 후 B차장네 팀장에게서 다시 전화가 왔다.

"죄송합니다, 부지점장님. 변명의 여지가 없습니다. 저희 직원이 한 큰 실수에 대해서 어떻게 사과를 드려야 할지 모르겠네요. W대표님께는 제가 직접 전화를 드리겠습니다."

"아니요, 팀장님 말고 B차장님이 하시는 게 맞는 것 같습니다. 대표님이 궁금해하셨던 내용까지 제대로 준비해서 직접 찾아뵙는 게 좋겠습니다."

팀장은 알겠다고 하고 전화를 끊었다. 곧이어 다시 B차장에게서 연락이 왔다.

"부지점장님, 다시 한번 정말 죄송합니다."

"차장님, 사과는 제가 아니라 대표님이 받으셔야 합니다. 직접 찾아뵙고 정식으로 사과하시고, 궁금해하셨던 내용 자료 준비해서 드리고 오세요. 현재로서는 그게 최선인 것 같습니다."

"네, 알겠습니다."

이미 터진 일은 되돌릴 수 없다. 더 이상 화만 내고 있어봤자 달라지는 건 없으니 수습부터 해야 했다.

며칠 후 B차장으로부터 메일이 왔다. 거기엔 W에게 줄 자료가 첨부되어 있었다. 무려 50쪽에 달하는 엄청난 분량이었다. 첫 장의 헤드라인부터 눈에 확 띄는 것이 얼마나 열심히 준비했는지 알 수 있었다. 자료는 이 정도면 됐다 싶을 만큼 탄탄하고 내실 있었다. 아쉬운 마음이 들었다. 이렇게 잘할 수 있는 것을, 그날은 왜 그랬는지.

나는 바로 B차장에게 전화를 걸어 자료 잘 봤다며, 내용이 매우 좋다고, 이 정도면 될 것 같다고 말해주었다. 준비하느라 수고했다는 격려도 잊지 않았다. B차장은 그 자료를 제본을 떠 책으로까지 만들어서 W를 찾아갔다. 이미 전화로도 한번 사과했겠지만, 다시 한번 진심 어린 사과를 하고, 자료에 대한 설명을 열과 성을 다하고 돌아갔다고 했다.

다음 날, W로부터 전화가 왔다. B차장의 컨설팅에 대단히 만족했다며, 상당히 날카로우면서 실력 있는 사람이라는 칭찬을 아끼지 않았다. 특히 B차장이 보여준 신선한 안목이 마음에 들었단다. 역시 진심은 통하고, 문제는 피하지 않고 정면으로 마주쳐야 한다는 사실을 다시 한번 확인했다. 자신의 잘못을 솔직하게 인정하고 바로 잡는 것이 첫 번째다. 그래야 문제가 해결되며 또다시 기회를 얻을 수 있다. B차장이 그러했다. 그는 위기를 극복하고 완벽하게 기회로 바꾸었다. W의 불쾌한 마음을 되돌려 자신의 실력을 인정하게 하고, 은행의 이미지를 높이는 데 기여했다. 아마 앞으로 W는 부동산에 관한 한 B차장을 떠올리게 될 것이고, 최소한 우리 지점만큼은 B차장을 지정해 관련 업무를 맡아줄 것을 요청할지도 모른다.

원숭이도 나무에서 떨어질 때가 있다. 중요한 일을 앞두고 실수하지 않는 게 가장 좋겠지만, 뭐에 홀린 듯 그럴 때가 있다. 그렇다고 해서 난 망했어, 하며 머리를 쥐어뜯고 있어서는 될 일도 안 된다. 그럴수록 정신을 바짝 차리고 수습에 신경 써야 한다. 그날, 미팅을 망쳤다고 해서 내가 있는 대로 감정을 드러내고 B차장을 탓했으면 어떻게 됐을까? B차장이 사람이 실수할 수도 있지, 평가를 어떻게 하든 난 모르겠으니 사과만 하겠다고 했으면 어떻게 됐을까? 아니면 너무 창피해서 사과할 엄두도 나지 않는다고 회피라도 했다면 어떻게 됐을까? 우리 지점장이 이거 누가 책임질 거냐고 고래고래 소리를 지르고 화부터 냈다면 또 어떻게 됐을까?

다행히 아무도 그러지 않았다. 시간을 되돌릴 수는 없다. 그렇다면 앞으로가 중요하다. 이미 터진 일이라면 수습하고 앞으로 나아가야 한다. 그렇게 했기에 나는, B차장은, 우리 지점은 다시금 신뢰를 얻었다. 멀어질 뻔한 사람을 다시 붙잡아 곁에 있게 만들었다. 어디 이뿐이랴. 우리는 각자 새로운 성취를 경험하고 서로를 우군으로 얻게 되었다. 틀어질 뻔한 일을 되돌린 결과는 이렇게 크게 돌아왔다.

보고서를 64번이나 고쳐 썼더니

"오 과장, 한참 더 배워야겠네."
"네?"
"몇 년을 했다면서 아직 모르지?"
"…."

내가 뭘 모르는 걸까? 사실 여부는 중요하지 않다. 지금 내 앞의 팀장이 나를 별로라고 생각한다는 게 문제다. 자세한 설명 없이 나를 짓눌러버리는 고약한 말 한마디. "한참 더 배워야겠네." 자존심에 상처가 났다. 뭐라고 답해야 하지? 그렇지만 아무 말도 못했다. 나는 팀원, 그는 팀장이었으니까.

한 번 보고 말 사이라면 묘한 기운이 흐르든 말든, 상대가 마음에 들든 말든 돌아서면 그만이다. 필요 이상으로 감정을 소모할 필요 없다. 그런데 최소 2~3년은 어쩔 수 없이 봐야 하는 사이라면 다르다. 그야말로 고통과 고난의 시작이다. 모든 직장인이 겪는 숙명이다.

보통 과·차장급이 되면 책임자 위치에 올라선다. 일반 팀원보다는 높지만 팀장보다는 낮은 실질적인 조율자이자 책임자. 한 부서에서 2~3년간 근무한 과·차장급이라면 아무리 새로운 사람이 팀장으로 와도 무난하게 실무를 이어갈 수 있다. 단 새로운 팀장과 코드가 잘 맞았을 때에 해당되는 이야기다.

우리 팀의 새로운 팀장은 이미 유명했다. 그것도 나쁜 의미로. 아래 직원을 갈아서 윗사람에게 실적을 몰아준다는 소문이 파다했다. 나는 소문은 소문일 뿐 내가 잘하면 된다고 믿었다. 착각이었다. 업무 훈련을 가장한 타박이 시작되었다.

전 팀장의 보고서 스타일이 마음에 들지 않았는지, 그저 내가 마음에 들지 않았는지 모르겠지만, 보고서를 가지고 매일같이 성화였다. 심지어 툭하면 나를 밀어내고 본인이 그 자리에 앉아 직접 키보드를 두드리곤 했다. 이는 일종의 공개 처형이었다. 팀원 자리에 앉아 보고서를 작성하는 팀장, 그 옆에서 두 손을 모으고 공손히 서 있는 팀원. 어찌 눈에 들어오지 않을 수가 있을까. 누가 봐도 부족한 팀원을 팀장이 나서서 도와주는 것처럼 보인다. 임원진이 보고서를 가지고 오라고 하면 비상이다. 늦으면 능력 부족으로 평가받고, 내용이 부실하면 자리가 위태롭다.

생각보다 많은 영업점 직원들이 본점에서 일하고 싶어 한다. 내 자리를 대신할 사람들은 차고 넘친다. 자발적이지 못한 자리 이동은 이유 여하를 막론하고 '함량 미달'이라는 낙인과도 같다. 승진과 연봉 상승이 걸린 직장인에게는 매우 신경 쓰이는 일이다. 그래서 어쩔 수 없이 하라는 대로, 시키는 대로 한다. 나 역시도 다를 바 없었다.

"이렇게 여러 장 쓰면 그 바쁜 양반들이 언제 다 봐?"

"아, 그게 중요한 내용을 보여주려면…."

"그게 아니고! 보고서가 욕심이 너무 많잖아!"

"네?"

"이것저것 전부 다 넣으려고 하니까 뭐가 핵심인지 안 보이잖아요!"

"…."

"이, 보고서에서, 하고 싶은, 말이, 뭐냐, 말이야."

어지간히 답답했던 모양이다. 마지막 말은 스타카토로 끊어 말한다.

팀장은 목적과 배경, 주요 내용이 떡하니 있어도 읽지 않았다. 보여도 보이지 않는다고 할 판이었다. 손에 쥔 보고서를 얼마나 흔들어댔는지 어느새 너덜거렸다. 내 마음도 같이 너덜거렸다. 안 그래도 큰 팀장의 눈이 나를 집어삼킬 것만 같았다. 나는 바들거리는 입술을 깨물며 팀장의 질문에 간신히 답했다.

"그래, 됐네. 그걸 말하는데 이렇게나 많은 장이 필요해?"

그는 나의 말을 자르며 말했다.

"한 장!"

"네?"

"딱 한 장으로 만들라고. 오늘 문서 못 봤어요?"

"어떤 문서 말씀이신지…."

"아니, 이런 사람이 무슨 기획을 한다고. 어휴 참…. 보고서 간소화!"

탈탈 털리고 말았다. 혼난 것도 아닌데 혼난 것 같은 이 더러운 기분. 나는 자리로 돌아와 깜박거리는 커서를 뚫어져라 쳐다보며 보고서를 다시 고쳐 쓴다. 엔터를 치고, 스페이스 바를 누르는 손끝에 살기가 어린다. 하지만 참아야 한다. 얼른 보고서를 끝내야 한다. 드디어 수정된 버전 1이 완성됐다. 문득 걱정이 생긴다. '팀장이 요구한 대로 했나?'

그렇다면 팀장에게 가서 물어봐야 할 일이었다. 당장 찾아가 죄송한데 말씀하신 방향이 맞는지 확인해 달라고 해야 했다. 하지만 용기가 나지 않는다. 지적당하는 것에 정신이 팔린 나머지 팀장이 원하는 포인트가 가물가물했다. 이대로 들고 가면 분명 또다시였다. 팀장이 한 말을 귀담아듣지 않은 것밖에 안 되었다. 이미 영혼까지 탈탈 털린 마당에 무슨 좋은 소리를 듣겠다고. 에잇 몰라. 그냥 가!

한 장짜리 수정 버전 1을 들고 죄인인 것마냥 걸어가 팀장 자리에 올려놓는다. 그걸 본 팀장은 마치 더 오버해야겠다는 듯 '이거 아닌데!'라는 표정을 내보인다. 빨간색 플러스펜이 내 보고서 위에서 현란하게 춤을 춘다.

심장이 두근거리고, 입에서는 욕이 뭉텅이로 쏟아져 나올 것 같다. 하지만 참아야 한다. 내가 부족한 모양이지.

다시 수정에 들어갔다. 결코 급한 보고서가 아닌데 팀장은 난리를 피우며 닦달한다. 고치고 또 고치고. 나중에는 원망과 분노의 감정은 사라지고, 제발 집에만 갈 수 있게 해달라고 빌고 싶은 심정이 되었다. 그 순간, 이런 생각이 들었다.

'이왕 이렇게 된 거, 하라는 대로 해주자. 원하는 대로 다 맞춰주자. 어차피 늦은 거 갈 때까지 가보자! 내가 다 맞춰준다. 들어와.'

나는 이를 악물고 수정된 보고서를 들고 팀장에게 갔다. 묻고 또 물었다. '나는 보고서를 처음 써보는 신입이다.'

이런 심정으로 계속 팀장을 찾고 또 찾았다. 팀장은 처음에는 '갑자기 왜 이래?' 하는 표정이더니 중간 즈음에는 '그만 와'라는 표정을 짓고, 막판에는 아예 옆에 앉으라는 듯 내 다리에 간이 의자를 갖다 댔다.

버전 1이었던 보고서는 어느새 버전 35가 되었다. 밖은 이미 한참 전에 어두워졌다. 다른 직원들은 모두 나와 팀장의 기 싸움을 재미있게 구경하다 퇴근한 지 오래였다. 팀장이 말했다. "밥 먹으러 갑시다."

이 상황에 밥이 넘어가나. 안 먹겠다고 하려다가 혹시나 내가 열받고 화난 게 티가 날까 싶어 같이 갔다. 하지만 식당에서도 별다른 이야기가 없었다. 그래도 같은 팀에서 일하는데 전공은 뭔지, 일은 얼마나 했는지, 좋아하는 게 뭔지 같은 질문 정도는 주고받는 게 인지상정 아닌가? 공과 사는 확실히 하겠다는 심산인지, 개인적인 질문은 일절 하지 않았다. 밥은 왜 같이 먹자고 한 걸까? 도통 이해가 가지 않았다. 그 정신세계가 신기했다. 밥알이 모래알 같았다. 배가 고프니 넘기기는 해야 했다. 든든히 배를 채워 이 사람과 밥을 먹어야 하는 이 순간을 무사히 넘어가야 했다. 지금에서야 든 생각인데, 나는 그때 무슨 정신으로 지점으로 나가겠다고 말하지 않은 걸까?

사무실로 돌아와 다시 버전 놀이가 시작되었다. 시계

의 바늘은 자정을 향하고 있고, 날이 바뀔 수도 있겠다 싶었다. 이게 이렇게까지 할 일인가? 무지막지한 회의가 밀려들었다. 순찰을 도는 보안팀이 잠시 들러 인사를 했다. 버전 58까지 나왔을 무렵, 팀장이 나를 힐끗 쳐다보았다. 나도 팀장의 얼굴을 지그시 쳐다보았다. '이제 그만 좀 하시죠. 제발. 팀, 장, 님.'

야속하게도 그는 '다시'를 외쳤다. 그나마 다행인 건 빨간펜이 추던 춤이 멈췄다는 것이었다. 희망이 보였다. 아니, 희망을 갖도록 강요당하는 느낌이었다. 무슨 독립선언문을 쓰는 건가? 해도해도 너무하다는 생각에 보고서를 집어 던지고 자리를 박차고 나가고 싶었다. 하지만 나는 조용히 보고서를 다시 수정했다.

버전 64까지 나왔을 무렵, 자정이 되고 날이 바뀌었다. 이번에도 통과가 안 되면 그냥 한숨 자고 와서 다시 하겠다고 항복할 참이었다.

"거의 다 왔네. 조금만 더 수정합시다."

나는 더 이상 참을 수 없어 복수하기로 마음먹었다. 처음 수정했던 버전 1을 다시 출력해 팀장의 책상 위에 올려놓았다. 그가 알든 모르든, 욕을 하든 말든 상관없었다. 이렇게라도 하지 않으면 내가 무슨 일을 벌일지 나조차도 몰랐다. 그러자 놀라운 일이 벌어졌다. 잠시 화장실을 다녀온 팀장이 보고서를 쓱 보더니 박수를 냅다 치며 외쳤다. "그래! 바로 이거야!"

아. 나는 더 이상 화도 나지 않았다. 그게 최초 수정 버전이라는 걸 팀장이 아는지 모르는지 더 이상 중요하지 않았다. 이제 집에 가도 된다는 사실에 안도감이 들 뿐이었다. 다음 날, 버전 65를 가장한 버전 1은 그대로 임원진 회의에 올라갔고 통과가 되었다. 나는 허탈했다. 도대체 난 뭘 한 걸까.

팀장이 알고도 그런 건지, 모르고 그런 건지 나는 지금도 의문이다. 다만 돌이켜 보건대, 그는 그렇게 사람의 진을 빼는 식으로 최상의 것을 뽑아낼 수 있다고 믿었던 것 같다. 어쩌면 나라는 사람을 알아보고 길들이는 방식이었을지도 모른다. 나의 업무 태도와 근성, 인내심까지 테스트해 볼 수 있었을 테니까 말이다.

그렇게 원하는 대로 방향을 맞춰준 덕분일까, 나는 그 이후로 팀장과 급속도로 가까워졌다. 내가 팀장의 친동생 혹은 양아들이라는 소문까지 퍼졌을 정도로 팀장은 나를 키워주었고, 나는 그 믿음에 보답하고자 노력했다. 물론 호된 길들이기는 계속됐지만, 팀장이 원하는 스타일을 파악하고 맞춰가려는 나의 노력 덕분인지 이후 팀장과의 작업은 보다 수월하게 진행되었다. 내 작업 결과물이나 성과에 대해 좋은 평가를 받을 수 있었음은 물론이다.

다른 팀원들은 여전히 팀장을 어렵게 여기고 가까이하지 않았다. 하지만 나는 그러지 않았다. 팀원인 나는 팀장의 승인을 받아야만 다음 단계로 넘어갈 수 있다. 그렇다면 내가 손해 볼 일은 줄여야 했다. 무엇보다 보고서를 쓸 때 내 자리를 팀장에게 뺏기는 것이 싫었다. 나의 키보드를 그에게 내주고 싶지 않았다. 두 손을 모으고 옆에 서서 그가 보고서를 수정하는 모습을 보고 싶지 않았다. 그래서 일부러 더 찾아갔다. 아예 내 자리에 올 일이 없도록 그의 옆에 딱 붙어 필요한 것은 다 받아 적었다.

덕분에 나는 지금도 보고서 쓰는 것만큼은 자신이 있다. 내가 팀장에게서 배운 좋은 보고서란 다름 아닌 '만만한 보고서'다. 보자마자 1초 만에 이건 읽어도 되겠다, 이건 읽기 부담스럽다가 결정된다고 한다. 진짜인지는 모르겠지만, 회사 내 많은 부장과 임원진이 한목소리로 한 말이니 아마도 맞지 싶다.

게다가 팀장에게 배울 점은 또 있었다. 우리에게 독종인 팀장은 우리에게 헌신적이기도 했다. 그는 자기 팀원만큼은 목에 칼이 들어와도 무조건 지켰다. 팀원들이 포상을 받게 만들었고, 필요한 교육이 있으면 자리를 만들어서라도 보냈으며, 승진할 수 있도록 밀어줬다. 덕분에 나도 업무 능력이 늘고 해외 교육(MBA 과정)까지 받을 수 있었다. 그만하면 훌륭한 보상이었다. 이제 나는 부지점장이, 그때의 팀장은 임원이 되었다.

회사 생활은 사람이 반이라는 말이 있다. 실제로 여러 조사 결과, 직장 내 인간관계가 퇴사 이유 1위를 차지했다. 그런데 알고 보면 어디를 가도 나와 맞지 않거나 나를 괴롭게 하는 사람은 있다. 커뮤니티를 보면 퇴사 고민에 대한 글도 심심치 않게 올라오는데, 댓글들을 보다 보면 "사람 때문이라면 그냥 있으세요. 어딜 가도 그런 사람은 있어요"란 의견이 꽤 많다. 내 마음과 같은 사람을 만나기란, 그것도 조직 내에서 그러기란 매우 힘든 일이다. 직장이란 곳은 친구를 사귀러 오는 사교의 장이 아니다. 때로는 경쟁해야 하지만, 때로는 협력도 해야 하는 다양한 이해관계가 맞부딪히는 곳이다.

피할 수 없다면 부딪쳐야 한다. 인격적으로 나를 모독하거나 진심으로 나를 미워하고 괴롭히는 사람은 분명 피해야 한다. 하지만 팀을 위해, 조직을 위해, 성과를 위해 고집을 피우는 독종과의 사람이라면 무작정 밀어내지만 말고, 그의 앞에 나를 세워보는 것도 괜찮다. 그의 앞에서 내가 이렇게 좋은 결과를 만들기 위해 고군분투하고 있음을 알리는 것이다. 그렇게 끌어안으면 당장 내 속은 뭉개질지도 모른다. 하지만 최소한 어느 경우에라도 당당할 수 있으며 실력 또한 늘 것이다.

물론 이렇게 해도 그 사람이 내 편이 되어준다는 보장은 없다. 그렇지만 아무것도 안 해보고 불평불만만 늘어놓는 것보다 낫지 않은가? 하다못해 견디지 못하고 도망을 치더라도 나는 최선을 다했다는 사실 하나만큼은 남는다. 확실한 건, 정상적인 사람이라면 그렇게 노력하는 당신을 외면하지는 않을 거란 점이다. 회사가 친구를 사귀러 오는 사교의 장은 아니지만, 이렇게 믿을 만한 사람을 하나 얻는 것만으로도 회사 생활이 한층 든든해진다. 그 든든한 방벽을 쌓을 것인가, 말 것인가. 선택은 당신 몫이다.

기브 앤 테이크의 균형을 맞춰라

　은행과 감정평가법인은 공생의 관계다. 은행에서 부동산을 담보로 대출을 내주려면 감정평가법인의 정식 감정서가 필요하다. 이때 부동산 감정가액이 얼마나 나오느냐에 따라서 은행에서 내줄 수 있는 대출 금액이 달라진다. 물건 감정을 배정받은 감정평가사의 평가에 모든 것이 달린 셈이다. 자기자본이 부족한 고객일수록 이왕이면 더 많은 감정가액을 받을 수 있기를 바란다. 그래야만 더 많은 대출을 받을 수 있기 때문이다. 세금 등 복합적인 문제로 인해 그렇게 하는 경우도 있기는 하다. 하지만 부동산 감정에 대한 부분은 전적으로 감정평가사의 몫이다. 따라서 은행에서는 가급적 무리하지 않으려고 한다. 문제는 가깝기에 생기는 섭섭함의 골이다.

　대출 업무 담당 은행원 S와 감정평가사 J는 평소에도

매우 친한 사이이다. S는 감정평가를 맡겼을 때 J의 피드백이 가장 빠른 것이 마음에 들었고, J는 자기보다 어린 S가 보여주는 통찰력에 끌렸다. 그렇게 두 사람은 자주 어울려 맥주도 한잔씩 하는 사이가 되었고, 호형호제하기에 이르렀다. 두 사람의 호흡은 더 많은 성과를 이끌어냈다.

  S는 J가 다른 은행 지점들을 돌아다니며 영업하지 않아도 될 정도로 많은 일감을 몰아주었고, 이는 고스란히 J의 실적이 되었다. J는 늘 자신이 실적 1위를 할 수 있도록 챙겨주는 S가 고마웠다. 그러던 어느 날, S는 가족과 다름없는 절친의 부탁을 받아 부동산 담보 대출을 진행하게 되었다. 절친이 운영하는 기업에 추가 자금이 필요한 까닭이었다. 역시나 이번에도 감정평가는 J에게 의뢰했다. 그런데 감정가액을 받고 보니 S가 생각한 것보다 턱없이 낮았다.

  뭔가 착오가 있었나 보다 생각한 S는 J에게 전화를 걸었다. 대출을 요청한 기업이 매출도 좋고 탄탄하다면서, 적어도 3년 안에는 절대 망하지 않을 테니 긍정적으로 봐달라고 감정평가를 다시 의뢰했다. J는 S의 요청에 따라 감정가를 다시 책정해 보냈다. 그러나 여전히 대출을 해줄 수 없는 정도의 금액이었다. S는 의아해하며 J에게 이게 최선인지 재차 확인했다. 그렇다고 답하는 J의 말에 S는 더 이상 뭐라 할 수 없었다. 다만 섭섭한 마음은 들었다. S가 느끼기엔 J의

스탠스가 평소와는 다른 것 같았다.

어쨌거나 J가 내준 감정가액으로는 절친이 요청한 대출 진행이 어려운 상황이었기에 S는 혹시 몰라 다른 감정평가법인 세 곳에 다시 의뢰를 했다. 결과를 받아보고 S는 충격을 받았다. 세 곳 모두 J가 책정한 감정가보다 훨씬 높은 금액이 나왔기 때문이다. 그 정도면 대출이 나가고도 남을 정도였다. 이해가 가지 않아 S는 J에게 연락을 취했다.

"형, 어떻게 된 거예요? 다른 데는 전부 다 대출 나올 정도로 금액 보내왔던데…."

"어디? 걔네들이 비정상이야. 내가 책정한 게 최선이라니까."

"아니, 그 사람들도 다 감평사잖아요. 다들 이름 있는 법인들이고. 그럼 세 곳이 다 사짜란 거예요, 뭐예요?"

"S차장, 그 금액은 너무 무리라니까!"

"아니, J이사님. 다른 곳은 다 되는데 거기만 안 된다는 게 이해가 돼요? 같은 땅이잖아요. 그리고 이게 무리면, 그동안 무리 아니었던 건 얼마나 있었어요? 갑자기 이러니 굉장히 당황스럽네요."

"그게, 사실… 회사에서 경영 방침이 좀 타이트하게 내려왔어. S차장이 이해 좀 해줘."

S는 망치로 머리를 한 대 맞은 것 같았다. 그동안 J를 위

해 자신이 애쓴 게 얼만데. 실적은 물론이고 개인적인 일부터 가족사까지 내 일처럼 정성을 쏟았건만, 회사 방침이라는 핑계 뒤에 숨어버린 J가 야속했다. 물론 J도 직장인인 만큼 자기가 속한 회사의 규정과 규율이 중요할 수밖에 없었다. 하지만 그건 J의 사정이지, S가 신경 쓸 일은 아니었다.

"그렇다고 해도 대출이 못 나갈 정도인데…. 이걸 이해해 달라는 건 좀 아니잖아요. 장사하지 말라는 얘기예요?"

"알았어. 그럼 내가 다시 검토해 볼게."

"언제까지 주실 수 있는데요? 이거 급해요."

"오늘 중으로 줄게."

그렇지만 결과는 크게 달라지지 않았다. 결국 S는 다른 법인의 감정서를 택했다.

사실 J가 조금만 융통성을 발휘했다면 회사의 방침을 어기지 않으면서도 S에게 답을 줄 수 있는 방법이 있었을지도 모른다. 하지만 J는 회사의 방침도, S가 챙겨주는 실적도 놓치고 싶지 않았나 보다. 그 일이 있은 후에 J는 S에게 연락해 이렇게 물었다. "그런데 일전에 대출 100억 나갈 거라던 송파 물건은 언제 줄 거야?"

S가 과연 그 일을 J에게 의뢰했을까? 아마도 의뢰를 받지 못한 J는 나름대로 마음이 상했을지 모른다. 우리가 어떤 사이인데 하면서.

사람들은 저마다 처한 입장이 다르다. 심지어 가족끼리도 이해관계가 얽히면 계산에 날카로워진다. 사회생활을 하며 만난 관계는 말해 무엇하랴. 하지만 서로 주고받을 것이 있다고 여겨지면, 혹은 내게 이득이 있는 관계라고 여겨지면, 처음에는 손해를 보면서도 최대한 맞추려고 노력한다. 그 과정에서 친밀감과 좋은 기억이 쌓이면 "우리가 남인가!"를 외치며 사적으로도 특별한 관계를 맺는다. 공적으로도 사적으로도 친한 우리 관계는 뭔가 다르다는 생각이 들면서 자부심이 생긴다. 하지만 이는 양날의 검이 될 수도 있다. 특별한 관계라서 좋을 수도 있지만, 그래서 불편할 수도 있다. 인간은 '욕구를 가진 동물'이기 때문이다.

미국의 심리학자 애덤 그랜트가 《기브 앤 테이크》에서 '주는 사람Giver이 성공한다'라고 말한 것 때문에 자칫 주는 사람이 다 성공하는 것으로 여기는 경향이 있는데, 이는 오해다. 여기서 말하는 기버는 욕구의 수위를 잘 조절하는 사람이다. 같은 이타적 성향의 사람일지라도 자신의 욕구를 무시한 채 타인에게만 초점을 맞추면 실패하고 만다. 기버 타입의 성공과 실패를 가르는 결정적 요인은 자신의 이익에 대한 관심이다. 헌신도 희생도 지나치면 독이 된다. 내가 지향하는 궁극적인 목표를 이해하고, 모두가 잘되어야 나도 잘된다는 생각을 가진 기버가 성공할 가능성이 높다.

경제와 관련된 유명한 격언이 하나 있다. 바로 '세상에 공짜 점심은 없다'라는 말로, 미국 서부 개척시대에 술집에서 술을 일정량 마시는 단골에게 점심을 공짜로 주던 데서 유래했다. 다시 말해, 얻고자 하는 것이 있으면 그에 상응하는 대가를 치러야 한다는 뜻이다. 경제학에서는 이를 '기회비용'이라고 한다. 하나를 얻으면 하나를 내줘야 한다. 다 가지려면 결국 다 잃고 만다. 당장의 이익을 위해 황금알을 낳는 거위의 배를 가르는 우를 범해서는 안 된다.

사람 사이도 마찬가지다. 다 주기만 해서는 호구가 된다. 그저 받기만 해서는 얌체가 된다. 뺏기기만 하고, 가져가기만 하는 관계가 건강하게 지속적으로 유지될 수 있을까? 얌체인 입장에서야 모르겠지만, 호구인 입장에서는 절대 그러고 싶지 않을 것이다.

언젠가는 상대도 눈치를 챈다. 처음에는 조금씩 양보하고 손해를 보던 사람이 점점 '적당히'를 택하고 점점 자신이 이로운 쪽으로 방향을 트는 것을 과연 상대가 모를까? 우리에게는 감이란 게 있다. 어느 순간 그 감은 맞아떨어진다. 그리고 우리는 상대에게 실망을 한다. 혹은 S와 J의 관계처럼 어느 한쪽이 관계의 이득을 취하고자 하는 것을 대놓고 드러내는 경우도 있다. J 입장에서야 우리가 친하니까 이해해 주겠지 싶지만, 그건 어디까지나 J의 입장이다. S 입장에서는 그야말로 뒤통수 맞은 격이고, 서운함을 넘어 배신감마저 느껴질 것이다.

우리는 특별한 사이라는 감정에 금이 가 서운함이 커지기 시작하면, 그 관계는 급격히 무너질 수 있다. 상대에 대한 믿음과 기대가 큰 만큼 돌아오는 폭풍이 매우 크기 때문이다. 그동안 쌓은 노력이 물거품처럼 사라질 수 있다. 내 인적 자산이 마이너스가 되는 것이다.

그러니 하나를 얻거든 하나를 주자. 작은 손해 하나쯤 본다고 해서 큰일 나지 않는다. 그리고 공과 사는 구분하자. 공적인 일과 사적인 일을 혼동하거나 그 경계를 무너뜨리면 자칫 큰 문제에 맞닥뜨릴 수 있다. 허용할 수 있는 선에서는 융통성을 발휘하되, 그조차도 안 되거든 솔직하게 털어놓자. 그래야만 불필요한 오해를 사지 않고 그 관계를 오래 유지할 수 있다. 그럼에도 관계가 깨진다면, 그냥 그 정도 관계임을 깨닫고 그만두면 된다. 확실한 건, 각자의 처지를 솔직하게 털어놓고 서로의 상황을 있는 그대로 이해하는, 진정으로 건강한 사이라면 편이 깨지는 일은 없을 것이다.

발전적인 관계를 구축하라

　해마다 12월 31일이 되면 많은 사람이 동해로 모여든다. 1월 1일의 해돋이를 보기 위해서다. 매일 아침 출근길을 재촉하는 지겨운 태양도 그때만큼은 느낌이 다르다. 바다를 뚫고 올라와 파도 위에 빛을 뿌리는 모습이 얼마나 경이롭고 황홀한지. 그 웅장함에 가슴이 떨리고 희망찬 새해를 계획하게 된다. 하지만 새해 첫날뿐만 아니라 매일 아침 광활한 호주의 절벽에 서서 그날의 태양을 바라보는 이가 있다. 바로 호주 시드니 보클루즈Vaucluse에 사는 윌리엄이다.

　호주에 사는 사업가 윌리엄과 은행가 K차장, 병원을 운영하는 J원장은 따로 단톡방이 있을 정도로 친한 사이다. 윌리엄은 매일같이 태양이 떠오르는 순간을 스마트폰으로 찍어 3인의 단톡방에 올린다. K차장은 그럴 때마다 엄지 척 이모티콘을 보내고, 수술복 차림으로 사이클을 타던 J원장은 'Hi'로 답을 한다. 이들은 매일 아침 눈부신 시드니의 태양을 보며 '꿈'을 요리한다.

그리고 나는 이들에게서 영감을 얻어 이 책을 쓰게 되었다. 책 맨 앞 헌사를 바친 세 사람이 바로 이들이다. 이들은 부와 성공을 이룬 명망 있는 사람들로 일찍부터 놀라운 인적 네트워크를 갖췄다. 그럼에도 언제나 겸손하고 겸허하다. 그런 태도가 상대를 사로잡는다. 참으로 본받고 싶은 눈부신 사람들이다.

K차장과 J원장은 은행원과 고객으로 만난 사이로 시작해, 이제는 각자의 배우자보다 더 많은 대화를 나누는 의형제가 되었다. 윌리엄은 J원장의 초등학교 동창이다. 이렇게 세 사람은 세상에서 가장 탄탄한 트라이앵글 중 하나를 구성하게 되었다. 세 사람은 서로를 레버리지 삼아 부와 성공의 기회를 만들어내었다. 그리고 이제 더 큰 부와 성공을 꿈꾸고 있다. 나는 우스갯소리로 단톡방 털리지 않게 조심하라고 말하곤 한다.

세 사람은 모여서 맛있는 것을 먹으며 미래를 설계한다. 윌리엄은 자신이 보유한 수백 개의 호주 매장을 정리해 제2의 도약을 가슴 벅차게 그리고 있다. J원장은 자신이 소유한 병원 뒤 땅을 매처럼 낚아채 새로운 건물을 올릴 생각에 행복한 비명을 지르고 있다. K차장은 이들 가운데서 자본을 리밸런싱하고 포트폴리오를 효율적으로 구성해 함께 더 크게 날아오를 수 있도록 준비하고 있다. 이 세 사람이 나누는 대화에서 언급되는 돈의 단위는 상상을 초월한다.

이들은 과거에 어땠는지 등을 이야기하지 않는다. 희미한 추억 몇 조각 맞춰보자고 몸에 해로운 술로 목을 축이지도 않는다. 출신도, 나이도, 직업도, 사는 곳도 제각각이지만 이들의 목표는 확실하다. 그들의 삶을 우상향시키겠다는 것.

참으로 본받을 만한 태도라고 생각한다. 우리는 참 어리석게도 과거를 되돌아보는 경우가 많다. 과거가 좋았으면 좋았던 대로, 나빴으면 나빴던 대로 계속 떠올리며 거기에 머문다. 좋았던 과거는 살을 붙여 더 멋지고 아름답게 말하며 나를 어필한다. 나빴던 과거는 그러지 말았어야 하는데, 그랬다면 내가 더 잘난 사람이 되었을 텐데 하며 변명의 기회로 삼는다. 어느 야구 선수가 그랬다. 야구에 만약이란 없다고. 인생도 마찬가지다. 이미 지나간 것은 끝났다. 우리에게 남은 건 현재와 미래뿐이다.

나 역시 이 세 사람을 본받아 과거의 추억을 곱씹으며 현실을 비관하는 무리들과 과감히 작별했다. 웃을 땐 재미있어도 웃고 나면 힘만 드는 그런 사이도 정리했다. 수능 시험이 몇 점이었고, 그래서 스카이(SKY, 서울대·고대·연대)를 갔네 못 갔네 시합하듯 털어대는 사람들도 멀리 두었다.

대신 이 세 사람이 카톡방에서 어떤 이야기를 나눴는지 귀동냥한다. 왜 큰물에서 놀아야 하는지, 왜 어떻게 부자가 됐는지를 들어야 하는지, 왜 성공한 사람의 언어를 배워야 하는지 소름 돋게 배우고 있다.

이 세 사람은 이 책 주제에 딱 들어맞는 사람들이다. 서로의 부족한 부분은 서로 보완하고, 서로의 강점은 서로 배가시킨다. 잘한 것은 잘한 것대로 칭찬하고, 고마운 것은 고마운 대로 의사를 표현하고, 보상할 것은 또 보상한다. J원장과 윌리엄이 K차장에게 주는 대출 실적 한두 건이 한 지점의 1년 장사를 커버하고도 남는다. 한쪽은 대출 실적을 쌓아서 좋고, 한쪽은 좋은 금리에 돈을 빌릴 수 있으니 그야말로 윈윈이다. 하지만 누구도 생색내지 않는다. 최적화된 인적 자산을 구성한 세 사람의 바퀴는 어제도 잘 굴러왔고, 오늘도 잘 굴러가며, 내일도 잘 굴러갈 것이다. 어쩌다 진창에 빠져도, 혹은 길에서 벗어나도, 앞에 돌밭이 있어도 서로서로 격려하고 도와가며 가는 길을 멈추지 않을 것이다.

시시한 농담 따먹기로 아까운 시간을 태우는 관계는 이제 그만 맺을 때도 되었다. 이래서 힘들었고 저래서 외로웠고, 나를 붙잡고 자기감정만 호소하는 사람과도 거리를 두어야 한다. 매일같이 우리 회사는 이렇고, 누구 팀장은 저렇고 부정적 발언만 하는 사람도 되도록 피해라. 우리는 흔히 어려움이나 고민을 토로할 때 상대방의 반응이 미적지근하면 "어떻게 그럴 수 있어? 너는 내 편을 들어줘야 하잖아"라고 반응한다. 왜 반응이 미적지근하겠는가? 그냥 봐도 당사자의 잘못이거나 고민거리도 되지 않는 것으로 자신의 시간을 빼앗는다고 여기기 때문이다. 좋은 소리도 한두 번이다. 매번 이렇게 내 편 들어줘, 저렇게 내 편 들어줘 하는 사람에게 진짜로 편이 되어줄 사람은 없다.

대신 그 자리를 같은 곳을 바라보고, 같은 꿈을 꿀 수 있는 열정 어린 사람과 영감을 주는 사람으로 채워라. 과거보다는 미래를 이야기하는 사람을 곁에 두어라. 나의 단점보다는 장점을 봐주는 사람, 그렇지만 나의 단점을 발전적인 방향으로 고칠 수 있게 조언해 주고 도움을 주는 사람과 가까워져라. 이들이야말로 진짜 내 편이다.

3

인적 자산, 어떻게 쌓아야 할까

지혜의 유일한 원천은 경험이다.
_아인슈타인

'더 현대 서울'은 어떻게 대박이 났을까

나는 고객을 상대하는 은행원인 동시에 유튜브 채널 〈부르르 부동산〉을 운영하는 유튜버다. 유튜브 채널에 올릴 영상을 만들고 업로드하다 보니 아무래도 유튜브에 머무르는 시간이 많다. 덕분에 필요한 정보를 제때 얻기도 하고, 유명한 콘텐츠를 볼 때도 있다. 유현준 교수의 〈셜록현준〉도 그중 하나다. 어느 날, 〈셜록현준〉에 더 현대 서울에 관한 내용이 올라왔는데('극적인 성공? 더 현대에 사람들이 몰리는 이유') 그 내용이 자못 흥미로웠다.

여의도에 현대백화점이 들어선다고 했을 때 많은 사람이 잘될까 하며 회의적인 반응을 내비쳤다. 여의도는 서울에서도 유동 인구가 아주 많은 지역 중 하나다. 탁 트인 한강 전경이 반겨주고 누구나 접근이 가능한 이곳은 벚꽃 그리고 불꽃놀이의 성지며, 국내 최초의 고층 건물인 63빌딩이 자리하고 있다. 지금은 KBS밖에 남아 있지 않지만 전통적으로 지상파 방송국이 여럿 터를 잡아 맛집과 멋집도 많은 곳이다. 이런 자리에 왜 유통의 강자라는 롯데와 신세계가 들어오지 않았을까?

일차적으로는 땅값이다. 여의도는 사람들에게 편안한 일상을 제공하는 휴식지 이미지도 있지만, 수많은 금융회사의 고층건물에서 알 수 있듯이 금융권의 중심지며, 국회가 자리하고 있는 만큼 정치 중심지이기도 하다. 한마디로 상업지구라는 말이다. 그렇다면 땅값이 얼마나 비싸겠는가. 실제로 여의도는 서울에서 손꼽히는 부촌 중 하나다. 게다가 이미 IFC라는 종합 쇼핑몰이 자리하고 있는 상태에서 비싼 땅값의 무게를 끌어안고 들어가는 모험을 굳이 할 필요가 있을까? IFC몰은 국제금융센터 International Finance Center라는 명칭에서도 볼 수 있듯이 '금융'이란 상징성과 소유주가 외국 기업이라는 점에서 여의도에 자리 잡는 게 가능했던 측면도 있다.

게다가 하필이면 더 현대 서울은 코로나 펜데믹이 한창이던 시기에 개장했다. 오프라인 유통 구조가 힘을 쓰지 못하는 상황에서 부정적 예견이 더욱 두드러질 수밖에 없었다. 건물 외관은 또 어떠한가? 아직도 공사 중인가 싶을 정도로 기중기 모양의 구조물 여덟 개가 건물 양쪽에 네 개씩 설치된 모습은 보는 사람으로 하여금 의아함을 자아내게 한다. 하지만 이는 백화점 천장이 무너지는 것을 방지하는 용도의 실용적 구조물이라고 한다.

이렇듯 비관적인 예상이 많았음에도 불구하고 더 현대 서울은 개장 1년 만에 8000억 원의 매출을 올리는 등 놀라운 성과를 보여주었다. 더 나아가 최단기간에 1조 매출 클럽에 가입한 최초의 백화점이 되었다. 그리고 이제는 여의도의 대표적인 명소가 되었다. 이제 여의도를 지날 때 빨간색 테두리가 보이는, 낮에는 다소 너무 튀는 거 아닌가 싶지만 밤에는 예쁘게 반짝이는 그 건물이 보이면 더 현대 서울임을 모두가 안다.

유현준 교수는 더 현대 서울의 성공 비결을 '건축물의 독특한 외관 및 내부 구조'와 '색다른 경험 제공' 때문이라고 분석했다.

더 현대 서울의 건축가는 2007년 프리츠커상을 수상한 리처드 로저스라고 한다. 프리츠커상은 현존하는 건축 분야 상 가운데 가장 큰 권위를 지닌 것으로 평가받는다. 파리의 퐁피두센터, 홍콩의 HSBC빌딩, 런던의 로이드빌딩 등 그가 설계한 건물은 모두 더 현대 서울처럼 구조물들이 밖으로 돌출되어 있어, 누가 봐도 리처드 로저스의 작품임을 알 수 있다고 한다. 아울러 유현준 교수는 빨간색은 한국 전통 건축물을 상징화한 것이며, 노란색이나 빨간색을 사용해 건물의 구조를 강조하고, 하이테크 건축의 아름다움을 더욱 살렸다고 덧붙였다. 한마디로 건물 자체가 하나의 예술품이며, 우리는 그 예술품을 편안하게 관람할 수 있다는 것이다.

백화점 1층, 할 때 우리가 떠올리는 이미지는 무엇일까? 짙은 향기가 풍기는 화장품 매장들이 아닐까? 하지만 더 현대 서울은 다르다. 마치 대형 미술관에 온 것 같은 느낌을 선사한다. 중간이 뻥 뚫린 구조로 빡빡하게 자리한 매장은 전혀 보이지 않는다. 필요한 무언가를 빨리 사서 돌아가야 할 것 같은 조급함과 피로함 대신 넉넉한 공간과 여유 있는 시간을 제공한다. 에스컬레이터를 타고 한 층 한 층 오를 때마다 한눈에 들어오는 백화점의 내부와 사람들의 움직임은 색다른 재미를 선사한다.

더욱이 쇼핑을 유도하기 위해 시계와 창문이 없다는 보통의 백화점과는 달리, 더 현대 서울은 시간의 흐름을 느낄 수 있도록 천장을 뚫어놓았고, 덕분에 여의도의 야경을 백화점 안에서 감상할 수 있다. 쇼핑을 하면서 야경을 감상한다? 이 얼마나 새롭고 낭만적인 경험이란 말인가. 더욱이 더 현대 서울 5층에 자리한 대규모 실내 정원 '사운즈 포레스트'는 한층 더 편안한 분위기를 만들어준다. 그야말로 쇼핑하러 간 것이 아니라 마음 가볍게 '놀러'오거나 '산책'을 온 듯한 느낌이다. 특별하면서도 일상적이다. 당연히 사람이 몰리고 매출이 오를 수밖에 없다.

다시 말해 유현준 교수가 말하고자 하는 포인트는, 더 현대 서울의 경우 온라인에서는 할 수 없는 오프라인 매장의 특징, '사람을 직접 보고 만나게 하자'라는 부분을 더욱 강조했기에 성공할 수 있었다는 뜻일 것이다. 사회적 동물인 인간의 '관계 지향적'인 부분을 잘 캐치해 낸 전략이라는 생각이 든다. 역시나 더 현대 서울이 성공한 중심에는 '사람'이 있었다.

이후 다시 한번 사람과 사람 사이를 생각해 보게 되었다. 코로나 팬데믹은 '비대면'을 자연스럽고 일상적인 것으로 만들어버렸다. 팬데믹 동안에는 서로 만나지 않는 게 미덕이었고, 이는 명절 풍경까지 바꿔버렸다. 자연스럽게 온라인 비즈니스가 성공을 거뒀다. 지금도 역전된 온라인 대 오프라인의 구도를 따라잡지 못하는 분야도 많다. 몇 번의 클릭만으로 집에서 물건을 받고, 혼자 일해도 되는 세상. 얼마나 편한가. 눈치 싸움, 감정싸움 할 일도 없다.

하지만 우리가 이렇게 고립과 외로움을 즐기는 존재라

면 얼마나 좋을까. 인간은 어쩔 수 없이 사회적 동물이다. '코로나 블루'라는 말이 왜 생겼는지를 떠올려 보라. 우리는 만나서 이야기하고, 나의 존재를 확인받고, 서로의 존재를 확인하고 싶어 한다. 뭔가 지치고 마음이 허전한 날, 친구가 보내준 메시지 하나에, 혹은 가족에게서 온 전화 한 통에 마음이 풀어지고 기운 나던 경험이 누구나 한두 번쯤은 있을 것이다. 우리는 이렇게 사람을 통해 삶을 살아갈 힘과 위안을 얻는다.

기쁨은 나누면 배가 되고 슬픔은 나누면 반이 된다고 했다. 그래서 우리는 기쁜 일도 나쁜 일도 널리 알리려고 한다. 그럴 때 와준 사람은 잊지 못한다. 특히 조사 때 와준 사람은, 그게 의외의 사람일 경우에는 평생 뇌리에 남는다. 나는 축의금(또는 부의금) 얼마 냈는데 너는 얼마 냈네, 끊이지 않는 딜레마도 있고, 그 때문에 속이 상하는 경우도 있긴 하지만, 이 또한 우리가 사람이기에, 상대를 특별하게 생각하기에 벌어지는 일들이다.

그러니 만나자. 만나서 덜도 말고 더도 말고 딱 기본만큼만 하자. 더 주면 내가 손해 같고, 덜 받으면 속상한 사람이라면 최소한의 기본만이라도 하자. 받은 만큼 주고 관심 가져주면 된다. 주는 게 속 편하고 조금 손해 봐도 괜찮다는 입장이라면 미련한 호구가 되지 않는 선에서 마음 편히 주

자. 그런 당신을 좋아하고 아껴주는 사람들과의 건강한 어울림은 우리 삶을 더욱 풍요롭게 만든다. 그들이 곧 내 친구이며 동아줄이다. 그로 인해 길고 먼 인생길이 외롭지 않을 것이다. 나는 마음 맞는 사람과 두루두루 잘 지내며 즐겁게 사는 인생도 성공한 인생의 하나라고 생각한다.

뉴턴 형, 에르되시 형? 중요한 건 용기다

어떤 모임 자리에 처음 나갔다. 소개해 준 사람 말고는 다들 모르는 사람이다. 이럴 때 당신은 어떻게 하는가? 안녕하세요, 스스럼없이 인사를 하고 이야기를 주고받는 타입인가, 아니면 상대방이 말이라도 걸어올까 싶어 눈치를 살피며 딴청을 피우는가? 말을 걸어온다면, 어쩔 수 없이 대꾸는 해주는 편인가, 아니면 단답형으로 대답하다가 핑계를 대고 잠시 자리를 떠나는가?

어쩌면 책의 서두에서 꺼냈어야 할 주제인지도 모른다. 이쯤에서 꺼내는 이유는 뻔한 이야기를 한다는 인식을 조금이라도 피해 가고 싶었기 때문이다. 처음부터 내가 "당신이 어떤 타입인지 알아야 합니다"라고 했다면 다음 내용이 궁금한 사람이 그닥 많지 않았을 것이다. 즉 이 말을 하기까지 나도 많이 기다렸다는 뜻이다.

'인적 레버리지'란 말에서 짐작했듯이 이 책은 사람과

사람 사이를 다룬다. 그렇기에 자신이 어떤 성격인가에 따라서, 특히 누군가를 만나고 관계를 쌓는 데 있어 어떻게 반응하고 행동하는지에 따라서 접근 방식이 다르게 요구된다. 내가 외향적인지 내향적인지, 양쪽 성향을 다 갖췄는지에 따라 다르다는 말이다. 이제 그런 부분을 한번 짚어보고자 한다. 그러지 않는다면 내가 이런저런 방향을 이야기해도 '그건 나랑 안 맞는데' 하며 실행할 시도조차 안 할지 모르기 때문이다.

사람 만나는 일이 어색하고 힘든 사람에게는 '찾아가 만나라' 주장하는 이 책이 다소 불편할 것이다. 굳이 그렇게까지 안 해도 성공할 수 있는데 왜 이리 오버하는 걸까 하며 좋은 본보기를 떠올릴지도 모른다. 바로 아이작 뉴턴 같은. 위대한 과학자인 뉴턴은 내향인의 대표격으로 꼽히곤 한다.

과학 저술가인 제임스 글릭이 쓴 《아이작 뉴턴》을 보면 "부모도 연인도 친구도 없이 낯설고 강박적인 삶을 살았으며 자신의 연구를 아무도 모르게 감췄다"라고 뉴턴을 설명하는 부분이 나온다. 그만큼 뉴턴은 다른 사람과 단절된 삶을 살았다. 어쩌다 한 번씩 주고받는 서신이 그가 타인과 교류하는 일의 전부였다. 그럼에도 뉴턴은 제임스 글릭의 표현대로 '인간사에서 가장 중요한 지식을 많이 발견한 사람'이었다. 그런 그가 내향형의 사람이었다니, 유사한 성격을 가진 사람들에게는 반색할 일이자 마음 놓이는 이야기일 수도 있겠다. 사실 뉴턴처럼 혼자 자기만의 길을 닦아 대성할 수 있다면 성향이 어떻든 무슨 상관이랴. 그런데 생각해 보자. 뉴턴이 내성적이어서 위대한 과학자가 된 것일까, 위대한 과학자가 되고 난 후에 내성적이라고 밝혀진 것일까?

뉴턴과는 대조적으로 지나치게 외향적인 성격 탓에 미치광이란 소리마저 들었던 저명한 수학자 팔 에르되시가 있다. 전 세계를 돌아다니며 만난 친구만 해도 500명이 넘는 그는 한밤중에도 뇌가 열렸다며 친구 집을 불쑥 찾아가 며칠을 머물기도 했다. 에르되시의 비정상적인 사고와 행동 때문에 불편할 법도 했지만 그를 냉대한 동료들은 없었다. 그의 도움으로 인해 풀리지 않는 문제를 해결하고 한 발짝 더 나아갈 수 있었기 때문이다.

실제로 에르되시는 공동 논문을 가장 많이 남긴 것으로 유명한데, 두서너 단계만 거치면 다 에르되시와 연결돼 있었다고 한다. 그래서 에르되시와 공동 논문을 쓴 사람에게 부여되는 '에르되시의 번호'란 것도 생겼다. 참고로 이 에르되시의 번호로 연결된 학자들 중에는 알베르트 아인슈타인, 카를 포퍼, 노암 촘스키 등이 있고, 기업가인 일론 머스크도 있다. 에르되시가 얼마나 많은 사람에게 영향을 미쳤는지 알 수 있는 대목이다.

뉴턴과 에르되시 모두 자신의 분야에서 성공을 거둔 천재들이지만 행보는 달랐다. 물론 학문적 성공의 기준을 다른 분야에도 동일하게 적용할 수 있느냐는 다른 문제긴 하다. 학문이란 특성상 '혼자'서도 가능하기 때문이다. 단이 혼자서도 가능한 지점은 이전의 방대한 자료, 다시 말해 '누군가가 남겨둔 연구 결과'들을 토대로 한다. 그런 면에서 완전히 혼자라고는 할 수 없다. 결국 재능의 영역과도 맞물린다. 이해의 영역은 또 다르기 때문이다.

다만 평범한 우리는 천재가 아니다. 우리가 천재여서 어떤 문서나 설계도만 보고서도 탁탁 이해하고, 나만의 해석으로 새로운 걸 만들어낼 수 있다면 좋겠지만, 아쉽게도 그러기가 어렵다. 설사 가능하다 하더라도 요즘 같은 세상에서는 그걸 사업적인 부분으로 연결해 줄 사람도 필요하다. 내가 모든 걸 다 잘할 수는 없기 때문이다.

다행히도 우리는 기술이 발달한 세상에서 살고 있다. 나는 직접 찾아가는 게 가장 좋다고 생각하지만, 그럴 수 없다면 배울 만한 사람을 찾아 SNS가 있다면 팔로우하고, 물어볼 게 있으면 DM이나 이메일을 보내보는 것도 좋다고 생각한다. 아무것도 안 하는 것보다는 낫다. 특히 조직 생활을 하다 보면 어떻게 해서든 나를 드러내야 하는 단계가 온다. 이때 성격을 핑계 대고 안 하겠는가? 그렇다면 조직에서 뒤처질 뿐이다. 자세히 살펴보면 비슷한 성향임에도 회사 생활을 잘하고 있는 사람들이 분명 있다. 보고 배우고, 필요하면 조언도 얻어야 한다.

물론 쉽지 않은 일임은 잘 알고 있다. 어떻게 보면, 혼자가 편한 사람들이 다른 사람을 찾아 나서는 것은 신대륙을 개척하는 것과 같은 느낌일 것이다. 그만큼 용기가 필요한 일이다. 하지만 개척하는 사람만이 땅을 얻을 수 있다. 꼭 넓은 대륙이 아니어도 된다. 한 뼘만 한 땅이라도 좋으니 한 줌 용기라도 내봤으면 좋겠다.

세상에는 매우 많은 기회가 있다. 그 기회는 대부분 사람에게서 비롯되며, 사람에게 닿으려고 노력할 때 행운이라는 확률의 룰렛이 더욱 힘차게 돌아간다. 그 주체는 가급적 내가 되어야 한다. 그래야만 접점의 횟수가 늘어나고 기회를 맞이할 확률이 더 높아진다. 이런 관점에서 보면, 사람 만나는 걸 좋아할수록 인적 레버리지를 일으킬 수 있는 카드가 많은 것처럼 보이는 게 사실이다. 하지만 그저 함께 모여 먹고 놀기만 하는 관계라면 성공의 카드를 쥐기도 전에 몸부터 축날지도 모를 일이다.

결국 효율이 중요하다. 제대로 된 한 명만 알아도 된다. 그게 진짜 홈런이다. 하지만 단 한 번에 과녁의 중앙을 맞추기란 매우 어렵다. 게다가 귀한 정보는 여러 사람을 통해 검증했을 때 얻어지기도 한다. 따라서 다양한 현장에 나를 던지는 수고로움은 감수해야 한다.

내가 이 책을 통해 바라는 것은 하나다. 사람들이 조금이나마 다른 사람과 관계를 맺는 데 용기를 내는 것. 내가 말하는 성공에는 '행복한 인생'도 들어간다. 물론 혼자가 편한 사람도 있고, 그게 행복하다면 존중할 따름이다. 그런데 막상 우리는 혼자서 살 수 없고, 먹고살기 위해서든 어떤 이유에서든 타인과의 관계를 피할 수가 없다. 최소한 다른 사람과의 관계가 필요한 상황이라면, 그때만큼은 용기를 조금 내봤으면 하는 것이다.

여행을 갈 때 여러 사람이 함께 가면 좋은 점이 하나 있다. 바로 맛있는 음식을 여러 개 시켜서 같이 나눠 먹는 것이다. 혼자 혹은 둘이서 가면 그러기도 쉽지 않고 애매한 경우도 생긴다. 이 정도 좋은 점을 찾아내는 용기만 내어도 충분하다고 생각한다. 그리고 여기까지 읽은 독자들이라면 그 정도 용기는 충분히 낼 수 있으리라고 믿는다.

무작정 찾아가 노래를 부르고 춤을 췄더니

 우리는 흔히 어떤 일을 할 때 '준비'라는 과정을 거친다. 그런데 이 준비 과정이 끝나지 않는 경우가 생각보다 많다. 왜일까? 준비의 사전적 의미를 찾아보면 '미리 마련하여 갖춤'이라고 나와 있다. 즉 어떤 상태를 '갖춰야' 한다. 보물을 만들기 위해선 구슬과 바늘, 실이 있어야 한다. 행동하기 위해서는 필요한 준비를 갖춰야 한다. 그런데 내가 갖춰져 있는지 아닌지 잘 모르겠다면? 확신할 수 없으니 자신이 없다. 머뭇거리며 계속 준비만 한다. 이는 결국 미루고 있다는 말과 다르지 않다.

 따라서 준비에도 판단이 필요하다. 아이를 임신하고 출산할 때 우리는 이것저것 확인해 가며 준비한다. 책도 사고, 맘카페에 가입해서 이것저것 물어보기도 한다. 그리고 꼼꼼히 따진다. 준비를 잘했는지. 즉 준비가 제대로 되어 있는지 '진단'이 필요한 것이다. 내가 다른 사람에게 가서 도움을 청하라는 말도 이 '진단'과 연결되어 있다. 내가 제대로 준비가 되어 있는지 진단받고 방향을 설정하란 의미다. 미적미적해서는 진단받을 수 없다. 과감함이 필요하다. 이 진단이라는 시험대에 자신을 무작정 던질 줄 알았던 사람이 있었으니, 바로 가수 싸이다.

싸이의 첫 지상파 데뷔 무대를 또렷하게 기억한다. TV 화면 구석구석에 방청석에서 직관 중인 여학생들의 뒤통수가 보이는 날것 그대로의 생방송이었다. 3~4분 정도 되는 그의 무대를 보면서 온갖 생각이 다 들었다. '저 사람 뭐야? 조폭인가?' 싸이가 후에 털어놓은 이야기를 들어보면 그렇게 생각한 사람이 나뿐만은 아니었던 모양이다. 실제로 사람들에게 가장 기억에 남는 데뷔 무대를 꼽으라는 질문에 빠지지 않고 등장하는 가수 중 한 명이 싸이다. 왜 아니겠는가.

노래와 랩 중간쯤의 독특한 곡을 부르면서 짧게 깎은 머리에 육중한 몸매로 연신 유연하게 춤을 추는 모습이 예사롭지 않았다. 거기다가 '새 됐다'라는 아름답지 못한 은어를 주제로 내세워 '이 십 원짜리야'나 '이랬다가 저랬다가 갔다가 밤낮 장난하냐'라는 돌직구를 마구 던지는데 왠지 모를 카타르시스마저 느껴졌다. '아무 데서나 담배를 피는 용기'가 있는 여자를 대상으로 하는 것도 당시로서는 파격적이었다. 여성이 공개된 장소에서 담배 피우는 걸 아직 꺼리던 분위기가 남아 있던 때였으니까. 하지만 무엇보다 뇌리에 박힌 것은 그의 외모였다. 당시로서는 가수가 맞나 싶을 정도로 (박진영 이후 가장) 센세이셔널했던 그의 비주얼은 신선하다 못해 놀랍기까지 했다. 독특한 엔딩 포즈(새를 형상화한 M자)와 하필 이름도 싸이여서 그야말로 '미친 것(싸이코)' 같았다.

싸이의 데뷔 시절인 2001년을 돌이켜 보면, 그의 데뷔는 기적이나 다름없었다. 지금처럼 유튜브도 없었고, 지상파 방송국의 힘이 셌던 때라서 방송국 PD들의 권한이 절대적이었다. 한마디로 PD 눈에 드는 것이 중요했다. 따라서 화면으로 보기에 좋도록 비주얼도 되고 춤도 화려해야 했다. 이를 반영하듯 당시 가수 소속사들은 비주얼과 춤 솜씨를 내세운 그룹들을 양산해 냈다.

하지만 누가 봐도 싸이는 이와는 거리가 멀었다. 그는 몇 번이나 방송국을 찾아갔지만 PD들이 만나주지 않았다. 그래서 결국 사고를 치기로 마음먹고, 방송국 건물로 들어가 PD들이 모여 있는 사무실 복도에서 무작정 노래를 부르며 춤을 췄다. 다행히 그의 시도가 통했는지, PD 한 명이 싸이를 인상 깊게 보고 무대에 오를 기회를 주었고, 싸이는 데뷔 무대를 갖게 되었다.*

정말로 기적 같은 이야기다. 그렇지만 싸이가 그토록 간절히 원했던, 데뷔를 위한 현장에 자신을 내던진 처절함을 생각하면 결코 기적이 아니었음을 알 수 있다. 지금이라면 유튜브나 틱톡 등의 플램폿을 통해 동영상 콘텐츠를 업로드할 수 있으니 바로 영상을 올리고 반응을 확인할 수 있을 것이다. 하지만 데뷔할 수 있던 무대가 한정적이었던 그 시절, 어느 것도 확실하지 않았다. 지상파는 더할 나위 없이 센 매체였지만, 반응이 어떻게 되돌아올지는 모를 일이었다. 그럼에도 싸이는 머뭇거리지 않았다. 어차피 결정은 다른 사람의 몫이다. 가수를 할 수 있을지 없을지 진단하는 것은 PD의 몫이었고, 가수로 받아들일지 아닐지 판단하는 것은 시청자의 몫이었다. 다행히 그는 제대로 된 진단과 판단을 받았다.

이후로 그만의 독특한 포지션을 다지며 싸이는 새로운 유형의 아티스트로 떠올랐다. 그리고 다들 알다시피 2012년에 발표한 〈강남 스타일〉로 K팝의 역사를 새로 썼다. 세계적인 대히트곡이 되어 미국의 빌보드 차트까지 점령한 것이

---

* 해당 내용은 싸이가 직접 〈유 퀴즈 온 더 블록〉에 나와서 밝힌 내용이다.

다. 노래의 인기에는 그의 뮤직비디오도 한몫했다. 그의 코믹한 표정과 함께 쉽게 따라 할 수 있는 '말춤'이 돋보였기 때문이다. 2개월 만에 싸이의 뮤직비디오 조회 수는 2억 7000만 뷰를 넘어섰다. 그 결과 빌보드 차트 순위 선정에 '유튜브 조회 수'를 포함하는 결정을 내리게 만들었다. 현재 싸이의 〈강남 스타일〉 뮤직비디오 조회 수는 52억 뷰에 달한다.

묻고 따지고 간만 보다가는 아무것도 하지 못한다. 머릿속으로 잔뜩 상상의 나래를 펼치면 뭐 하겠는가. 몸은 여전히 방 안에 머물러 있는 것을. 지금 당장 신발을 신고 밖으로 향해라. 맛있는 국수집을 창업하고 싶다면 집 안에서만 국수를 삶을 게 아니라, 맛집을 찾아다니며 다양한 맛을 보고, 손맛 장인에게 비결을 듣고 배울 일이다. 진짜 농구를 잘하고 싶다면 편안한 침대에 누워 모바일 농구 게임을 할 게 아니라, 근처 농구 골대에라도 가서 공을 잡아 던져보고, 거기 온 사람들과 함께 3 대 3 실전을 하며 배울 일이다.

나가라. 나가서 나의 수준을 확인해라. 진정한 준비는 바로 거기에서 시작된다.

묻지도 따지지도 않고 이메일부터 보낸 결과

싸이의 이야기를 듣고 나도 따라서 해보았다. 무엇을?

혹시 다음의 책들을 알고 있는가?《아프니까 청춘이다》,《언어의 온도》,《돈의 속성》,《미움받을 용기》,《불편한 편의점》등. 다들 기본 100만 부 이상 판매된 베스트셀러이자 스테디셀러다. 별로 독서와 친하지 않은 사람일지라도 한 번쯤은 들어봤을 것이다. 물론 이 책들이 그만한 값어치를 하느냐에 대한 생각은 저마다 다를 것이다. 하지만 독자들에게 그토록 사랑받은 데는 분명한 이유가 있을 것이다. 그것이 마케팅 덕분이든 뭐든 간에 말이다.

중요한 것은 책을 썼다는 행위 자체다. 하루에도 신간이 수백 권씩 쏟아지는 세상이다. 1년에 8만 부가 넘는다고 한다. 그중에서 어떤 책이 눈도장을 받을지는 아무도 모른다. 확실한 것은 책을 내는 수고로움을 견뎠다는 것이다. 출판사에서 제안이 와서 그랬든, 저자 측에서 먼저 출간 제의를 했든 간에 말이다. 책을 쓰는 것은 여러 가지로 상당히 고된 작업이다. 이 책을 쓰는 나 역시 책 출간 작업이 만만치 않다고 느낀다. 이 책이 첫 책이 아닌데도 그렇다. 책을 내는 것은 생각보다 소요되는 시간도 많고 드는 품도 상당하다. 원고를 쓰고, 고치고, 탈고하고, 편집하고, 디자인하고, 그러면서 고치고 또 확인하고. 어쨌든 그런 수고로움을 거쳐야만 시장에 선보일 수 있고, 베스트셀러가 될 기회를 가질 수 있다.

내가 생업 때문에 찾아간 데 말고 제일 많이 문을 두드린 곳이 있다면 단연 '출판사'다. 물론 시작은 이메일이다. 출간기획서를 이메일로 여러 곳에, 여러 번 보냈다. 나중에 들어보니 인터넷이 발달하기 이전에는 우편으로 부치는 경우가 많았고, 직접 원고를 들고 찾아오는 사람도 간혹 있었다고 한다. 예전에는 출판사에 접촉하는 일조차 만만치 않았구나 싶다. 그나마 이메일로 접촉 가능한 지금 시대가 감사하며, 이렇게라도 문을 두드릴 수 있으니 다행이라는 생각이 든다. 앞으로도 필요하면 계속 해볼 요량이다.

어쨌든 나는 내가 속한 우리 회사 혹은 인간관계에서나 좀 알아주는 사람이지, 출판사 입장에서 보자면 무명이나 다름없다. 오는 답변은 거의 거절이다. "우리 출판사가 추구하는 방향과 달라서 이번에는 함께하지 못하겠다", "내부 사정으로 출간이 어려우니 더 알맞은 출판사를 만나길 바란다", "이미 잡힌 출간 계획과 쌓아둔 원고가 많아서 어렵겠다" 등. 그나마 답변이라도 받으면 다행이다. 답이 없는 곳도 부지기수다. 한 열 번쯤 이런 메일을 받고 나면 제아무리 적극적인 나라도 기분이 썩 좋지는 않다.

그렇다고 포기했을까? 그랬다면 아마도 이 책은 나오지 못했을 것이다. 나는 그러거나 말거나 계속 문을 두드렸다. 그전에는 기획서와 전체 원고를 같이 보냈었는데, 방향을 바꿔 기획서와 샘플 원고만 보내보기로 했다. 물론 그래도 상황은 마찬가지였다. 나는 무엇이 문제일까 고민하며 기획서를 고치고 또 고쳤다. 뭔가 있는 척, 멋있는 척하려 하지 않고 내가 '하고 싶은 이야기'와 '콘셉트'가 명료하게 보이도록 노력했다. 그렇게 메일 발송 버튼을 누르면서 나는 근거 없는 자신감을 내비치는 말을 중얼거리곤 했다. "나와 손을 잡으면 좋은 일이 생길 겁니다."

한 번, 두 번, 세 번…. 그리고 어느 순간 놀랍게도 같이 책을 만들어보자는 출판사들의 회신이 줄을 이었다. 놀랍고 감사할 따름이었다. 물론 내 원고에서 어떠한 가능성을 본 탓도 있을 테고, 내가 마케팅적으로 어떤 도움이 된다고 판단했을 수도 있다. 어쩌면 내야 할 원고가 넘치는 출판사와 달리 낼 원고가 부족한 출판사 사정 때문일 수도 있다. 아무래도 괜찮았다. 내게는 내 기획서가 출판사에 가 닿았다는 것만으로도 성공이었다. 예전은 안 됐는데 지금은 되었다. 그렇다면 내가 그만큼 시도하는 과정을 통해서 성장하고 발전했다는 의미가 아닌가. 출판사들의 긍정적인 회신은 잘하고 있다는 또 다른 격려였다.

물론 여기에는 거절의 회신이 준 도움도 있다. 보통 간략하게 거절의 메일을 보내지만, 간혹 상세하게 이유를 적어주는 곳도 있다. '우리와 방향이 다르다'는 의견은 진짜인지 아닌지 모르겠지만, 어쨌든 그렇다고 하니 내가 내려는 책과 성격이 비슷한 도서를 많이 출간하는 출판사를 찾아보게 된다. 그런 식으로 내게 작게나마 도움을 주는 곳도 있었다. 그리고 그런 의견들은 내 수정 기획서에 반영되었다. 이런 경험은 돈 주고도 살 수 없다. 문을 두드린 자만이 얻을 수 있는 일종의 작은 보상이다.

그렇게 긍정의 회신을 여러 개 받고, 여러 출판사와 미팅을 하게 되었다. 미팅을 하면서 나는 참 많은 사실을 알게 되었다. 일단 아무리 작은 출판사라도 투고 원고를 한 달에 100개 정도는 받는다는 사실이었다. 출판사 규모에 따라 다르겠지만 1년에 책을 12권(한 달에 한 권) 낸다고 한다면, 원고가 채택되기 위해서는 적어도 100 대 1 이상의 경쟁률을 뚫어야 한다는 이야기다. 이것도 어디까지나 투고 원고끼리의 경쟁에 한해서지, 출판사에서 직접 접촉하는 저자나 번역서를 생각한다면 150 대 1, 200 대 1 이상으로도 넘어가지 않을까? 그렇다면 나는 높은 확률의 운을 잡은 것이다.

그리고 내가 동종 업계 종사자들을 많이 알고 있듯이, 출판 업계에서도 저마다 가진 네트워크가 있었다. 편집자끼리도 혹시나 좋은 원고가 있는지 서로 찾고 물으며, 자기네 출판사와 색깔이 다르거나 내기가 어려우면 다른 출판사에 소개를 해주기도 한단다. 책을 계속 내고 싶은 사람에게는 참으로 희소식이다. 괜찮은 원고인지 아닌지 미리 진단받고 괜찮으면 소개, 안 괜찮으면 원고의 문제점이 뭔지 피드백까지 받을 수 있다는 말 아닌가. 무조건 된다는 보장은 없지만, 최소한 기획서나 원고가 읽히지도 못한 채 외면당하는 신세는 면할 수 있다.

내가 가진 원고가 여러 개여서, 혹은 내가 유명한 저자여서 여러 출판사와 일하면 좋겠지만, 아직까지는 그런 단계가 아닌 관계로(유명 저자들은 계약 먼저 해둔 게 여럿 있기도 하단다) 나와 파트너십을 잘 이루고 내 원고를 잘 대해줄, 진정 어린 출판사와 만나기를 희망하면서 나는 미팅에 임했다. 미팅 자리에 나갈 때마다 설레고 기대됐다. 책을 출간하는 전 과정은 비슷하지만 내 원고를 보는 시각, 즉 내 원고를 가지고 콘셉팅하는 방향은 출판사마다 달랐다. 그런 이야기를 듣는 것도 신기하고 공부가 되었다.

미팅한 출판사들의 명함은 모두 다 잘 간직하고 있다. 물론 한 번의 미팅만으로 그 출판사들이 다 믿을 만하고 괜찮은 곳인지, 그 편집자들이 다 능력 있고 성실한지는 잘 모르겠다. 다만 앞으로 내가 또 다른 책을 내게 된다면 맨땅에 헤딩하는 일은 더 이상 없을 것이다. 무작정 책 출간 제안 메일을 보내는 대신, 이러저러한 원고를 준비하고 있다면서 도움을 요청해 볼 관계자가 여럿 생겼기 때문이다. 저자로서의 성공을 꿈꾸는 내게 있어 귀중한 사람들이다.

수많은 출판사가 사활을 걸고 책을 만들고 있었다. 어쨌든 책이 팔려야 그들도 먹고살 것이 아닌가. 좋은 저자와 좋은 원고가 그들에게는 필요하다. 그렇기에 좋은 저자를 발굴하기 위해 이리저리 애쓰고, 좋은 저자로 만들기 위해 노력하며 시장에 끊임없이 책을 내보내는 것이다. 그러다 보면 반드시 터지는 게 하나는 있을 것이다. 나도 언젠가 그런 저자의 대열에 낄 수 있도록 같이 노력할 생각이다. 세상 모든 일이 그렇지만 책이야말로 저자, 편집, 디자인, 마케팅, 서점, 언론 등 다방면의 협업과 소통이 매우 중요하다는 사실을 깨닫고 있는 요즘이다.

눈떠보니 유명해졌더라는 말을 남긴 사람도 있지만, 그가 진짜 하루 만에 그렇게 된 것일까? 그런 계기를 맞이한 이전의 무수한 날들이 있었을 것이다. 금수저를 물고 태어나지 않는 한 처음부터 성공 가도를 달리는 사람은 없다. 처음부터 성공 가도를 달리고 싶다면, 어쩔 수 없다. 다시 태어나야 한다.

내게는 입행 동기가 100여 명 정도 있다. 그중에 금수저 혹은 은수저에 해당되는 사람도 분명 있다. 그들은 때가 되면 은행 내 핵심 부서로 들어가곤 한다. 물론 본인이 실력을 키우고 당당하게 들어가는 경우도 있지만, 그렇지 않은 경우도 왕왕 있다. 처음부터 은행이 그들의 태생을 알고 합격시켰다면 당연한 일이기도 할 것이다. 예를 들어 A의 아버지와 어머니가 대단한 사람이어서 은행에 엄청난 예금과 다양한 실적을 안겨다 줄 수 있는 영향력이 있다면, 은행 입장에서는 A를 뽑는 게 훨씬 이득이다. 게다가 A가 그런 부모 밑에서 훌륭하게 자라나 태도까지 좋다면? 그야말로 최상의 인재다.

그렇다면 여기에 해당하지 않는 사람들은 핵심 부서에 들어갈 수 없는 것일까? 절대 그렇지 않다. 은행은 사람을 상대하는 일이 9할이다. 고객과 거래처에 국한해서 하는 말이 아니다. 은행이란 조직 자체가 이미 거대하다. 그런 만큼 자기 역할을 잘 해내고 좋은 관계를 유지하는 것이 핵심이다. 앞서도 말했지만, 나 역시 독종이지만 유능한 팀장님과 합을 맞추는 노력을 한 끝에 수억 원에 달하는 MBA 과정을 회삿돈으로 갈 수 있었다. 계획에 없던 대학원을 회사 덕분에 갈 수 있었고, 거기서 엄청난 내공의 인물들을 만나 인적 자산을 더욱 확보할 수 있었다.

당첨 확률이 800만 분의 1이라는 로또도 결국 구매를 해야 당첨의 꿈이 이루어진다. 로또도 이럴진대 다른 일은 말해 무엇하랴. 그나마 로또는 5000원과 가서 사는 행위만 있으면 된다. 10~15분이면 가능하다. 들이는 비용과 수고로움이 아주 적다. 그렇지만 이조차도 안 하고 당첨의 꿈만 꾸는 사람들이 있다. 그 적은 비용과 수고로움도 안 들이는데 다른 일이 가당키나 하겠는가. 우리는 그렇게 변명과 핑계를 대며 현실에 머문다. 과거에는 이래서 못했고 지금은 저래서 못한다. 그래서 어디 미래가 달라지겠는가?

누구도 아닌 내 인생이다. 선택도 내가 하고 책임도 내가 진다. 그 모든 결과는 다른 누구도 아닌 내게 돌아온다. 그렇다면 지금이라도 달라져야 하지 않겠는가. 나는 찾아가는 삶, 시도하는 삶으로 조금씩 성장하는 나를 보고 싶다. 그래서 오늘도 나는 내게 필요한 사람과 필요한 곳을 찾아 문 두드리는 일을 주저하지 않는다. 지금은 나의 이런 시도

들이 작아 보일지 모른다. 이 책이 나온다고 해도 내가 유명해질지 아닐지 잘 모르겠다. 다만 이 책을 읽는 독자들이 있다면, 그것만으로도 나는 어제의 나보다 성장했으며 성공한 것이다. 알프레드 아들러는 어제의 나보다 더 나아지는 것에 가치가 있다고 말했다. 당신은 어디로 향할 것인가.

내가 삶에서 어떤 패를 쥐고 있는지 한번 알아보려고.
네 마음을 따라가렴.
그럼 괜찮을 거야.

_영화 〈굿 윌 헌팅〉 중에서

거절당했다고 그만 포기할 것인가

　세상에 거절당하는 것을 좋아할 사람은 없다. 그리고 거절당하는 것은 참으로 익숙해지기 어려운 경험이다. 하지만 세상일이라는 게 어디 좋은 일만 있겠는가. 출판사들과 미팅을 할 때 한 편집자는 이렇게 말했다.
　"투고하시는 분들도 거절 많이 당하시지만, 저희도 거절 많이 당해요. 그런데 그것도 우리의 일인 거죠."
　생각해 보자. 출판사들도 출간 제안이라는 걸 한다. 추천사도 저자를 통해 얻는 경우가 있지만, 출판사가 직접 연락을 취해 받는 경우가 더 많다고 한다. 기자에게 연락을 취해야 하거나, 관련 업체에 우리 책 홍보해 달라는 제안이나 부탁을 해야 하는 경우도 생긴다. 얼마나 거절당하는 일이 비일비재할까. 그런데 그것도 '일'이란다. 제안하는 것 자체가 일이니 그에 대한 반대급부도 받아들여야 한다는 의미 아닐까. 어쨌든 우리는 서로 거절당하면서 또 거절하는 관계이기도 하다.

그리고 여기, 한결같은 정성으로 거절만 하던 사람의 마음을 바꿔 성공 사례로 바꿔버린 두 인도네시아 청년이 있다. 연 매출 600억 원에 달하는 미국의 유타컵밥이 어떻게 인도네시아까지 진출하게 되었는지, 그 경위에 얽힌 일화다.*

인도네시아에서 온 알빈과 데빈 형제는 오늘도 송정훈 대표가 운영하는 푸드트럭에 찾아왔다. 주문한 컵밥이 나오면 들고 가버리는 다른 사람들과는 달리, 형제는 그 자리에서 컵밥을 뚝딱 해치웠다. 돈이 없는 친구들인가 싶어서 송 대표는 덤으로 더 주기도 했다. 그렇게 단골손님이 된 이들이 어느 날, 인도네시아로 돌아가야 한다며 가서 컵밥으로 프랜차이즈를 해보고 싶다는 제안을 했다. 송 대표는 컵밥 사업을 시작한 지 11년 만에 미국 7개 주에 진출해 트럭 8개, 매장 260개, 직원 수 900명에 달하는 회사로 키워냈지만, 단 한 번도 프랜차이즈 제안을 허락한 적은 없었다. 단골손님의 제안을 차마 단칼에 잘라낼 수 없었던 송 대표는

---

* 〈유 퀴즈 온 더 블록〉 248회 '푸드트럭 한 대로 연 매출 600억 달성, 미국을 사로잡은 컵밥의 신' 내용을 참고했다.

'우리 서로 1년간 생각해 보고 그 뒤에도 똑같은 마음이면 그때 다시 얘기해 보자'며 조건부 허락을 했다.

조건부 허락이라고 하지만 내가 볼 때는 아마도 완곡한 거절의 뜻도 숨어 있지 않았을까 싶다. '1년간 지켜본다'도 아니고, '1년간 와서 배워라'도 아니고, '1년 동안 마음이 변하지 않으면'이다. 어떻게 보면 내가 조건을 거는 것 같지만 결과적으로는 상대의 의향이 중요하게 작용한다. 1년이면 적은 시간이 아니다. 게다가 이 형제는 미국 시민도 아니었다. 인도네시아로 돌아간다는 것을 보아 어쩌면 눈에서 안 보이면 마음도 멀어졌을지 모를 일이다. 허락 같지만 묘한 거절인 셈이다.

형제는 그 뒤로도 송 대표를 꾸준히 찾아왔다. 그렇게 시간이 흐르고 형제들은 "정, 어떻게 생각해? 우리의 마음은 아직 변하지 않았어"라고 말했다. 송 대표는 자기가 한 말은 지켜야 했기에 "그래, 인도네시아에 한번 가보자"라며 형제와 함께 인도네시아로 향했다. 20시간 넘게 비행기를 타고 인도네시아에 도착했는데, 리무진 한 대가 다가왔다. 알고 봤더니 형제는 인도네시아의 재벌 2세들이었던 것이다(송 대표의 표현에 따르면 우리나라 신세계 2세에 해당하는). 부모가 자녀를 세계 여러 나라에 유학을 보내고 자기가 원하는 사업을 하나 선택해서 가져오게 했는데, 이들 형제에게는 그것이 컵밥이었다. 결국 형제의 제안대로 컵밥은 인도네시아에 진출했고, 진출 8년 만에 200개가 넘는 매장을 내는 성공을 거두었다.

나는 송 대표가 미국에서 일군 성공 이야기에도 솔깃하고 감동을 받았지만, 이런 송 대표에게 재벌 2세임을 밝히지도 않고 프랜차이즈 제안을 하고, 완곡한 거절을 당했음에도 계속 한결같이 송 대표를 찾아와 우리의 마음은 변함없다고 어필한 형제의 끈기와 정성에 더 관심이 쏠렸다. 재벌 2세가 뭐 아쉬울 게 있었을까. 게다가 컵밥이라는 특성상 송 대표에게 말도 안 하고 인도네시아식으로 변형해 프랜차이즈를 했을 수도 있었다. 하지만 그들은 솔직했고, 최선을 다했으며, 정당한 절차를 밟았다.

정중한 거절이든, 정색하는 거절이든 거절은 거절이다. 거절을 좋아할 사람은 없다. 그나마 여지를 남겨두는 정중한 거절은 다음에는 기회가 있을지 모른다는 희망에 마음이 조금 더 가볍다. 하지만 그 여지를 남겨두는 것도 결국은 그 사람이 이끌어낸 기회다. 형제는 송 대표에게 일주일에 4~5일씩 찾아오는 단골 중의 단골이었다. 그렇기에 이전처럼 단호하게 거절하지 못했던 것이다. 물론 형제들이 그 사실을 알았는지 어쨌는지는 모르겠다. 하지만 애매한 답변에도 형제들은 계속 송 대표의 푸드트럭을 찾아왔고, 그로 인해 송 대표의 마음이 움직였다. 그리고 이는 형제에게도 송 대표에게도 좋은 결과로 돌아왔다.

우리는 왜 이리 거절당하는 것이 괴로울까? 한 연구 결과에 의하면, 우리의 뇌는 거절을 당하면 고통으로 인식한다고 한다. 물리적 고통을 느낄 때 활성화되는 배전측 대상피질dACC, dorsal Anterior Cingulate Cortex 부위가 활성화되는 모습이 관찰된 것이다. 즉 거절은 고통이며 수치감, 분노 등 우리에게 부정적 감정을 불러일으킨다. 그런 의미에서 우리가 거절당할까 봐 스트레스를 받고 주저하는 것은 어쩌면 당연한 일일지도 모른다.

그런데 거절하는 사람의 마음도 그리 쉽지만은 않다. 한번 생각해 보자. 자신은 부탁을 할 때 더 힘들었는지, 거절을 할 때 더 힘들었는지. 나는 거절을 당하면 그때는 기분이 좀 나빠도 시간이 지나면 잊어버린다. 잊고 다음 단계를 생각한다. 그런데 거절을 하고 나면 왠지 모르게 자꾸 신경이 쓰인다. 내가 너무했나 싶은 것이다. 하지만 거절당하는 사람이든 거절하는 사람이든 염두에 둬야 할 게 하나 있다. 거절당한 것은 나나 상대방이 아닌, 나 또는 상대방의 제안이나 부탁이다. 즉 사람이 아니라 행위를 거절한 것이다. 그러니 거절당했다고 분노하고 마음 아파할 필요도, 거절했다고 뭔가 찜찜해할 필요도 없다. 우리 모두는 내심 알고 있다. 그럴 만한 상황이었다면 거절당하거나 거절할 필요가 없었음을. 거절도 그냥 각자가 처한 형편에 따른 결정이자 의견일 따름이다.

몇 년 전인가, 하루에 한 번씩 거절당하기 연습을 한 사람이 있었다. 그것도 무려 100일 동안이나 말이다. 일명 '100일간 거절당하기 프로젝트'다. TED 강연도 있었던 걸로 기억하는데, 다행히 책으로도 출간되었다. 바로 지아 장의 《거절당하기 연습》이다. 부제가 "100번을 거절당했더니 실패가 두렵지 않았다"다. 부제만으로도 대충 이 책이 말하고자 하는 바를 짐작할 것이다.

지아 장은 내성적인 성격의 중국인이다. 10대 때 미국으로 건너갔지만, 그의 이런 성향은 바뀌지 않았다. 거절당하기가 죽기보다 싫었지만, 사업가를 꿈꾸는 그는 어쩔 수 없이 사업 투자를 위한 제안서를 여기저기 건네야 했다. 당연히 거절당하는 일이 다반사였다. 이런 일이 반복되자 그는 더 이상 제안서를 내밀 용기가 사라졌다. 그렇다고 꿈을 포기할 수는 없었다. 그는 사업가라면 이런 거절당하기에 '내성'이 생겨야 한다고 생각했다. 그래서 100일간 거절당하는 프로젝트를 실행했던 것이다. 그리고 그는 깨닫는다.

세상은 그의 생각보다 훨씬 친절하다는 것을, 정말 필요한 것은 '부탁을 할 용기'뿐임을 말이다.

지아 장은 말한다. 거절은 거절하는 사람의 당시 의견일 뿐이라고 말이다. 그의 표현을 빌려서 말하자면, 상대방의 상황이 여의치 않았을 수도 있고, 관심 없는 분야라 잘 몰랐을 수도 있고, 컨디션이 나빠 제대로 살펴보지 못했거나 받아들일 상황이 안 된 것일 수도 있다. 그런데 우리는 거절을 당하면 그 이유를 자신에게서 먼저 찾는다. 내가 뭘 잘못한 게 아닐까. 내가 쓸데없는 걸 말해서 그런 게 아닐까. 그렇게 자꾸 자신을 괴롭혀봤자 답은 나오지 않는다. 그저 거절은 거절대로 심플하게 받아들이고, 다음을 준비하면 된다. 어차피 그건 내가 통제할 수 없는 문제다.《미움받을 용기》에도 비슷한 결의 이야기가 나온다. 내가 바꿀 수 없는 것 말고 바꿀 수 있는 것에 집중하라고 말이다.

나 역시 지점장과 함께 기업체를 방문할 때 거절을 밥 먹듯이 당한다. 회사 내부에서나 부지점장이고 점장이지, 밖에 나가서는 우리도 남들 눈엔 그냥 영업사원일 따름이다. 이제 하도 이력이 나서인지 아무렇지도 않다. 대신 두 가지를 얻고 돌아온다. 상대의 이름과 연락처, 그리고 만남의 기억과 다음을 기약할 기회. 그들도 365일 항상 좋을 수는 없다. 언젠가 필요한 시점에 먼저 연락을 줄 것이다. 더욱이 거절을 당했을 때 이쪽에서 아무렇지 않은 듯 쿨하고 멋지게 작별 인사를 건네면, 오히려 상대가 더 미안해하며 괜찮은 사람으로 기억에 남겨둔다.

그런데 여기서 반성할 점 하나. 세상에서 나 자신을 가장 많이 거절한 사람은 과연 누구일까? 바로 나 자신이 아닐까? 스스로 세운 계획과 목표를 이런저런 핑계와 변명으로 몇 년째 미뤄두고 있는 것도 어쩌면 나를 거절하는 셈일지도 모른다. 알빈과 데빈 형제의 경우처럼 시간을 조금 미뤄둔 승낙도 있을 수 있다. 하지만 계속 그 승낙을 미뤄두고 실행하지 않으면, 그건 그냥 영원히 잡히지 않는 꿈으로만 남을지 모른다. 이제 스스로에 대한 거절을 그만하자.

무협 고수처럼 실력의 3할은 숨겨라

　노력하는 자는 즐기는 자를 따라갈 수 없다는 말이 있다. 과연 그럴까? 이에 대한 의견은 분분하다. 농구선수 출신의 방송인 서장훈은, 자신은 선수 시절 즐겨본 적이 없다면서 "즐겨서 되는 것은 단 한 번도 본 적이 없다. 최선을 다해서 몰입하지 않으면 성과를 낼 수 없다고 생각한다"라고 말한 적이 있다. 반면 《나는 나의 스무 살을 가장 존중한다》의 저자 이하영 병원장은 함부로 열심히 살지 말 것을 주문한다. 대체 어쩌라는 것일까? 이쪽 말을 들으면 나의 전부를 갈아 넣어야 할 것 같고, 저쪽 말을 들으면 열심히 살다간 제 명에 못 죽을 것 같다.

　결론부터 말하자면, 나의 '처지'에 달려 있다. 내가 어떤 처지에 있느냐에 따라 '열심히'의 기준이 달라진다. 몸이 재산인 운동선수는 체력적 조건이 가장 좋은 10대 후반~30대 초반에 인생의 승부를 봐야 한다. 농구 같은 격렬한 운동이라면 아마도 그 기간이 좀 더 짧아질지 모르겠다. 그렇다면 그 안에 반드시 뛰어난 퍼포먼스를 보여주어야 한다. 그렇지 않으면 살아남을 수 없다.

프로 스포츠의 세계는 매우 좁다. 많은 학생 선수가 프로 입단을 꿈꾸며 그들의 청춘을 불태우지만, 프로 지명을 받는 사람은 소수다. 운동선수들이 하는 말이 있다. 중학교, 고등학교 다닐 때만 해도 자신이 교내, 시내, 도내 에이스 소리를 듣고 자랐는데, 프로에 오니 천재 아닌 사람들이 없다고 말이다. 프로에서는 또 그 천재들끼리의 경쟁이다. 기회를 잡아야 더 많이 출전할 수 있고, 그것이 곧 연봉과 명성으로 이어진다.

어느 분야나 다 마찬가지겠지만 누구는 수백억 원을 받고, 누구는 몇천만 원을 받는 양극화가 두드러지는 곳이 바로 프로 스포츠의 세계다. 게다가 프로 스포츠는 선수들의 연봉이 공개되기도 한다. 그러니 더 악착같이 최선을 다해 나를 태우고 몰입해야 한다. 시간이 갈수록 체력적 조건은 떨어지고, 더 젊고 실력 좋은 후배 선수들이 치고 올라온다. 생존이 걸린 선수들에게 즐길 마음의 여유란 없다. 즐기는 것은 사치다.

반면 의사는 오래 할 수 있는 직업이다. 의료라는 특성상 진료 경험이 쌓이면 쌓일수록 더 유리하고 노련해진다.

최고의 외과의는 수술을 많이 한 의사라는 말도 있지 않은가. 물론 의사가 되기까지 무자비할 정도로 많은 공부량과 수련의 생활 등이 있었을 테고, 의사 생활을 하는 도중에도 새로운 의학 지식과 신기술 및 신약제 등을 공부하고 습득해야 한다. 다른 사람들의 건강과 목숨을 지키고 책임져야 하는 만큼 스트레스에 시달릴 수도 있고, 예민하고 깐깐할 수도 있다. 하지만 그 모든 것이 의사의 경험과 노련미로 이어진다. 그리고 환자를 오래 보려면 그 자신도 몸과 마음이 오래 건강해야 한다. 환자를 보는 그 순간만큼은 집중해야겠지만, 그렇다고 매 순간 나를 100퍼센트 갈아 넣을 필요는 없다. 따라서 일과 사생활의 균형이 중요할 수 있다.

게다가 의사들이 보는 사람들은 대개 아픈 사람이다. 아픈 이유도 갖가지다. 최근에는 동네에서도 정신과가 심심치 않게 보이는 걸 보면, 정신적으로 아픈 사람도 예전에 비해 상당수 늘어난 듯 보인다. 물론 이제는 과거와 달리 정신과에 가는 것이 큰 흠이 되지 않는 시대상을 반영하는 측면도 느껴진다. 어쨌든 의사들이 자주 만나는 사람들은 환자들이다. 대개는 신체 감염 등의 이유로 찾아오겠지만 너무 열심히 일해서 아픈 사람(과로 및 탈수), 너무 열심히 공부해서 아픈 사람(스트레스 및 식이 장애), 너무 열심히 축구해서 아픈 사람(염좌나 골절), 너무 열심히 애 봐서 아픈 사람(손목이나 어깨 통증)들도 있다. 이런 사람들을 보면 필요 이상 너무 열심히 사는 것도 고통이겠다 싶을 것이다.

소설가 김영하는 한 방송 프로그램에 나와서 "자신의 능력을 100퍼센트 사용해서는 안 된다. 60~70퍼센트만 써야 한다. 인생에는 어떤 일이 일어날지 모르기 때문에 체력이나 능력을 남겨둬야 한다"고 말했다. 실제로 집에서 '함부로 앉아서' 생활하지 않고, 대부분 누워 지낸다는 것에서 그의 성향을 엿볼 수 있다. 본인 스스로가 건강하게 오래도록 글을 쓰고 싶다는 집필 철학을 가졌다면, '열심히'에 대한 그의 농도와 밀도는 6~7할 수준일 수도 있다.

자, 그렇다면 당신의 처지는 어떠한가? 어느 쪽을 택할 것인가?

나는 60~70퍼센트의 중간인 65퍼센트의 농도로 살아간다. 나의 처지도 그렇고 태생적으로도 그러한 성향이다. 회사 일도 기본적으로 65퍼센트의 퍼포먼스를 발휘하되 정말 중요한 일이 있을 때만 100퍼센트를 발휘한다. 직장 생활을 하는 사람이라면 알겠지만, 직장인이 매번 100퍼센트의 퍼포먼스를 발휘하다가는 일에 치여 죽을 수도 있다. 매번 100퍼센트의 퍼포먼스를 펼쳐야 하는 일들이 주어지기 때문이다. 그런데 조직 생활이라는 게 또 그 일에만 100퍼센트 몰두할 수 있는 형편은 아니지 않은가. 적당한 배분이 중요하다.

회사 일에 집중하는 65퍼센트를 제외한 나머지 35퍼센트 에너지는 여유도 즐기고 휴식도 취하면서 새로운 영감 등을 떠올리는 데 쓴다. 글을 쓰는 일도 이 35퍼센트의 힘을 활용한다. 물론 글도 65퍼센트씩 꾸준히 쓴 다음 100퍼센트를 채운다. 글이라는 게 쓰다 보면 생명력을 갖다 보니 처음부터 100퍼센트라는 건 힘든 일이기도 하다. 처음에는 어색했던 글이 후반으로 갈수록 잘 써지기도 하고, 막상 쓰다 보면 처음 생각했던 것과 다른 쪽으로 풀리기도 한다. 그러면 다시 앞으로 돌아가 전체의 결을 다시 보며 정리해야 한다. 이때 필요한 것이 35퍼센트의 힘이다.

아마도 이 책을 보는 독자들의 상당수가 운동선수보다는 일반 직장인이거나 자영업을 하는 사람들에 가까울 것이다. 그렇다면 매번 100퍼센트를 채우기보다는 7 대 3 정도로 균형을 맞추는 일도 필요할지 모른다. 물론 난 100퍼센트를 쏟아낸 후 느껴지는 카타르시스가 좋다고 하는 사람은 그렇게 하면 된다. 하지만 긴 인생, 비장의 한 수는 늘 있어야 한다. 늘 100퍼센트로 쏟아내다 보면, 비장의 한 수가 필요할 때는 120, 130퍼센트의 힘을 내야 하기 때문이다. 그렇게 되면 능력을 벗어나게 돼서 너무 힘들 수 있다. 무협지에서 괜히 고수들이 3할의 실력을 숨기고 다니는 것이 아니다. 단 지금 수능을 준비하는 학생이라면 운동선수처럼 최선을 다해 몰입할 필요가 있다.

결국 인생의 어느 시점, 어떤 처지에 있느냐에 따라 전력을 다해야 할 수도 있고, 7할만 해도 되며, 5할 정도만 해도 된다. 방전됐다 싶을 때는 아예 내려놓고 다시 채우는 것도 답이 될 수 있다. 그때그때 맞게 조절해 가면 된다. 중요한 것은 나의 페이스를 잃지 않고 '꾸준히' 가는 것, 그것뿐이다. 꾸준함을 잃으면 우리는 허덕이게 되고, 다시 바로 잡기까지 시간이 걸린다. 꾸준히 가되, 비장의 한 수는 늘 준비해서 챙겨두자. 그러다 보면 평소의 7할과 비장의 3할이 합쳐져(10할) 다시 7할이 되고, 또 다른 비장의 3할이 생기는 등으로 점점 더 발전하게 될 것이다.

사람을 만나는 일도 마찬가지다. 처음부터 100을 다 내보이면 상대방은 부담스러워한다. 또는 경계하게 된다. 사람은 자꾸자꾸 만나야 이야깃거리가 생기고 정이 든다. 자주 볼 수 있는 여지를 남겨둬라. 그런 식으로 꾸준히 한 명을 만나고, 열 명을 만나고, 백 명을 만나라. 내 성격에 백 명까지 감당하기 어렵다면 적정한 선을 설정해 두어도 된다. 대신 깊은 관계를 유지하면 된다.

상대를 감동시킬 만한 비장의 한 수, 상대의 마음을 돌릴 만한 비장의 한 수를 늘 준비해라. 처음부터 내보였다가는 무용지물이 될 수 있다. 비장의 한 수는 언제나 결정적일 때 써야 한다. 농구에서 극적인 역전 3점 슛이 터질 때, 야구에서 극적인 역전 만루홈런이 터질 때, 우리가 열광하는 것도 그 때문이 아닌가. 결정적인 것은 결정적인 순간을 위해 남겨두는 기지도 필요하다.

달팽이가 나무 위로 올라간 까닭

영원히 풀리지 않는 숙제가 하나 있다. 잘하는 걸 해야 할까, 좋아하는 걸 해야 할까? 너무 어려운 문제다. 몇 년 전 EBS 〈지식채널 e〉에서 이에 대한 주제('좋아하는 일 vs 잘하는 일')를 다뤘기에 방송에서 언급한 사람들의 지혜를 살짝 빌려보겠다.

> 좋아하는 일로 생계유지를 하려고 하면 좋아하는 일이 재미없어져요. 그래도 괜찮겠어요?
> _김관용(재테크 강사)

> 좋아하는 일을 하면 행복해질 거라고 믿는 것은 동화 속 행복한 결말을 믿고 사는 것과 같다.
> _조정화(칼럼니스트)

"꿈 = 좋아하는 분야 + 잘하는 일". 좋아하는 게 음악이고 잘하는 게 회계라면, JYP 회계팀에 들어오세요.

_박진영(JYP 대표이자 가수)

잘하는 일을 하다가 좋아하는 일로 옮겨가면 삶이 '노동'에서 '놀이'가 됩니다.

_법륜 스님

"나는 좋아하는 일을 해야 할까, 잘하는 일을 해야 할까?"
"쓸데없는 거 묻지 말고 네가 알아서 해. 네가 누구 말을 듣긴 하니?"

_엄마

보다시피 각 분야에서 어느 정도 위치에 오른 사람들조차도 저마다 생각이 다르다. 그렇기에 엄마 말이 가장 현명할지도 모르겠다. 잘하는 것과 좋아하는 것이 합치되면 가장 좋겠지만, 그러지 못하는 것이 문제다. 잘하는 것과 좋아하는 것의 실력 차가 확실히 크다면 고민은 줄어들지도 모른다. 그렇다면 질문을 조금 바꿔서 생각해 보자. "내가 진짜로 원하는 것은 무엇일까?"

원하는 게 확실하다면 고민은 줄어든다. 문제는 그렇지 않을 때다. 아직도 많은 사람이 고민을 한다. "내가 뭘 원하는지 모르겠어요." 자기 마음을 자기도 모른다니, 이런 일이 있을 수 있나. 그러나 이해도 된다. 잘하는 게 없다는 생각이 들수록, 좋아하는 게 많을수록 결정을 내리기가 힘든 법이니까 말이다. 우리는 이상하게도 스스로에 대해서 자신 없어 하는 경우가 많다. 어떤 선택을 내린 후에 마주칠 결과가 두려워서 고민하는 것일 수도 있다. 특히 한국 사회는 이런 면에서 고지식한 면이 있다. 아닌 길을 갔다면 되돌아 나오면 될 텐데, 그것 자체를 매우 심각하게 여긴다. 두 번째 기회가 없는 사회여서 그런지 선택하고 결정하는 것을 매우 두려워한다. 그러니 마음을 정하기가 어려운 것이다.

이유가 무엇이든 간에 우리 주변에는 우리를 도와줄 것들이 여럿 있다. 책, 방송, 인터넷, SNS, 동영상 플랫폼, 그리고 찾아가서 만나볼 수 있는 많은 사람이 있다. 모르겠다면 알 때까지 찾아보고 경험해 보면 된다. 내가 잘하는 게 무엇인지, 좋아하는 것을 더 잘할 수 있는지 해보는 것이다. 겪어봐야 알 수 있는 것들이 있다. 잘하는 것과 좋아하는 것도 겪어봐야 안다. 내가 잘한다고 했던 그것이, 내가 좋아한다고 했던 그것이 잘하는 것이 아니거나 좋아하는 것이 아닐 수도 있다. 특히 좋아하는 건 얼마든지 새로 생길 수 있다. 그래서 요새 유명한 밈도 있지 않은가. "나 이거 좋아했었네."

보고, 듣고, 만나고, 느껴라. 머릿속 생각을 몸으로 겪어 구체화시켜라. 먼저 그 길을 가본 사람을 찾아서 물어보고, 내게 필요한 경험을 설정해라. 실제로 겪어서 얻은 깨달음과 영감이야말로 내가 가장 믿고 신뢰할 수 있는 것이다. 나만의 솔직한 느낌을 찾고 믿어라. 나의 목소리를 내가 듣지 않는다면 누구 말을 들을 텐가? 다른 사람은 내가 아니다. 타인은 어디까지나 내게 조언과 도움을 줄 뿐이다. 선택과 결정은 나의 몫이다. 요샛말로, 타인의 삶을 살지 말고 나의 삶을 살아야 한다. 내 인생이다. 오류를 최소화하는 최선의 방법은 직접 길을 나서보는 것이다.

잘하는 게 좋아하는 일이 될 수도 있고, 좋아하는 게 잘하는 일이 될 수도 있다. 내가 만나본 편집자 중에 상당수는 원래부터 책을 읽고 글을 쓰는 것을 좋아했다고 한다. 선수 시절의 서장훈은 농구를 즐기지는 못했겠지만, 처음부터 농구를 잘해서가 아니라 해보니 좋아서 시작했을 수도 있다. 체격 조건이 되니 농구가 잘되어서 오는 즐거움일지라도 말이다. 성공한 K팝 그룹의 멤버들 상당수가 어릴 때부터 춤추고 노래하는 걸 좋아했다고 말한다. 배우들 중에는 친구 따라 강남 간다고, 친구 따라 왔다가 캐스팅이 되었지만 연기하는 게 재미있어서 계속하게 되었다고 고백한 사람도 있다.

물론 반대의 경우도 있다. 좋아하는 일을 하면 행복할 줄 알았는데, 좋아하는 일이 돈벌이의 수단이 된 상황에 스트레스를 받는다는 고백도 커뮤니티에 심심치 않게 올라온다. 평소 글 쓰는 데 관심이 많고, 어릴 때부터 글을 잘 쓴다는 평가를 받아와서 웹 소설 작가로 데뷔했지만, 원하는 만큼 결과가 나오지 않아 좌절하는 사람도 있다. 웹툰 작가의 경우 만화를 좋아해서 시작했지만, 직업병(손목 통증이나 허리 디스크 등) 등으로 인해 휴재하는 일이 잦아지면 독자들의 원성을 듣고 본인도 괴롭다. 농구가 좋아서, 야구가 좋아서, 배구가 좋아서, 혹은 걸그룹이나 배우가 되고 싶어서 운동선수가 되고 연예인으로 데뷔했지만, 원하는 성적과 인기가 얻어지지 않으면 고민도 되고 절망에 빠지기도 한다.

그렇기에 중심을 잘 잡아야 한다. 균형 감각이 필요하다. 나의 결정이 중요하지만, 다른 사람의 피드백이나 평가도 수용할 줄 알아야 한다. 아이돌 그룹이나 트로트 가수를 뽑는 경연 프로그램을 보다 보면, 누가 봐도 이쪽에는 재능이 없어 보이는 지원자가 있다. 물론 꿈꾸고 도전해 보는 건 좋은 일이고, 거기서 어떤 식으로든 얻는 게 있다면 다행이다. 문제는 재능이 없다는 걸 전혀 깨닫지 못하고 포기하지 않는 경우다. 이럴 때는 포기하지 않는 게 더 위험하다. 때로는 내 인생을 위해 포기가 필요한 때도 있다. 더 이상 내 노력으로 어쩔 수 없을 때는, 최선을 다했는데도 되지 않을 때는 내려놓는 용기도 필요하다. 아직 남은 인생이 많기 때문이다.

우리는 무엇이 '되려는' 데에만 너무 집중한 나머지 다른 '원하는' 것을 잊는다. 언제까지는 경험을 쌓고, 종잣돈을 얼마 모으고, 언제 집을 사고, 연봉 얼마 되는 직장으로 옮기고 등 이런 인생 계획도 알고 보면 내가 원하는 것에 포함된다. 때로는 작은 것으로 눈을 돌려 원하는 것을 찾고 성취해 보는 경험도 중요하다. 아니다 싶으면 재빨리 방향을 수정하는 기민함도 필요하다.

한 가지 확실한 것은, 실패를 원하는 사람은 없을 거란 점이다. 그런데 우리는 무작정 한 길만 바라보고 달리다가 안 되면, 나는 망했다고, 더 이상 미래가 없다고 주저앉아 울고 세상을 원망한다. 그럴 땐 실패의 확률을 줄이면 된다. 이렇게 가다가는 실패할 것 같은데, 이게 내가 정말 원하는 게 맞나 고민하고 다른 길을 찾으면 된다. 인생의 길은 여러 가지다. 당신이 잘하는 일이, 좋아하는 일이, 원하는 일이 딱 한 가지만 있는 것은 아닐 것이다. 주변을 보면 참 여러 가지로 부지런한 사람들이 있다. 평소에는 회사 일을 열심히 하고, 주말에는 마라톤을 하며, 시간이 나면 시력장애인 마라토너를 도와주는 직장인이 있는가 하면, 의사 일을 하면서 웹 소설을 쓰는 작가도 있다. 프로 선수면서 사진을 잘 찍는 야구 선수도 있으며, 직장 생활을 하면서 저자가 된 사람들은 더더욱 많다. 나 역시 직장 생활을 하면서 저자가 된 사람 중 하나다.

그렇다고 책임지지도 못할 일을 마구잡이로 벌이라는 뜻은 아니다. 노파심에 말하지만, 내 능력 안에서 감당할 수 있을 만큼 해야 하며, 핵심적인 일에 방해를 주지 말아야 한다. 마라톤 대회 나가겠다고, 저자가 되겠다고 직장 일에 소홀하면, 웹 소설 쓰겠다고 환자를 보지 않으면, 사진 찍겠다고 야구에 신경을 덜 쓰면 누가 좋아하겠는가. 잘하는 일을 생계로 삼고, 좋아하는 일은 부업으로 삼거나 삶의 에너지로 활용하는 지혜도 때론 필요하다.

한 우화가 생각난다. 태양을 사랑한 달팽이가 있었다. 달팽이에게는 한 가지 원하는 게 있었다. 한 번만이라도 좋으니 떠오르는 태양을 탁 트인 곳에서 바라보는 일이었다. 그러려면 높은 곳으로 올라가야 했다. 작고 느린 달팽이는 늘 축축한 땅 위에서 지내거나 기껏해야 풀잎 위에 올라가 이슬을 머금는 게 전부였다. 높이 올라가는 일은 너무나 위험했다. 주위 친구들이 달팽이를 말렸다. 오르다 떨어지면 등껍질이 깨져 죽을지도 모른다고 겁을 주었다. 그러나 달팽이는 아랑곳하지 않고 나무 위를 오르기 시작했다. 계속 올랐다.

저녁이 되었다. 나무 중간쯤에서 휴식을 취하던 달팽이를 향해 친구들이 그만 내려오라고 소리쳤다. 달팽이는 말했다. "괜찮아. 난 태양을 보고 싶어."

아침이 밝았다. 잠에서 깬 친구들이 나무에 오르던 달팽이를 찾기 시작했다. 그런데 어디에서도 보이지 않았다. 그때 나무 꼭대기에서 달팽이의 목소리가 들렸다. "얘들아, 저것 봐! 태양이야. 태양이 떠오르고 있어!"

자신이 무엇을 원하는지 찾아라. 그리고 방향을 정해라. 그렇다면 이후의 일은 알아서 착착 진행된다. 자신이 원하는 것은 길을 밝혀주는 일종의 북극성이다. 그 별을 따라가며 잘하는 것, 좋아하는 것, 이것저것 다 해보며 자신의 마음을 툭툭 쳐보자. 마음이 이끄는 대로 한번 가보는 것이다. 찾아보고, 가서 묻고, 그대로 실행해 봐라. 같은 꿈을 꾸는 사람을 주변에 두는 것도 방법이다. 그러면 가는 길이 더욱 쉬워진다.

혼자 가기 외롭다면, 혼자 가기 힘들다면 동지를 찾아

라. 해외여행 카페 같은 데는 여행 동행자를 찾는 사람이 참 많다. 해외에 혼자 가려니 무섭기도 하고, 방값이나 식사 등 혼자보다는 둘이서 혹은 셋이서 가야 비용도 아끼고 다양한 경험을 할 수 있기 때문이다. 이처럼 같은 곳을 바라보며 같은 꿈을 꾸는 사람들을 찾아서 함께해라. 보다 쉽게 길을 찾을 수 있으며, 무수한 경험의 공유를 통해 한층 더 빨리, 더 높이, 더 넓게 성장하게 될 것이다.

내가 원하는 것이 확실해야 내가 찾아가야 하는 사람도 확실해진다.

너무 열심히 완벽을 추구하다 보면

누적 수강생이 910만이 넘는, 연봉 100억 원의 수학 일타강사 정승제 선생이 수강생들에게 자주 하는 말이 있다고 한다.

"열심히 하는 사람이 성공하는 게 아니야. 그냥 하는 사람이 올라가는 거야."

이렇게 힘을 주는 말이 또 있을까. 늘 '열심히' 해야 한다고 외치는 세상에서 참으로 신선하게 와닿는다. 그의 강의를 주로 수학능력시험을 준비하는 학생들이 듣다 보니 지치지 말라는 나름의 응원법일 수도 있다. 하지만 나 역시 학생으로 20년을 살았었고, 직장인으로 18년째를 보내고 있는 만큼 분명 공감하는 지점이 있다.

살다 보면 열심히 해도 성공하지 못하는 경우가 생긴다. '열심히'란 말을 잘못 해석해 지나친 경쟁에 몰두하거나 꼼수를 부리기도 한다. 시작점이 다르면 열심히 해도 안 된다는 걸 일찌감치 깨달은 사람은 아예 포기를 해버린다. 가장 결정적인 건 실패하면 '열심히 안 한' 것으로 여겨진다는 점이다. 따라서 실패했을 때를 대비해 '열심히'와 거리를 두기도 한다.

다 '너무 열심히' 하기 때문에 벌어지는 일들이다. 그러다 보니 쉽게 지치고 고꾸라진다. 앞에서 나는 '꾸준함'을 이야기했다. 실력의 3할은 숨기라고도 했다. 여기서도 이어지는 부분이 있다. 우리는 지치지 않기 위해, 초반부터 고꾸라지지 않기 위해 적당히 할 필요도 있다. 대신 적당히를 꾸준히 이어가는 것이다. 그것만으로도 우리는 많은 것을 이룰 수 있다. 토끼와 거북이의 시합을 떠올려 보라.

주변 직장인들의 이야기를 들어보면, 희한하게 열정적이고 적극적인 사람이 먼저 회사를 떠나는 경우가 많다. 그 사람들 눈에 남은 사람은 다 적당히 하는 사람들이다. 그런데 결국 그 적당히 하는 사람들이 회사에 남아 승진을 하고 임원이 된다. 회사라는 곳은 특이하게도 열심히 하는 사람과 적당히 하는 사람, 하는 척하는 사람, 아무것도 안 하는 사람이 있다. 적당히만 해도 하는 척하거나 아무것도 안 하는 사람보다 내실을 더 키울 수 있고, 효율성과 퍼포먼스에서 앞서나갈 수 있다. 열정적이고 적극적인 사람의 경우 자기를 따라오지 못하는 사람들이 답답해 보이지만, 결국 그

열정과 적극성이 자기 발목을 잡는 상황을 만들어내기도 한다.

인적 자산을 쌓는 일도 마찬가지다. 누군가를 찾아가고 관계를 맺는 일에 너무 열심히, 즉 완벽히 준비할 필요는 없다. 친구 사귀는 일을 떠올려 보자. 처음부터 '저 사람과 친구해야지!' 하고 마음먹은 경우는 별로 없었을 것이다. 한 번, 두 번 만나다가 마음이 통하고 서로 편한 사이가 되면서 친구가 된다. 물론 '저 사람과 친구가 되면 좋겠다' 생각하고 그 사람이 좋아하는 것이 무엇인지 취향을 살피는 경우도 있을 것이다. 공통의 관심사가 있으면 접근이 더욱 쉬울 것 같기 때문이다. 여기까지는 그래도 괜찮다. 완벽히 준비된 나의 모습을 보여주려고 필요 이상으로 노력하다가는 특유의 개성도 잃고 거짓된 모습을 만들어내기 십상이다. 상대의 좋은 모습만 보고 다가가려다가 외려 실망해 멀어지는 일도 생긴다.

우리는 기대하는 만큼 기쁨도 크고 실망도 크다. 하지만 기쁨은 크지 않아도 기쁨 그 자체로도 괜찮다. 하지만 실망은 다르다. 작은 실망은 금세 회복할 수 있지만, 큰 실망은 좌절로 이어지기도 한다. 사람에 대해서 너무 큰 기대를 하다 보면 실망하는 일이 자주 발생한다. 대표적인 게 축의금 문화이지 않은가. 내가 준 만큼 나도 받았으면 하는 마음

말이다. 믿었던 사람이 뒤통수라도 치면 깊은 배신감에 몸져눕기까지 한다. 그나마 이는 '관계성'이 생긴 이후의 상황이니 이해라도 된다. 그런데 처음 만나는 사람, 이제 두 번째, 세 번째 만나는 사람에게 필요 이상의 기대를 하는 것은 너무 무리가 아닐까?

"그래도 내가 용기를 내서 시간과 비용을 쓰며 만나러 갔는데 얻는 게 있어야 하지 않을까요?" 이렇게 질문할 수도 있다. 물론 그러면 매우 좋다, 금상첨화다. 그런데 이것도 너무 내 입장이다. 상대방이 꼭 이쪽 입장을 헤아려줄 필요는 없다. 고객 대 판매자, 즉 내가 고객이고 상대가 판매자여서 내가 어떤 대가를 지불한 만큼 무언가를 받아야 하는 관계가 아니라면, 너무 내 입장만 내세우는 말이다. 상대의 입장에서는 내가 용기를 냈든, 시간을 냈든, 차비를 들였든 아무 상관이 없다. 누가 찾아 오라고 했나 하며 어깨를 으쓱이면 될 뿐이다.

그러니 처음부터 너무 힘을 줄 필요는 없다. 나의 요청을 받아줄지 말지는 상대에게 달렸다. 물론 거절당하면 속 아프고, 시간 낭비한 것 같고, 여기까지 찾아온 노력이나 비용 같은 것이 아까울 수는 있다. 다시는 이런 바보 같은 짓 하지 말아야지 하는 마음이 생길 수도 있다. 그렇다면 거기서 끝이다. 내가 얻을 수 있는 건 더 이상 없다.

그렇기에 '가벼운 마음'이 필요하다. '그냥 한번 가보지 뭐. 내 이야기를 들어주면 좋고, 아니면 말고.' 이런 마음도 필요하다. 그렇게 거절도 당해보고 많은 사람을 만나 봐야, 다음 기회도 생기고 사람 보는 눈도 생긴다. 이 사람은 다음 번에 이 정도 준비해서 다시 찾아와도 되겠네, 이 사람은 다른 사람을 도와줄 마음이 전혀 없으니 다시 찾아와도 의미 없겠네 등. 그러다 보면 더 큰 용기를 낼 수 있고 더 큰 기회를 만날 수 있다.

주위를 살펴보라. 아마도 지나치게 준비해서 가는 사람은 대개 부탁이나 청탁을 하러 가는 사람들일 것이다. 지나치게 준비해서 오는 사람은 대개 잘못한 일을 바로잡거나 은밀한 부탁을 하러 오는 사람들이다. 부탁이나 잘못된 것을 바로 잡는 수준이라면 그나마 다행이다. 은밀한 부탁이나 청탁은 문제가 된다.

회사 생활을 하다 보면 동료 및 다른 직원들에게 부탁할 일이 종종 생긴다. 그렇다고 해서 처음부터 자료를 잔뜩 들고 가서 "이것 좀 도와줘!" 하지 않는다. 상대가 지금 여유 있는 상황인지, 나를 도와줄 상황이 되는지 먼저 확인부터 한다. 안 되면 어쩔 수 없다. 동료도 자기 일이 우선이지 않은가. 또 다른 사람을 찾는 일이 귀찮고, 누구에게 부탁해야 될지 고민되겠지만 그렇게 한다.

몇 번이고 말하지만, 우리는 저축을 시작할 때 처음부터 큰 금액으로 시작하지 않는다. 내 또래 사람들이라면 아마 어릴 때 100원을 돼지저금통에 넣는 일부터 시작했을 것이다. 직장인이라고 해서 적금을 처음부터 300만 원씩 넣는 것은 아닐 것이다. 자기 형편에 맞게, 적당하고 적정하게 시작한다. 인적 자산을 쌓는 것도 마찬가지다. 지금 내가 가진 것부터 마음 편하게 그냥 시작하면 된다. 장고 끝에 악수 둔다고 했다. 지나친 것은 모자람만 못하다는 옛 성현들의 말을 되새겨보자.

미국의 자기계발 작가 피터 심스가 쓴 《리틀 벳》을 보면 코미디언이자 영화배우인 크리스 록*에 관한 일화가 소개되어 있다. 록은 사전 통보 없이 집 근처 작은 코미디 클럽 무대에 올라 관객에게 몇 가지 유머를 던진다. 사람들이 재미없어 하거나 반응이 썰렁하면 그 내용을 메모한 뒤 다시 다른 유머를 던진다. 관객석에서 웃음이 터지면 또 그 내용을 메모한 뒤 다른 유머를 던진다. 그리고 메모를 토대로 터지는 유머만 모아 한 시간짜리 공연을 만든다. 자, 그렇다

---

* 오스카 시상식에서 윌 스미스에게 따귀를 맞은 그 배우다.

면 공연을 보러 온 모든 사람이 과연 포인트대로 팡팡 웃음을 터뜨렸을까? 애석하게도 웃지 않고 시큰둥한 반응을 보이는 사람도 있고, 또 다른 반응이 나오기도 한다.

손흥민 선수는 슛 한 개를 완성시키기 위해 하루에 공을 천 번씩 찬다고 한다. 그렇게 해도 실전에서 원하는 궤적으로 공을 차기란 어려운 일이다. 아무리 완벽히 준비한다 해도 의외의 상황은 늘 생긴다. 그날의 습도, 잔디 상태, 바람의 방향에 따라서 얼마든지 달라질 수 있다. 준비하는 것이 의미 없다는 말이 아니다. 기술적으로 완벽하게 준비해도 의외의 상황은 생긴다는 점을 말하고 싶은 것이다. 반복적인 기술적 상황도 이럴진대 사람을 대하는 일은 어떨까?

사실 사람을 상대하는 데 있어서 완벽한 준비란 있기가 어렵다. 사람과 사람이 만나는 것은 날것과 날것의 충돌과도 같기 때문이다. 사람은 감정의 동물이다. 그날의 기분, 날씨, 컨디션에 따라 반응이 달라진다. 뭔가 고민되는 일이 있을 때, 중요한 일을 앞두고 있을 때, 좀처럼 집중되지 않는 경우가 종종 있을 것이다. 그만큼 신경 쓰이는 일이 있으면 우리는 당장의 눈앞의 일도 놓치는 경우가 종종 있다. 그런 상황을 두고 오해가 생기는 일도 얼마나 많은가. 어쩌면 그렇기에 예의와 배려라는 게 필요하고, 그런 걸 중요하게 여기는지도 모르겠다.

준비에 너무 매몰되면 아무것도 할 수 없다. 누군가는 이를 두고 완벽주의라고 할지 모르겠지만, 이는 그냥 회피하는 것이다. 준비가 덜 되어서 지금은 할 수 없다는 핑계로 미뤄두는 것이다. 그래도 준비하고 있으니 언젠가는 하겠지 하며 또 자기 자신을 속인다. 그러면서 의미 없는 행동만 반복한다. 공부를 하겠다고 책상에 앉기 전, 마실 물을 떠놓고, 스탠드 조명을 몇 번이나 바꾸고, 편한 복장을 고르고, 백색 소음을 위한 음악을 고르는 것과 같은. 그렇게 해서 나름의 준비를 마치고 나면 피곤해지고 잠이 쏟아진다.

준비란 하면서 만들어지는 과정이기도 하다. 이것저것 늘어놓는 데 너무 신경 쓰지 말고 일단 가자. 가면서 필요한 것들이 보일 때 가져다 놓으면 된다. 손에 쥔 채로 가도 된다. 외려 스스로가 완벽히 준비한답시고 미리 이것저것 다 구비해 놓았다가 아닌 것이 밝혀지면 더 허탈할 수도 있다. 이 또한 시간 낭비, 노력 낭비다.

우리는 할 것이 많은 사람들이다. 최대한 효율적으로 움직여야 한다. 최소의 비용으로 최대의 효과를 내는 것은 경제에만 해당되지 않는다. 최소한의 노력으로 최대한의 효율을 얻어내야 한다. 마라톤을 한답시고 마라톤 운동화부터 살 필요는 없다. 일단 집에 있는 운동화라도 신고 나가서 걸어봐야 내가 마라톤을 할 수 있는지, 걷기부터 해야 하는지 판단할 수 있다. 마라톤을 할 근육과 체력이 된다면 그때 마라톤 운동화를 사면 된다. 걷기부터 해야 한다면 워킹에 최적화된 운동화를 사야 하고. 걷기를 할 체력이나 근육 상태가 안 된다면 정형외과나 트레이너를 찾아가 자신의 상태를 이야기하고 도움을 받아야 한다.

시작이 반이라는 말은 결코 틀리지 않다. 시작해라. 시작했다면 꾸준히 그냥 해라. 꾸준히 다양한 사람을 만나라. 그러다 보면 어느새 나의 에너지가 커지고, 나의 인적 자산 그래프는 우상향을 그리게 될 것이다. 그렇다면 조금 더 행복한 인생에, 성공한 인생에 가까워질 것이다.

4

인적 레버리지, 이렇게 높여라

진정한 행복은 처음에는 자신의 삶을 즐기는 데서,
다음에는 몇몇 선택된 친구와의 우정과 대화에서 온다.
_조지프 에디슨

내 안의 반전미를 드러내라

"와, 너 다시 보이는데."

누군가의 예상치 못했거나 기대 이상의 모습을 보았을 때 사람들이 흔히 보이는 반응이다. 우리는 다른 사람을 대할 때 내심 갖고 있는 기대치라는 게 있다. 그 기대치는 그 사람의 평소 모습을 반영한 일종의 평균값이다. 이런 상황이라면 이런 반응을 보이거나 이렇게 행동하겠지. 그렇지만 사람은 또 의외성의 동물이다. 예상이나 기대를 뛰어넘는 모습을 보여주기도 한다. 우리는 이것을 '반전'이라고 일컫는다.

반전은, 그것이 이상하거나 나쁘지만 않다면 꽤 매력적이다. 소설이나 영화에서 왜 그토록 반전에 목을 매고 숨기겠는가. 의외성이 발하는 몰입도와 재미가 있기 때문이다. 사람도 마찬가지다. 반전미가 느껴지는 순간, 상대에 대한 관심도가 급격히 상승한다. 그 사람을 더 알고 싶어진다.

영화나 드라마에서 자주 나오는 클리셰, 안경을 쓰고 헐렁한 티셔츠를 주로 입고 다니다가 안경을 벗고 잘 차려입은 장면이 나오는 것도 다 이런 이유에서다. 캐릭터에게 다른 면이 있음을 보여주는 장치로서, 드라마 속 다른 캐릭터들뿐만 아니라 시청자도 매력을 느낀다. 이렇게 의외성은 호기심을 불러일으키고, 관심을 갖게 한다.

이런 반전미는 어디에서 비롯되는 것일까? 여러 가지가 있겠지만, 나는 다름 아닌 '용기'라고 생각한다. 용기는 나도 몰랐던 내 안의 잠재력을 끄집어내는 마중물 역할을 한다. 처음 하는 도전인데도 신나고 즐겁다면, 심지어 잘한다면, 용기를 낸 시도가 제대로 먹혀든 것이다. 덕분에 자신이 몰랐던 재능을 발견해 대박을 맞이하는 일도 생긴다.

1995년에 발표된 뱅크의 1집 타이틀곡 〈가질 수 없는 너〉라는 노래가 있다. 나는 이 노래를 참 좋아한다. 멜로디부터 가사까지 더할 나위 없이 완벽하게 어우러진다. 친한 친구를 짝사랑하는 남자의 마음이 어찌나 절절히 와닿는지, 아마도 내 또래의 남성들이라면 공감할 것이다. 지금도 노래방에서 부르는 중장년층이 꽤 되는 모양이다. 여전히 노래방 애창곡 차트에 올라 있다는 기사를 보면 말이다.

'뱅크'라는 그룹명이 있지만, 실제로는 작곡가이자 가

수인 정시로의 원맨밴드 성격이 강하다. 밴드 형태로 시작하긴 했지만 멤버들이 자주 교체되는 등 프로젝트성이 강해졌기 때문이다. 뱅크란 그룹명은 다양한 음악을 시도하겠다는 의미가 담겼다고 한다. '음악의 은행'이란 뜻이다. 내가 이 노래를 좋아하게 된 것은 어쩌면 운명이 아니었을까?

〈가질 수 없는 너〉는 원래 뱅크의 노래로 만든 것이 아니었다고 한다. 어떤 신인가수의 데뷔곡으로 부탁받아 만들었는데, 막상 녹음을 하는 자리에서 보니 그 가수가 전혀 준비가 되어 있지 않아서 도로 거두어들였다고 한다. 그러다가 갑작스레 뱅크로 활동하게 되면서 정시로가 직접 노래를 부르게 되었다는 것이다. 심지어 타이틀곡으로 할 생각도 없었다고 한다. 앨범 발표 이후 이 노래는 초대박을 터뜨렸고, 지금까지도 이 곡의 인기를 뛰어넘는 뱅크의 곡은 아직 나오지 않았다. 정시로가 직접 밝힌 바에 따르면, 이 한 곡의 저작권 수입만으로도 생계유지에 무리가 없을 정도라고 한다. 몇십 년간 계속되고 있는 이 노래의 어마어마한 인기를 짐작하고도 남는다.

노래의 인기를 반영하듯 많은 가수가 이 곡을 커버했지만, 누구도 뱅크 정시로의 음색과 감정을 뛰어넘지 못했다는 평이 지배적이다. 그야말로 정시로와 찰떡인 노래다. 그가 이 노래를 직접 부를 마음을 먹지 않았다면 어떻게 됐을까? 타이틀곡으로 선택하지 않았다면 어떻게 됐을까? 지금까지 이 노래가 이렇게나 사랑받을 수 있었을까? 의외의 선택이 꽤 크고 멋진 반전을 만들어낸 것이다.

마지 워렐의 《두려워도 한 걸음 앞으로》를 보면 이런 구절이 나온다.

> 사람들은 '이게 운명이라면 어쩔 수 없다'라는 생각의 함정에 쉽게 빠진다. 이렇게 생각하면 위안이 될 때도 있지만, 행동할 수 있는 능력이 있는데도 두 손 놓고 있는 경우라면 그것은 변명에 불과하다. 기회는 운 좋은 사람에게 오는 것이 아니다. 기회는 구하는 사람에게 온다.

우리는 모두 행동할 수 있는 능력이 있다. 단지 하지 않을 뿐이며, 하지 않을 핑계를 대고 있을 뿐이다. 그렇다면 용기를 내야 한다. 내가 가진 능력을 제대로 쓰지 못하는 삶이란 얼마나 안타까운가. 그건 나 자신을 속이는 일이기도 하다. 살아가는 데 있어서 가장 솔직해야 할 사람이 있다면 그건 바로 나 자신이다. 나만큼 내 삶을 자세히 아는 사람도 없기 때문이다.

'남이 뭐라고 하면 어떡하지?', '뭐 때문에 나를 찾아왔느냐고 물으면 어떡하지?', '말도 못 꺼내보고 가야 하면 어떡하지?', '쓸모없다고 하면 어쩌지?' 하고 고민만 해서는 아무것도 이뤄지지 않는다. 까짓것, 남들이 뭐라고 하면 어떤가. 문전박대를 당하고 모욕쯤 당하면 어떤가. 그 어느 것도 내 인생을 무너뜨릴 수 없다. 순간 상처받을 수는 있겠지만, 내가 그 상처를 어떻게 치유하느냐에 따라 금세 회복할 수 있다. 상처받았다고 그 상황에, 상대를 미워하는 감정에 빠져 있으면 될 일도 안 된다. 그 상황에서 빨리 빠져나오려는 용기를 내야 한다. 이렇듯 용기는 우리를 앞으로 나아가게 하는 힘이 있다. 우리의 삶이 보다 가치 있는 방향으로 향하도록 등을 떠밀어준다.

기회가 된다면, 위법하거나 누군가에게 해를 끼치지 않는다는 전제하에, 다른 사람에게 무엇이든 팔아보는 연습을 한번 해보자. 돈을 빌려달라는 등 다른 부탁을 해보는 것도 괜찮다. 나름의 '거절당하기 프로젝트'를 해보는 것이다. 용기를 기르는 데 도움이 될 것이다. 거절당하는 게 별것 아니라는 것을 깨닫는 순간 용기는 더욱 커지고 더 큰 세상으로 나아갈 수 있게 된다.

용기라는 단어는 무엇을 담는 말로도 쓰인다[容器]. 용기勇氣를 내면 기회를 담는 그릇[容器]이 된다. 용기容器에 채워진 기회는 다시 새롭고 더 큰 용기勇氣를 낼 수 있는 에너지가 된다.

    은행에 갔을 때, 은행원이 좋은 금융 상품이 있다고 소개하며 팜플렛을 보여줬던 경험 다들 한두 번쯤은 있을 것이다. 아무리 은행원이 영업직이라고 해도 이들이 처음부터 이렇게 적극적이었을까. 나의 초기 직장 생활이 떠오른다. 고객에게 통장 하나를 만들어주는 것도 어찌나 어렵고 떨렸는지. 그런 내가 상품 소개나 제대로 할 수 있었을까? 지금은 일단 던지고 본다. 어른들 말대로 닥치면 다 하게 되어 있다. 그게 경험이다.

    용기도 마찬가지다. 처음이 어렵지, 일단 내고 보면 어렵지 않다. 용기도 습관인 것이다. 우리는 좋은 습관이 우리에게 어떤 영향을 미치는지 잘 알고 있다. 용기를 내고, 습관의 힘을 믿어라.

    요즘에는 정말 다양한 형태의 서바이벌 프로그램이 많다. 이 책을 보는 독자들도 아마 즐겨보는 프로그램이 있을 텐데, 주로 어떤 참가자에게 매력을 느끼는가? 나는 단연 반전미 있는 사람이다. 그저 예쁘장한 청년인 줄 알았는데 무대에서 섹시하고도 강렬한 분위기를 뿜어내는 지원자, 경연 준비를 할 때는 수줍어서 말도 못하더니 무대 위에서는 좌중을 휘어잡는 카리스마를 뿜어내는 참가자 등. 어떤 요리 프로그램에서는 여배우가 밥솥 하나만으로 이런저런 요리를 척척 해내는데, 그 아이디어와 밥솥의 마법에 빠져들기도 했다.

반대의 경우도 마찬가지다. 완벽함을 너무 추구한 나머지 찔러도 바늘 하나 안 들어갈 것 같은 사람이, 알고 봤더니 자신에게만 엄격하고 남에게 너그럽다는 것을 알게 되는 순간 우리는 왠지 모를 내적 친밀감을 느낀다. 깐깐한 사람에게 허당미나 푼수 끼가 숨어 있다는 걸 알게 되면 그 사람을 대하는 게 좀 더 편해진다.

어느 특별한 사람들만의 이야기가 아니다. 우리는 모두 저마다 안에 감춘 모습들이 많다. 드러내지 못했거나 드러낼 기회가 없었을 뿐이다. 자신의 외형적 스타일이 고민인 사람들을 위해 솔루션을 제공해 주는 메이크오버 프로그램 등을 보면, 신청자들이 자신의 변한 모습에 스스로도 깜짝 놀라는 모습을 볼 수 있다. 그때까지 그런 스타일을 시도해 볼 생각이나 엄두를 내지 못했기 때문이다. 하지만 일단 눈으로 확인하면 다르다. 이제 앞으로 새로운 스타일을 위한 시도를 할 수 있다.

우리는 저마다의 인생에서 약간의 각색이나 연출이 필요할 때가 있다. 그럴 땐 내가 무대 위 주인공이라고 생각해 보자. 무대를 망쳐서는 안 된다는 생각으로, 이 무대 위에서 내가 가진 모든 걸 다 보여줘야 한다는 생각으로 최선을 다해 보자. 그게 정 힘들다면 다른 페르소나, 가면이라도 써보자. 가면을 썼다고 생각하면 우리는 조금 안심이 된다. 그러면 조금 더 과감해질 수 있다.

내 안의 숨은 다양한 매력을 찾아 드러내보자. 그 의외성과 반전미에 사람들이 놀라고 환호하며 관심을 가질 것이다. 설사 아니어도 상관없다. 최소한 내가 나의 다양한 매력을 깨닫는 순간, 사는 게 좀 더 재미있어지지 않을까? 삶이 재미있어지면 우리는 무언가 더 할 마음이 생기고 용기를 내게 된다. 그렇게 삶이 풍성해지면, 우리는 더 다양한 기회를 만날 수 있게 된다. 그 누구도 아닌 당신이 만들어낸 기회다. 어떤가, 준비되었는가?

하루에 100명을 다 만날 수는 없다

아침마다 이불을 개는 것만으로 삶이 달라질 수 있을까? 그렇게 된다면 더할 나위 없이 좋을 것이다. 그 수많은 자기계발서를 읽을 필요도 없다. 너나 할 것 없이 내일 아침부터 당장 이불 개기, 최소한 침대 정리쯤은 하게 될 것이다.

'아침마다 이불 개기'는 유명한 심리학자 조던 피터슨이 강의 중에 한 학생으로부터 "인생에 목표가 없으면 어떻게 해야 할까요?"란 질문에 대한 답변으로 제시한 것이다. 일상의 사소한 것부터 당장 매일매일 해나가는 것이 중요하다고 말이다. 그런 식으로 빠르게 성취감을 얻고, 이를 통해 더 큰 성장을 이뤄낼 수 있다는 것이다.

일찍 일어난 김에, 이불을 갠 김에, 아침도 먹고, 필요한 공부도 하고, 일찍 출근도 해보고, 다양하게 행동의 범위를 넓혀가는 사람에게 또 다른 기회가 열리는 것은 당연하다. 결국 본질은 이불을 개는 행위가 아니라 이를 통해 얻게 되는 경험과 성취감이다. 아침에 빨리 일어나는 것만으로는, 이불을 개는 행위만으로는 삶 자체가 크게 변하지 않는다. 하지만 많은 사람이 일찍 일어나는 것에, 이불 개는 행위 자체에만 신경 쓰고 아무것도 달라지지 않았다며 불평하고, 실망하고, 하던 일을 그만둔다. 이런 일이 매번 반복된다.

일찍 일어났지만, 이불을 갰지만, 그다음에 무엇을 해야 할지 모르기 때문이다. 시간은 남아도는데 딱히 할 일이 없다. 나는 아침을 안 먹으니 패스, 빨래는 너무 이르니 패스, 공부는 학교 가서 하면 되니 패스, 회사에 일찍 간다고 돈을 더 주는 것도 아니니 패스. 그나마 도움이 되는 책이라도 읽는다면 좋겠지만 게임이나 하고 웹툰이나 보면서 여영부영 시간을 보낸다면? 여가 시간을 부정하는 것이 아니다. 기껏 부지런을 떨어놓고 버리게 되는 시간이 아까워서다.

즉 행위만 있지 목표는 없는 것이다. 목표가 없는 행위란 결국 이렇게 되고 만다. 피터슨 교수는 자신의 저서《12가지 인생의 법칙》에서 "목표는 주로 긍정적인 감정과 연결되어 있다"고 설명했다. 우리는 나아지고 있다는 느낌이 있어야 행복해지며, 이 나아지고 있다는 개념에는 어떤 가치가 포함되어 있다는 것이다. 사실 일찍 일어나서 이불을 개는 행위는 칭찬받아야 한다. 이게 일주일이 되고, 한 달이 되고, 100일이 되면, 매우 좋은 습관이 된다. 아침에 일찍 일어나는 새가 먼저 먹이를 먹는 법이니까. 그런데 새가 일찍 일어나기만 하고 움직이지 않는다면? 따라서 이러한 일련의 흐름에는 다음 단계가 필요하다. 즉 사소한 것이라도 좋으니 다음으로 이어질 수 있는 목표가 있어야 한다.

내가 만난 자산가들은 하나같이 그날그날의 목표가 있었다. '그날그날의 목표'라고 하는 데서 짐작했겠지만 뭔가 원대한 포부나 목표가 아니다. 오늘 할 수 있는 일, 어제보다 나아지고 있다는 자각을 할 수 있는 정도의 것들이다. 이런 것들이 모여 큰 꿈을 이룬다. 그러니 역으로 생각해 보면 간단하다. 바로 '목표 쪼개기'를 해보는 것이다.

평소 책이랑 담을 쌓고 있던 사람이 "자, 오늘부터 책 한번 읽어볼까?" 하고 360쪽이 넘는 두꺼운 책을 집어 들었다면 어떻게 될까? 그것도 굉장히 생각을 많이 해야 하는 난이도가 있는 책이라면? 서문만 몇 줄 보고 고꾸라질 판이다. 이런 사람은 내용도 쉽고 분량도 적은 책을 선택하는 것이 좋다. 그렇다고 그 책을 하루에 다 읽으려는 욕심을 내서는 곤란하다. 외려 오늘 다 읽자고 욕심을 부리다가는 익숙지 않은 경험에 지쳐 나가떨어질 수 있다. 정말 재미있는 책을 골라서 책장 넘어가는 줄 모르겠다면 다행이지만, 그렇지 않으면 읽어도 읽어도 왜 이리 시간이 안 가는지 곤혹스럽기만 하다. 그러니 하루 10분 혹은 하루 5페이지씩 읽는 정도로 현실적인 목표를 세우는 것이 좋다.

독서뿐만 아니라 모든 일이 그렇다. 내가 약한 팔근육을 키우기 위해 턱걸이 운동을 시작했다고 치자. 목표가 100개라고 해서 하루아침에 100개에 도달할 수는 없는 노릇이다. 처음엔 할 수 있는 만큼(1~2개)만 시도해 보고, 가능해지면 다음 날부터는 한 개씩, 또 익숙해지면 다음 날부터는 두 개씩 늘려가면 된다. 그러면 100개였던 목표가 200개, 300개로 늘어나게 된다. 이렇게 매일 턱걸이 운동을 할 수 있는 동력을 만들어내는 것이다.

결국 실행과 목표가 맞물려야 한다. 실행 없이는 목표가 이뤄지지 않고, 목표가 없으면 실행할 의지를 잃는다. 실행과 목표는 함께 굴러가야 하는 한 쌍의 바퀴인 것이다. 그런데 문제는, 목표는 세우기 쉽지만 실행하기는 어렵다는 것이다. 피터슨 교수가 왜 '바로 당장'이라는 표현까지 썼겠는가. 마음먹기는 쉽지만 실행에 옮기기란 힘들기 때문이다. 그래서 피터슨 교수는 행동하라는 지침을 먼저 내린 것인지도 모르겠다. 그러면 어떻게 해야 할까? 목표를 이룰 수 있게 실행하도록 하는 환경을 만들면 된다.

《아주 작은 습관의 힘》을 쓴 자기계발 전문가 제임스 클리어는 우리의 행동은 우리가 있는 공간과 형편에 따라

달라진다며, 환경은 인간의 행동을 형성하는 보이지 않는 손이라고 설명한다. 다시 말해, 일상생활에서 동선을 파악하여 '할 수밖에 없는' 생활 패턴을 설계해 세팅해야 한다는 뜻이다. 이에 영감을 받아 나도 할 수밖에 없는 환경을 세팅해 보았다. 하루에 한 페이지씩 책을 읽기 위해, 읽을 페이지를 사진으로 촬영한 후 이메일로 보내놓는 것이다.

우리는 바쁘다는 핑계로 많은 것을 놓치곤 한다. 먹고사는 것이 1순위다 보니 자연스레 다른 것은 포기하게 된다. 과연 이게 옳은 일일까? 인생은 길어졌지만, 우리가 회사에 머물 수 있는 기간은 짧아졌다. 변화가 빠른 세상에 어제 잘나가던 가게가 오늘은 어려워지기도 한다. 회사나 가게가 아닌 나를 위해서 살아남아야 한다.

내가 택한 방법은 하루에 책 한 페이지씩 읽는 것이었다. 다만 나도 의지가 나약한 사람이다 보니 자꾸 미루고 까먹었다. 회사에 중요한 일이 생겨 야근을 하고 퇴근이 늦었다면, 책을 들고 나오지 않는 한 읽을 방법이 없지 않은가? 지친 몸을 이끌고 퇴근하면, 피곤하다고 바로 씻고 잠들기 일쑤다. 아침 시간에는 또 이런저런 조찬 모임이 생기면 잠깐의 틈조차 없는 경우가 생긴다. 어떻게 하면 놓치지 않고 책을 읽을 수 있을까? 고민하고 또 고민했다. 그러다가 방법을 찾아냈다. 매일 아침 출근하면 제일 먼저 하는 일이 이메일 확인이다. 게다가 이메일은 수시로 확인해야 한다. 게다가 우리는 휴대폰의 민족(?)이지 않은가. 유레카!

나는 휴대폰을 이용해 읽을 페이지를 찍고 이메일로 전송하기 시작했다. 사진 찍고 메일로 보내는 데 걸리는 시간은 기껏해야 10초 내외다. 그리고 도착한 메일을 열어 한 페이지를 읽는 데 걸리는 시간은 2~5분. 하루 24시간 중에 나를 위해 최대 5분 10초조차 낼 수 없다면 너무 야속하고 슬프지 않은가. 게다가 잠들기 전 10초만 할애하고, 아침 업무 시작 전 혹은 점심 먹고 오후 업무 시작 전 단 몇 분만 시간을 내면 된다. 손 무겁게 책을 들고 다닐 필요도 없다.

하루에 한 페이지다 보니 여러 번 봐도 부담 없고, 그대로 머릿속에 쏙쏙 박힌다. 독서의 효율이 쭉쭉 올라간다. 마음만 먹으면 다른 책 한 권을 뚝딱 읽을 수도 있지만, 그건 그 나름대로 또 다른 즐거움으로 남겨두고 꼭 읽어야 할 책이 있다면 이런 식으로 시간을 낸다. 이렇게 하면 무조건 읽게 되어 있다. 360쪽이 넘는 책도 대략 1년이면 가능하다.

이런 식으로 나는 하루에 몇 초씩 턱걸이도 한다. 매일같이 몇 번이고 들락날락하는 문지방에 철봉을 설치하고 지날 때마다 턱걸이를 하는 것이다. 최소한 하루에 한 번씩은 꼭 할 수 있다. 한 번 턱걸이할 때마다 걸리는 시간은 3초. 마음이 동하거나 여유가 있어 몇 번 더 하게 되어봤자 몇 분

정도다. 하루 24시간 나를 위해 이 몇 분의 시간조차 낼 수 없다면 나에게 너무 미안하지 않은가.

누군가를 찾아가 만나는 일도 마찬가지다. "앞으로 100명을 찾아가 만나고 오겠어!"는 가능하지만, "오늘 100명을 찾아가 만나고 오겠어!"는 불가능하다. 베테랑 영업자에게도 이는 불가능한 일이다. 그에게 영업 비법을 듣고자 강당에 100명이 몰려왔다면 모를 일이지만. 그런데 이런 강의는 경우가 다르지 않은가. 우리가 여기서 말하고자 하는 것이 강연장이나 팬사인회를 찾아가는 것이었던가?

미국의 억만장자인 그랜트 카돈은 자신의 저서 《10배의 법칙》에서 아침 7시에 일과를 시작해 밤 9시가 넘어서야 호텔에 돌아간 날이 있었고, 이날 방문한 회사만 무려 40개에 달했다고 자신의 경험을 밝혔다. 보통 사람은 엄두조차 낼 수 없는 숫자다. 책 제목처럼 남들보다 10배나 더 행동하며 살았기에 가능한 일이었을지 모른다. 그럼에도 하루 방문한 회사가 최대 40개였다. 그런데 하루 100명이라니, 언감생심이다.

중요한 건 나에게 맞는 목표 및 전략 수립과 꾸준한 실행력이다. 앞서나가고 있는 사람의 경험을 듣고 수용하는 것은 좋은 일이지만, 그게 무작정이어서는 안 된다. 내게도 맞는 방법인지 생각해 보고 나의 식대로 재해석하고 적용하는 것도 필요하다. 당장 10배로 할 상황이 못 된다면, 그럴 자신이 없다면, 10배로 할 상황부터 다지면 된다.

목표를 쪼개라. 하루에 한 명도 좋고, 일주일에 한 명도 좋고, 한 달에 한 명도 좋다. 100명을 만날 때까지 꾸준히 하는 것이다. 100명을 만날 수밖에 없는 상황에 나를 던져라. 굉장히 힘든 일이 되겠지만, 앞에서 나온 '100명에게 거절당하기 프로젝트'를 활용해 봐도 좋을 것이다(지아 장은 그렇게 했다). 100명을 만나서 차 마시기, 100명을 만나서 밥 먹기도 괜찮다. 차를 마시는 데, 밥을 먹는 데 상대가 누구를 데려와도 괜찮겠느냐고 한다면 목표한 100명에 다다르기가 더 쉬워진다. 그렇게 그날그날 만난 경험을 나름대로 정리해 두면(내가 명함에 기록하듯이) 그 또한 나의 무기가 된다.

그렇게 하나씩 목표를 이루고 성취감이 쌓이게 되면, 점점 더 자신감도 생기고 나아지는 자신의 모습에 자부심도 들 것이다. 더 나아진 내 모습을 보는 것은 스스로를 고양시키며 행복한 감정을 느끼게 한다. 궁극적으로는 나를 변화시키는 불꽃이 되어 성공의 길로 안내할 것이다.

무의식에 박혀버린 거리낌을 걷어내면

2012년, 목동의 한 지점에서 대리로 근무할 때의 일이다. 주요 고객인 한 회사의 대표가 분양계약서 한 장을 들고와 대출을 신청했다. 아파트형 공장 단지에 들어갈 편의점 분양권으로 단 몇 점만 들어가는 것이라고 했다. 대표가 대출약정서에 자필로 서명하며 내게 말했다.

"오 대리님도 하나 하지? 원하면 소개해 줄게요."

"제가요? 에이, 전 이런 거 못 해요. 안 해요."

이런 바보 같은…. 왜 그때 나는 못 한다고, 하면 안 된다고 생각했던 것일까? 나중에 알게 된 사실이지만, 대표가 내게 권했던 자리는 서울 목동에서 철산동까지 이어지는 도로 양쪽에 아파트형 공장들이 빼곡히 들어차 있는 지역 안이었다. 단 몇 점만 들어가는 것 중에 하나였으니 얼마나 목이 좋은 자리였을까. 희소가치가 있었다. 대표가 나에게 매물 한 건을 소개하고 수수료를 챙기든 말든, 그런 건 중요한 게 아니었다. 그의 말이 사실인지 아닌지 확인 한 번 해볼 생각 없이 그냥 '못 한다, 안 한다'로 잘라버린 그날의 내 결정이 문제였다. 후회 막급이다. 명색이 은행원인데, 심지어 기업 대출 담당자인데, 귀 닫고 눈 감고 어떻게 그렇게 살았는지 스스로도 의문이다.

다들 느끼듯이 요즘 같은 세상에 투자는 선택이 아닌 필수다. 수명이 길어진 만큼 남은 인생을 챙길 생활비, 의료비 등이 필요하다. 수명이 길어졌다고 해서 은퇴 시기마저 늦춰진 것은 아니니까 말이다. 나이 들어서도 최소한의 생활을 유지하려면 저축만큼 필요한 것이 투자다. 투자하기 위해서는 '관심'을 가져야 한다. 아무 은행이나 들어가 예금계좌를 열면 되는 것과는 달리, 투자는 내가 투자할 아이템을 찾아야 하기 때문이다. 그러기 위해서는 열린 마음과 열린 귀가 필요하다.

나는 힘들고 거친 노동으로 돈을 버는 부모님 밑에서 자랐다. 불로소득은 큰 죄라고 생각했고 투자에 딱히 관심을 가지지 않았다. 그런 탓에 주변에서 숟가락을 쥐고 떠먹여 주기까지 해도 '아' 하고 입이 열리지 않았다. 매일 영업점에서 부자들을 만나고 있었지만, 그들이 하는 말과 정보가 귀에 들어오지 않았다. 부자는 나와 상관없는 영역이라며 벽을 쳤다. 남들이 봐도, 그리고 내가 봐도 좋은 직장인 은행에 다니고 있었으니, 제때 월급을 딱딱 받으며 먹고살 수 있으면 됐고, 은퇴하고 나면 퇴직금으로 뭐라도 하며 살 수 있을 것이라 생각했다.

지금 보면 참 바보 같은 생각이다. 어떻게 딱 그 시점만 생각했을까? 학교 다닐 때는 좋은 성적을 받기 위해 그렇게 애를 썼으면서, 부자가 되기 위한 노력은 왜 그렇게 하지 않았을까? 좋은 성적을 받기 위한 것도 결국은 나중에 잘 먹고 잘살기 위함이 아니었던가? 우스갯소리로 직장인은 머슴, 대기업 소속 직장인은 부잣집 머슴이라는 말이 있다. 단순히 머슴이 되기 위해 악착같이 공부하고 일하고 있는 것은 아닐 텐데.

가만히 생각해 보니 무의식에 뿌리박힌 일종의 선비 의식 때문에 그런 것 같았다. 초·중·고를 통틀어 선생님들은 공부 잘해서 좋은 대학 가고 훌륭한 사람이 되라고만 했지, 커서 부자 되라고 말해준 적은 없었다. 선생님들 자체가 공부를 잘했고, 아이들을 잘 가르치는 것을 업으로 삼았으니 더욱 그랬던 면이 있었을 것이다. 그런데 우리 사회가 그랬다. 공부 잘해서 판·검사가 되는 입신양명을 최고로 치던 시절도 있었으니까 말이다. 공부를 잘해서 신분을 달리하는 것, 한마디로 개천에서 용 나는 것이 중요했던 시절이 있었다. 돈만 밝히는 것은 너무 속물적이라고 여겨졌다. 그러니 모 카드 광고에서 '부자 되세요'를 카피로 내세웠을 때 얼마나 센세이셔널 했겠는가.

하지만 이제는 '돈 많이 버세요'란 인사가 어색하지 않은 시대가 되었다. 짧은 시간에 우리를 지배하는 사고 자체가 많이 바뀐 것이다. 이제 더 이상 '개천룡'이 나오기 힘든 시대다. 아이가 성공하는 데 있어 부모의 재력 또는 조부모의 재력이 매우 중요해졌다. 실제 한 조사에 의하면 조부모의 재력이 꽤 큰 영향을 미치는 것으로 나타났다. 2013년에 옥스퍼드대학과 더럼대학이 공동 조사한 바에 따르면, 할아버지의 재력과 사회적 지위가 아이의 장래에 큰 영향을 미치는 것으로 나타났다. 조사 시점이 무려 2013년이다. 2024년 현재 우리의 상황도 크게 다르지 않다. 한국에서는 명문대에 가려면 조부모의 재력, 엄마의 정보력이 더해져야 한다는 말까지 생겨났다.

부자들의 부가 세습되는 이유는 부를 유지하는 그들만의 방법이 있기 때문이다. 어릴 때부터 그들을 둘러싼 환경 자체가 다르다. 엄청난 자본이 투입되는 교육 환경에서 다양한 경험을 하면서 자라는 그들은 예상 밖의 불행이 닥치지 않는 한 성공할 수밖에 없다. 만약 당신이 어마어마한 부를 거뒀다고 해보자. 당신의 명성을 듣고 찾아오는 사람도 많고, 그로 인한 인적 네트워크도 잘 형성되어 있다. 정·제계 고위급 인사들과도 친분이 있다. 이렇게 자신만의 제국을 건설했는데, 쉽게 포기가 될까? 천만의 말씀이다.

재벌에 관한 드라마를 한번 떠올려보자. 수장인 조부모가 자기 제국을 물려줄 사람을 찾기 위해 자식들 또는 조손들을 경쟁시킨다. 가장 뛰어난 사람에게 물려주어 자신이 죽고 난 이후에도 그 제국이 계속 이어지길 바라기 때문이다. 단순히 재벌만 그럴까? 역사적으로도 많은 황제와 왕이 그들이 이룩한 국가와 태평성대가 자자손손 지속되기를 원했다. 그렇기에 태자나 세자의 자질이 그토록 중요했던 것이 아닌가.

그들은 그들 나름의 시스템을 만들고 유지시킨다. 큰 왕국을 건설했든 작은 왕국을 건설했든 그건 중요하지 않다. 현재의 수준을 유지하면서도 더 크게 넓혀가면 될 뿐이다. 그게 내 대에 이뤄질 수도 있고, 자식들 대에서 이뤄질 수도 있으며, 손자들 대에서 이뤄질 수도 있다. 중요한 것은 선대의 성공과 지혜를 이어가면서 더 발전하는 것이다.

나는 이런 부자들을 눈앞에 두고도 한동안 부자가 될 방법을 물어볼 생각조차 안 했다. 물어보는 게 뭔가, 앞서도 말했지만 어떤 대표가 권한 좋은 기회마저도 무지하게 차버리기까지 했다. 그 대표는 속으로 내가 얼마나 한심했을까? 대표도 대표지만, 나 역시도 내가 한심스럽다. 나는 나 스스로에게 미안해야 한다.

그나마 다행인 것은, 더 늦지 않게 생각을 달리 할 수 있게 되었다는 점이다. 부자들과 자주 만나고 그들의 이야기를 듣다 보니, 나도 성공할 수 있고 부자가 될 수 있겠구나 하는 생각이 차츰 스며들기 시작했다. 생각의 틀을 바꾸니 부자들이 하는 말이 더 잘 들리고, 그것을 응용할 수 있는 방법을 찾고 연구하게 되었다. 머릿속의 몹쓸 거리낌을 걷어내고 성공 의식을 장착하고 나니 두려울 게 없었다. 나는 목표를 세웠다. 바로 100억 벌기다. 그러면 나도 충분히 자산가가 될 수 있겠다 싶었다.

100억 원이 무슨 옆집 아이 이름이냐 싶을 것이다. 그러면 한번 따져보겠다. KB금융지주 경영연구소가 발표한 〈2023 한국 부자 보고서〉에 따르면, 대한민국에서 부자의 기준은 100억 원이며, 100억 원 이상의 자산가가 4만 명이 넘는 것으로 나타났다. 10억 이상 100억 미만의 자산가는 자그마치 41만 6000명이다. 점심을 먹으러 나갔을 때 회사 근처를 다니다 보면 "이렇게 많은 건물 중에 내 거 하나가 없네"라는 자조 섞인 우스갯소리가 들리곤 한다. 어디 시내

중심가의 건물뿐이겠는가? 서울에 수많은 아파트가 있어도 내 집 하나 장만하기 힘들다. 그런데 서울에 아파트가 과연 몇 채나 될까? 2023년 7월 기준으로 약 163만 채다(서울특별시 시청 자료에 의하면). 그렇다면 100억 이상의 자산가는 못 되어도 그 아래는 충분하지 않을까? 41만 6000명에 내가 속하지 못할 이유가 대체 어디 있단 말인가?

시중의 많은 자기계발서에서 말하듯이 '나는 성공한다', '나는 부자가 된다'를 몇 번이나 쓰고, 외치고, 시각화하고, 심상화하라는 이야기가 아니다. 근본부터 접근해 보자는 이야기다. 나는 성공하면 안 되는 걸까? 나는 부자가 되면 안 되는 걸까? 왜 안 되겠는가? 얼마든지 될 수 있고, 되어야 한다. 하지만 '나는 안 될 것 같아서', '나는 어려울 것 같아서', '내 주제에 뭘'이란 생각이 든다면, 그런 생각 자체를 떨쳐버리란 이야기다. 그건 스스로에게 행하는 가스라이팅과 다를 바 없다. 왜 스스로 자신의 가능성을 묶어두는가. 그건 당신이 제대로, 진지하게 생각조차 해본 적 없다는 말과도 같다.

그렇다면 지금부터라도 진지하게 생각해 보자. 성공할 수 있다고, 부자가 될 수 있다고 믿고, 그 길을 찾아라. 막연하게 안 된다고 포기하는 것보다 마음과 귀를 열고 행해보는 것이 결과적으로 훨씬 이롭다. 나도 할 수 있다고 마음을 열어야만 성공의 이야기가 제대로 들린다. 저건 저 사람이라서, 그럴 수밖에 없는 상황이라서 그런 거 아닌가 하고 고깝게 여긴다면 들리지도 않고, 들려도 한 귀로 흘러나간다.

    알고는 있다. 세상에 부와 성공을 미끼로 얼마나 현혹하는 말들이 많은지. 그런데 현혹하는 말인지 아닌지 판단하는 것도 결국 내가 아는 만큼에 따른 것이다. 그러니 투자 공부, 재테크 공부를 해야 한다. 거저 얻는 것은 없다. 내가 공부한 것에 성공한 이들의 조언이나 예측이 교차 검증된다면 한번 도전해 볼 만하지 않겠는가?

    왠지 모를 두려움이나 거리낌은 이제 벗어던져라. 세상의 다양한 성공 방식에 귀 기울여라. 부자들의 이야기를 들어라. 자신만의 방법을 찾고 행하라. 공부하고 교차 검증해라. 그러면 언젠가 당신이 41만 6001번째 사람이 될지도 모른다. 더 나아가 4만 1번째 사람이 될지도 모른다. 나 역시 그러기 위해 오늘도 힘차게 내달리고 있다.

말 한마디에 천 냥 빚을 갚는다

　우리는 하루에 얼마나 많은 말을 할까? 한국의 경우는 아니지만 참고할 만한 데이터가 있다. 신경정신학자 루안 브리젠딘이 쓴 《여성의 뇌》에 따르면, 여성은 하루 평균 2만 단어를 말하고, 남자는 7000단어를 말한다고 한다. 2006년도의 연구 결과임을 감안하면, SNS가 발달하고 더 많은 의사소통의 창구가 열린 지금은 이보다 더 많은 단어를 사용하지 않을까?

　그런데 말이 많은 편이 좋은 걸까, 적은 편이 좋은 걸까? 우리는 너무 말이 많으면 수다쟁이라고 낮잡아보고, 너무 말이 없으면 의뭉스럽다고 경계한다. 하지만 또 말이 많으면 그만큼 솔직하다 여기고, 말이 적으면 침착하고 어른스럽다 여긴다. 어떤 시각으로 보느냐에 따라 갈리는 것이다. 중요한 것은, 서로 대화를 나눌 때는 오해가 없어야 한다는 점이다.

생각해 보자. 말이 없다면 우리는 상대를 무엇으로 판단할까? 눈에 보이는 몸짓이나 행동일 것이다. 그렇기에 이런 몸짓이나 행동에 숨겨진 뜻을 분석하는 팁들도 상당히 많다. 말보다는 이런 몸짓이나 행동이 그 사람의 진심을 보여주는 경우가 많다고 여기기 때문이다. 하지만 인간은 결국 '소통'의 동물이다. 말만큼 전달이 확실하고 이해가 쉬운 것도 없다. 하지만 아이러니하게도 상대를 속이기도 쉽고, 괴롭게도 하는 것이 바로 이 말이다.

말은 인간에게 있어 굉장히 큰 무기다. 몸짓이나 행동처럼 분석할 필요가 없다. 글처럼 시간을 들여 읽고 해석할 필요가 없다. 말은 바로 전달된다. 하지만 바로 전달되는 그 속성 때문에 위험하기도 하다. 한번 내뱉으면 주워 담을 수 없고, 금세 휘발되기 때문에 제각각 그 뜻을 다르게 받아들여 기억에 남기기도 한다. 분쟁이 생겼을 때 녹취록 같은 게 중요한 것은 이 때문이다.

그렇기에 우리는 '말버릇'도 매우 중요하게 여긴다. '바르고 예쁜 말' 쓰기를 권장하는 것은 다름 아닌 인간관계 때문이다. 잘못된 말 한마디로 상처를 주고받고, 오해하고, 다투는 일이 얼마나 많은가. 이런 다툼은 개인 간의 관계를 피곤하고 힘들게도 하지만, 이를 넘어서서 사회적으로 큰 비용을 치르는 문제로 번지게도 만든다.

듣기 좋은 소리도 한두 번이다. 그런데 내내 듣기 싫은 소리만 들려온다면? 너무 피곤하고 그 자리를 벗어나고 싶을 뿐이다. 욕을 달고 사는 사람, 비속어가 없으면 말을 못 하는 사람, 불평불만만 하는 사람과 가깝게 지내고 싶지 않은 것은 이 때문이다. 발전적인 관계를 맺어도 모자랄 판에 나의 기운과 감정을 깎아 먹는 사람과 가까이하고 싶지 않다. 그러니 평소에 어떤 말투를 사용하고, 어떤 식의 표현을 하느냐도 우리 삶에 매우 큰 영향을 끼친다. 말이, 대화가 인간관계의 기본이기 때문이다.

우리는 결코 이 세상을 혼자 힘으로만 살아갈 수는 없다. 우리가 지금껏 배워온 수많은 지식도 사실은 그것을 남겨둔 사람들의 노력과 지혜가 있었기 때문이 아니던가. 먹고, 쓰고, 읽고, 행동하는 것 또한 우리는 함께 사는 삶을 통해 배운다. 그렇기에 우리는 사람을 떠나 살 수 없고, 다른 사람과 교류하는 것은 필수다.

우리가 서로 처음 만났을 때, 첫인상을 결정하는 것은 외양 그리고 말투다. 외모나 옷차림이 가장 먼저 들어오는 것은 어쩔 수 없다. 일단 보이는 것이 먼저니까 말이다. 다만 상대가 어떤 말투로 대화를 어떻게 이끌어 가느냐에 따라 더욱 호기심을 느끼기도 하고 관심을 끊기도 한다. 소개팅이나 미팅 자리에서 유머 있는 화술로 매끄럽게 자리를 이끄는 사람이 단연 인기인 것은 이 때문이다.

처음 만났는데 상대방이 욕설이나 비속어를 섞어 쓴다면, 과연 그 사람이 좋게 보일까? 나를 어떻게 보기에 저렇게 무례하게 말을 할까 불쾌하기까지 하다. 적절한 표현이나 단어를 쓰지 못하는 것도 문제다. 자칫 큰 오해로 이어져 중요한 건을 날려버리거나 다음의 약속조차 잡을 수 없게 만든다. 죽마고우도 말 한마디에 갈라진다고 했다. 친하다고 말을 함부로 했다가 상대방이 기분 나빠 한 경험 누구나 한두 번쯤은 있을 것이다. 반대로 친구가 함부로 내뱉은 말에 상처받은 경험도 있을 테고. 이렇게 말은 순식간에 마음을 후비는 칼이 된다.

그런데 이런 말버릇이 과연 순간의 실수에 불과할까? 절대 그렇지 않다. 알고 보면 말버릇은 오랜 시간에 걸쳐 만들어진 습관과 패턴이다. 그 사람이 사용하는 언어와 말투는 그 사람의 소프트웨어, 즉 내면에 가깝다. 아무리 감추려고 노력해도 자주 써서 익은 말버릇은 자신도 모르게 툭툭 튀어나와 금세 탄로 난다.

지금 누군가가 당신을 찾아와 대화를 청했다. 마침 시간이 나서 그러자고 했다. 그런데 그 사람의 말버릇이 다음과 같다면 어떨까?

- 꼭 한마디를 더해서 이겨 먹으려고 한다
- 밑도 끝도 없이 자기 자랑부터 시작한다
- 도움을 받으러 왔다면서 가르치는 말만 늘어놓는다
- 답변을 하고 있는데 다 안다면서 말을 자른다
- 부정적이고 냉소적인 말투로 나의 긍정적인 기운을 뺏어간다

생각만 해도 진이 빠질 것이다. 실제 상황이라면 귀 막고 이만 돌아가라고 할지도 모른다. 반대여도 마찬가지다. 그렇기에 늘 역지사지의 마음이 필요한 것이다.

사람의 마음을 얻어야 기회를 얻고, 기회를 얻어야 성공 확률을 높일 수 있다. 마음을 얻으려면 서로를 알아야 하니 말을 주고받는 일부터 시작해야 한다. 즉 대화란 서로의 말을 쌓아 올리는 작업이다. 조화롭게 올라간 말의 탑이 균형 있고, 안정적이며, 보기에도 좋다. 잘 쌓아 올린 대화의 탑에는 서로의 공감대도 있고 대화를 잘 이끌어냈다는 성취감도 있다. 반면 일방적이거나 어긋나는 말투로 시작된 대화는 말의 탑을 쌓아 올리다가 한쪽으로 기울어지게 만든다. 얼마 못 가 무너질 수도 있다.

고소득 전문직 하면 뭐부터 떠오르는가? 아마도 열에 아홉은 의사를 떠올릴 것이다. 그런데 요새는 '의료 서비스

직'이라는 말도 나오고 있다. 개원의가 넘쳐나서 동네에도 병원이 몇 군데씩 있는 요즘, 병원도 경쟁하기 때문이다. 특히 치과나 정형외과처럼 돈이 많이 드는 진료 과목의 경우 환자들이 더 친절하고, 더 저렴하고, 더 좋은 치료 방식을 제공하는 데를 찾아 나서곤 한다. 일명 '병원 쇼핑'이다. 그만큼 환자를 대하는 의사의 태도가 제각각이란 말이다. '의료 서비스직'이라는 말에 대한 의사의 반응도 천차만별이다.

한국의 의료보험 시스템상 의사 한 명이 많은 환자를 보지 못하는 것은 이해한다. 하지만 환자가 궁금한 게 있는데도 질문할 시간조차 주지 않고, 다행히 질문할 시간이 나도 심드렁하게 굴며 답해주지 않는다면 환자로서는 속이 상한다. 나는 '묻는 말에만 답하라'는 태도의 의사를 만난 적도 있다. 너무 섭섭하다 못해 이런 의사가 과연 환자를 볼 자격이 있나 싶은 생각마저 들었다. 의사 입장에서야 같은 증상을 많이 본 탓에 별문제가 아니라는 사실을 알고 있고, 그런 질문을 한두 번 받는 것도 아니니 그럴 수 있다는 것은 알겠다. 그런데 환자 입장에서는 내 건강이 달린 문제다. 예민하고 궁금할 수밖에 없다. 그러니 돈을 주고 의사에게 진료받으러 온 것이 아닌가. 뭔가 궁금한 것이 해소되지 않으면 불안하고 겁도 난다. 결국 의사를 원망하는 마음마저 든다.

서울 성수동에 있는 영업점에서 근무할 당시 알게 된

한 의사가 있다. 하남시에서 가정의학과 의원을 운영하는데, 하루 방문 환아 수만 평균 150~200명이라고 한다. 한 환아당 진료 시간을 2분씩만 잡아도 최소 300~400분이다. 하루 5~7시간을 쉬지 않고 달려야 하는 수준이다. 왜 이리 엄마들이 이 병원을 찾는 걸까? 소아과도 아닌 가정의학과를? 그 비결은 엄마들의 질문에 성심성의껏 설명해 주는 의사의 말버릇과 친절한 태도에 있었다. 아이가 아프면 가장 애가 타는 게 엄마다. 그런 엄마의 마음을 생각하면 질문도 받아주고 설명도 친절히 해줄 수밖에 없다는 것이 의사의 입장이었다. 이렇듯 잘 들어주고 잘 답해주면 평판도 오르고 돈도 벌 수 있다. 물론 의사분이야 많이 힘들고 피곤할 수 있겠지만 말이다.

사실 응급 상황이나 큰 수술이 아닐 바에야 동네 병원, 혹은 직장인이라면 회사 근처 병원을 찾아가게 마련이다. 그런데 약을 쓰는 것만 조금 다를 뿐 딱히 실력 차이를 느끼기 어렵다면? 결국 나의 아픈 몸뿐만 아니라 예민하고 지친 신경과 마음까지 헤아리고 배려해 주는 의사를 찾게 된다. 이는 사람인 이상 당연한 일이다. 말 한마디에 천 냥 빚 갚는다는 말이 괜히 생겼을까.

조직 생활에 있어서도 사사건건 트집 잡고 비꼬고 언성을 높이는 사람보다는 잘 들어주고 잘 조율하고, 필요한 말 혹은 힘이 되는 말을 해주는 사람이 훨씬 호감이다. 이런 사람과 일하고 싶다는 생각이 절로 든다. 이런 사람은 업무적인 지적이나 비판을 해도 수긍이 되며 더 나아지도록 노력하게 만든다.

나는 어떠한가? 나의 말버릇은 다른 사람에게 호감인가, 비호감인가? 다른 사람이 나와 함께 어울리고 싶어 하는가, 싫어하는가? 다른 사람이 내게 도움을 주고 싶어 하는가, 관심 없는가? 나의 말버릇을 점검해라. 지금이라도 나의 말버릇을 돌아보고, 고쳐야 할 것이 있다면 고치고 새로이 좋은 말버릇을 들여야 한다. 당신의 말 품격이 곧 당신의 수준을 나타내는 바로미터다.

신동엽이 여전히 인기 있는 이유

배우 성동일이 신동엽이 운영하는 유튜브 채널 〈짠한 형 신동엽〉에 나와 이런 말을 한 적이 있다. 신동엽은 남의 과거의 안 좋은 얘기나 실수한 것을 절대 이야기하지 않는다며(배려), 남의 말을 잘 들어주는 진행자라고(경청), 자신이 정말 좋아한다고 말이다. 신동엽이 운영하는 채널이다 보니 출연한 김에 칭찬한 말일 수도 있다. 하지만 그 안에 담긴 본의는 나도 100퍼센트 공감하는 바다.

개그맨으로서도 진행자로서도 신동엽은 참 탁월한 센스와 솜씨를 보여준다. 연말에 그가 생방송으로 진행하는 시상식을 보고 있노라면 유머러스하면서도 절대 선을 넘지 않는 것에 놀라곤 한다. 사실 신동엽은 속칭 '19금 드립'으로도 유명하다. 그의 유튜브 채널은 술을 마시면서 하는 프로그램이다. 19금 멘트나 음주 방송이야 편집의 힘이 들어갔다고 쳐도, 신동엽이 선을 넘는 멘트로 구설에 오른 경우를 단 한 번도 본 적이 없다.

술 좋아하고, 야한 이야기를 잘 꺼내는 사람의 경우 아차 하면 선을 넘어버리게 마련이다. 그러다 보면 관계가 돌이킬 수 없이 틀어지기도 한다. 우리는 흔히 술에 거나하게 취하면 상대의 본모습이 나온다고 생각한다. 실제로 평소 태도와 술 마실 때의 성격이 매우 달라 함께 있는 자리를 불편하게 만들고, 모인 사람들을 당혹스럽게 만드는 사람도 있다. 평소에 가면을 쓰고 억눌러왔던 태도와 감정이 술기운을 빌려 나타나는 것이다. 단순히 술김에 하는 실수라고 넘어갈 수 있는 부분도 있지만, 그렇다고 하기엔 크나큰 잘못도 있다. 이런 사람인 줄 몰랐다며 그 자리에서 선 긋기도 당한다.

그런데 신동엽은 아니다. 술을 마시고 야한 이야기를 하는데도 그를 포함한 모든 사람이 편안하고 자연스러워 보인다. 누구도 불쾌해하지 않고, 오히려 유쾌하게 반응하며 속마음을 거리낌 없이 털어놓는다. 아마도 성동일이 말한 배려와 경청의 힘 덕분일 것이다.

술을 마시면서, 야한 농담을 하면서도 상대에 대한 배려와 경청을 놓치지 않는다는 것은 그만큼 신동엽의 평소 태도를 보여주는 것일 테다. 그런 그의 능력은 생방송에서 더욱 빛을 발한다. 생방송의 특성상 많은 사람이 긴장하고 실수하지 않을까 신경을 곤두세운다. 신동엽은 그런 긴장감을 풀어주는 애드립과 질문으로 답하는 사람이나 보는 사람이나 즐겁고 편안하게 만든다. 실제로 신동엽과 넷플릭스 예능을 찍은 한 PD는 "상대방을 편안하게 만들어 솔직한 이야기를 꺼낼 수 있게 만들어주는 진행자"라고 전했다고 한다.

신동엽이 이런 태도를 갖게 된 데에는 그의 타고난 기질과 센스, 방송 경험 덕도 있겠지만, 청각장애가 있는 친형도 많은 영향을 끼친 게 아닐까 싶다. 아무래도 말보다는 직관적이지도 못하고 느리기까지 한 수화를 보고 의사소통을 해야 하니, 기다리는 여유와 한 번 더 생각하는 자세를 갖추게 된 게 아닐까.

게다가 신동엽 그 자신의 인생 굴곡도 만만치 않다. 사업을 하다가 빚을 지기도 했고, 공개 연애를 하다가 헤어지기도 했으며, 좋지 않은 일로 구속이 되기도 했다. 어쩌면 이런 인생 경험이 그에게 큰 교훈을 줬을지도 모를 일이다. 놀랍게도 오래전 연인이었던 사람과 함께, 유튜브 채널이긴 하지만 같이 방송을 하는 모습을 보면서 이 사람의 그릇이 얼마나 큰지 다시 한번 감탄하게 되었다. 아마도 그러한 점 때문에 아직도 중요한 자리에 그를 찾는 방송국이 많으며, 함께 일하고 배우고 싶어 하는 사람이 많은 건지도 모르겠다.

《이종선 관장이 말하는 이건희 컬렉션》을 보면, 삼성 그룹 고 이병철 회장이 고 이건희 회장이 부회장으로 승진했을 때 '경청'이란 휘호를 써서 주었다는 일화가 소개되어 있다. "남의 말을 잘 듣는 것이야말로 대기업을 이끄는 총수에게 금과옥조임을 강조한 것이다"라는 설명과 함께.

그만큼 배려 있는 태도와 경청은 중요하다. 흔히 우리는 입은 하나고 귀는 둘이라며, 말하는 것보다 듣는 것이 중요하다고 말한다. 잘 듣는다는 것은 관심의 표현이고, 그 사람이 원하는 것에 귀 기울인다는 뜻이다. 생각해 보자. 대화를 하는데 상대방의 말은 듣지도 않고, 내가 말할 것만 생각한다면 어떻게 되겠는가? 맥락과는 관계없는 이야기가 흘러나오고, 더 이상 대화는 이어지지 않는다. 질문을 제대로 들어야 제대로 된 답이 나온다. 상대의 말을 잘 들어야 잘 말할 수 있다. 이는 대화의 기본이자 인간관계를 쌓는 데 꼭 필요한 자세다. 그렇다면 어떻게 해야 듣기를 잘할 수 있을까?

김윤나 작가의 베스트셀러《말 그릇》의 〈듣기의 재발견〉편을 보면 3F가 중요함을 알 수 있다. 3F란 사실 듣기 Fact, 감정 듣기 Feeling, 핵심 듣기 Focus다. 즉 주요 내용을 정리하고, 진짜 감정을 확인한 후, 말하지 않더라도 알아주었으면 하는 핵심 메시지를 발견하는 것이다. 이렇게 하다 보면 대화가 잘 통하는 것은 물론이고, 쓸데없는 말을 줄일 수 있는 효과까지 기대할 수 있다고 한다.

상대가 말할 때 정성스레 들어주고 공감의 언어로 화답하면, 화자는 자신도 모르게 한 가지만 알려주고 말 것을 두 개, 세 개 더 말하게 된다. 잘 듣는 것이 더 많은 꿀팁을 얻어내는 원동력인 것이다. 잘나가는 사람들은 대체로 바쁘다. 찾는 사람도, 찾는 곳도 많기 때문이다. 이런 사람들과 만남이 성사되어 잠깐이라도 이야기를 나눌 시간이 주어졌다면 1초도 허투루 써선 안 된다. 시간이 금인 사람들에게 같은 말을 반복하게 하는 것은 예의도 아닐뿐더러 자신도 손해다.

상대의 말과 감정, 상황을 이해하고 공감하며 적절한 반응을 보일 때, 원활한 대화의 물꼬가 트이면서 서로 많은 것을 얻을 수 있다. 듣는 사람만 얻는 것이 아니다. 듣는 사람의 반응과 꼬리를 물고 이어지는 이야기를 통해 말하는 사람도 분명 얻어가는 것이 있다. 그러면 자연스레 인상에 남고 다음 만남을 기약할 수 있다. 말하는 사람은 더욱 신이 나고 듣는 사람은 더욱 힘이 난다. 서로 존중하는 마음이 생기고, 관계의 확장이 이루어진다. 그 과정에서 피가 되고 살이 되는 조언과 정보를 더 많이 얻게 되는 것은 물론이다.

    미국의 문필가 올리버 웬델 홈즈는 "말은 지식의 영역이고 경청은 지혜의 영역"이라고 했다. 지식은 언젠가 바닥을 드러내지만, 지혜는 시간이 갈수록 쌓인다. 사람의 마음을 얻어 인적 레버리지를 일으키고 싶은가? 현명한 성공자, 덕 있는 부자가 되고 싶은가? 그렇다면 상대의 말을 진심을 다해 성의껏 들어보자. 놀라운 경청의 힘을 경험하게 될 것이다.

앞에서 못 할 말은 뒤에서도 하지 않는 법

　사람을 얻으면 부와 성공, 또는 행복한 삶을 얻을 수 있다. 사람을 잃으면 이 모두를 잃을 수 있다. 영화 〈내부자들〉의 끝을 생각해 보자. 권력의 정점에 선 사람이 마지막에 모든 것을 잃고, 곁에 둔 사람 하나 없이 "고독하다"고 읊조리는 장면이 나온다. 이 모든 것은 주인공 안상구를 내친 결과의 나비 효과다. 물론 온갖 야합과 치졸한 짓으로 쌓은 부와 성공이 무슨 의미가 있을까만은, 그래서 과연 행복할 수 있을까만은, 그냥 상황만 놓고 보자면, 사람 하나를 배신한 결과가 이렇게도 돌아온다는 것만큼은 확실하게 알 수 있다.

　그래서 늘 악당은 외롭다. 사람을 달콤한 말로 꼬드겨서, 혹은 압박하고 협박해서 저 높이 올라가지만, 그건 모래성일 뿐이다. 위기가 오면 한없이 무너지고, 그의 곁에는 아무도 남지 않는다. 그래서 외로이 죽음을 맞이한다. 그 대척점에 서 있는 영웅은 다르다. 온갖 고난과 역경을 겪더라도 그는 좌절하지 않고 더 힘을 낸다. 외로워하지도 않는다. 그를 도와주는 동료, 그를 믿어주는 친구들이 있기 때문이다. 자기 곁에 있는 사람들과 함께 영웅은 끝끝내 승리를 거두고 행복한 결말을 맞이한다.

외롭지 않으려면, 혼자 가지 않으려면, 더 높이 함께 가려면, 내 옆의 사람을 소중히 여겨야 한다. 그 사람의 신뢰를 잃지 말아야 한다. 그 사람이 보이는 애정과 관심을 배반하지 말아야 한다. 그렇게 하는 순간 그 관계는 금이 가며, 두 번 다시 회복하지 못할 지경에 이를 수도 있다. 그야말로 루비콘강을 건너는 것이다.

우리는 앞과 뒤가 같은 사람이 되어야 한다. 그래야 오래가는 관계를 만들 수 있다. 뒷담화, 험담은 절대 해서는 안 된다. 앞서 말한 신동엽도 방송가에서 '남의 말 하지 않는 것'으로 유명하다고 한다. 신동엽이 좋은 평판을 받는 것에는 이러한 부분도 한몫한다. 마음 놓고 같이 일해도 아무런 부담이 없기 때문이다. 그가 말을 옮길 사람이 아님을, 즉 뒤에서 다른 말을 할 사람이 아님을 누구나 잘 알기 때문이다.

"우리끼리 하는 말인데…"로 시작하는 뒷담화는 결국 돌고 돌아 당사자에게 들어간다. 세상에 '우리끼리 하는 말'

치고 우리끼리로 끝나는 법을 나는 별로 본 적이 없다. 낮말은 새가 듣고, 밤말은 쥐가 듣는다고 했던가. "이거 비밀인데…"로 시작하는 말은 사실 비밀이 아니란 말도 있다. 비밀은 말 그대로 혼자 쥐고 있거나 사건의 당사자들만 알고 있어야 한다. 말을 한번 옮기는 순간 그건 더 이상 비밀이 되지 못한다.

오해라고 한들 통하지 않는다. 오이밭에선 신발 끈을 고쳐 매지 않는 법이다. 오해하게 만든 그 상황 자체도 문제다. 그러니 말을 아껴야 한다. 앞에서 하지 못할 말은 뒤에서도 하지 말아야 한다. 앞에서 하지 못하니 우리는 뒤에서 헐뜯는다. 이 얼마나 치졸한 짓인가. 그런데 무엇이 우리를 이렇게 치졸하게 만드는 것일까?

사회적 비교 이론*에 따르면, 사람은 부지불식간에 자신을 타인과 비교하며 평가한다. 이때 열등감이 발생하면 타인을 비판하거나 흠을 들춰내서 자존심을 회복하려 든다. 즉 남을 깎아내리는 형태로 자신의 우월성을 회복하려는 것이다. 하지만 이는 그 순간만 좋고 말 뿐이다. 속된 말로 정신 승리에 불과하다. 그렇게 잠시 위안을 얻어봤자 득이 될

---

* 개인의 행동, 태도, 사고, 신념이 다른 사람이나 다른 집단과의 비교를 통해서 영향을 받는다는 이론.

게 하나도 없다. 오히려 자신의 에너지와 평판만 깎아 먹을 뿐이다.

질투심 때문에 뒷담화를 하거나 험담을 하기도 한다. 다른 사람이 잘되는 것을 보면 속이 아프고 자신이 초라해 보이기 때문이다. 사촌이 땅을 사면 내 배가 다 아프다. 그러니 사촌이 땅을 잘못 샀네, 사촌이 땅을 사려고 무리를 했네, 욕심 많게 혼자 다 샀네, 하고 까내리는 것이다. 순간 속은 시원할지 몰라도 결과는 달라지지 않는다. 사촌은 땅이 있고, 나는 없다. 내가 사촌을 욕하는 사이 사촌은 땅을 더 산다. 나는 사촌의 험담만 하고 다니느라 땅은커녕 얻은 게 아무것도 없다.

카르텔 형성, 즉 공모자를 만들기 위한 것도 있다. 같은 생각을 하는 사람끼리 모여 결속을 단단히 다지고, 여기에 속하지 않는 사람들을 배척하는 것이다. 조직 생활에서 흔히 보이는 유형이다. 앞뒤 꽉 막힌 상사 밑에서 함께 고생하는 팀원들은 상사 욕을 하면서 팀워크를 다진다. 나 역시 한때 그런 부류의 사람이었다. 그런데 그래봤자 달라지는 건 아무것도 없다. 나 혼자만 그런 생각을 하는 게 아님을 확인하는 순간, 위안이 되고 홀가분해질지도 모른다. 하지만 딱 거기까지다. 뒤에서 헐뜯는 것은 아무것도 바꿔놓지 못한다. 오히려 상사의 귀에 들어갔다가는 고생길만 훤히 열릴 뿐이다.

뒷담화나 험담이 무서운 이유는, 그것이 점차 몸집을 부풀려 수습할 수 없는 지경에 이르게도 하기 때문이다. 처음에는 아주 작고 가벼울지 몰라도, 시간이 지날수록 갖가지 이야기들이 보태져 당사자 귀에 도착할 때쯤은 무엇이 진실인지 알 수 없게 된다. 그럴 의도가 있었는지 없었는지는 중요하지 않다. 어차피 의도는 사라지고 험담을 했다는 사실만 남는다. 상처를 받고, 화가 나며, 앙금이 생긴다. 그렇게 감정의 골은 점점 더 깊어지고 회복 불능의 상태를 맞이한다.

이런 사태를 맞이하지 않으려면 방법은 하나다. 앞서도 말했듯이, 앞에서 하지 못할 말은 뒤에서도 하지 않는 것이다. 그냥 간단한 원칙이다. '내가 정말 좋아하는 사람인데 나를 너무 서운하게 하네. 속상하니 딱 한 번만?' 이런 생각을 하는 순간 좋아하는 사람이고 좋아하는 관계고 다 날아간다. 한 번이 두 번 되는 건 순식간이고, 좋아한다면서 어떻게 그럴 수 있느냐, 배신감마저 느껴진다는 반응이 돌아온다. 그러면 좋았던 관계는 그 길로 과거의 일이 되어버린다.

정 하고 싶다면 '임금님 귀는 당나귀 귀' 작전을 써라. 누구도 알 수 없는, 나와 관계있는 사람은 없는 곳의 익명

게시판을 이용하거나 서로 한 톨의 접점도 없는 사이를 이용해라. 하지만 이것도 자주 하면 습관이 되고, 그 습관이 언제 어떻게 튀어나올지 모른다. 결국 대나무 숲에 외친 말도 임금에게로 되돌아오지 않았던가? 웬만하면 하지 말 것을 권하고 또 권하되, 벼랑 끝 심정이 되었을 때만 딱 한 번, 응급 처방으로만 사용하길 바란다.

대화의 상당 부분을 남의 험담에 할애하는 사람이라면 피해라. 그런 사람들이 모인 자리라면 더욱 피해라. 언젠가 그 총알의 파편이 내게도 날아와 박힐 수 있다. 도저히 피할 수 없는 상황이라면, 칭찬을 섞어 밸런스를 맞춰라. 절대 맞장구를 쳐서는 안 되며, 가만히 듣고 있는 것도 근본적인 면책은 아니다. 무언은 긍정의 뜻으로 받아들여질 수 있다. 차라리 화제의 전환을 시도하는 것이 낫다. 그것이 최소한의 안전장치다.

미국의 32대 대통령 프랭클린 루스벨트는 이런 말을 했다. "위대한 마음은 생각을 토의하고, 평범한 마음은 사건을 토의하며, 작은 마음은 사람을 토의한다."

운이 좋았는지, 내가 만난 다수의 성공한 자산가들은 타인의 생각과 태도를 칭찬하기에 여념이 없었다. 이런 점이 좋고, 저런 점은 배워야 한다면서 단점보다는 장점에 집중하는 모습을 보였다. 이런 대화는 끝이 개운하다. 당장 손에 잡히는 게 없어도 마음 한가득 무언가를 담아가는 느낌이다.

사람을 얻는 것이 희망이라면, 잃는 것은 절망이다. 개선도 발전도 비전도 없는 뒷담화나 험담은 관계를 뿌리부터 뒤흔드는 최악의 에너지 낭비다. 그러니 절대 발을 들이지 마라.

얻어걸리는 게 어때서

생각해 보면 우리는 참 남의 일에 관심이 많다. 특히 연예인의 연애사나 결혼 발표는 전 국민이 이해 당사자라도 되는 듯 말을 보탠다. 누가 아깝다, 나이 차이가 너무 난다, 이쪽이 저쪽을 먹여 살려야 하는 것 아니냐 등등. 데뷔한 지 얼마 안 된 아이돌의 열애설이 터지면 더욱 난리가 난다. 팬덤에서는 성명서까지 낸다.

어디 연예인뿐이랴. 주변에서 누가 누굴 만나고, 누가 누구랑 결혼한다는 말에 왜 다들 자기 일처럼 눈에 불을 켜고 훈수를 두려고 하는지 모를 일이다. 그나마 애정 어린 잔소리라면 참아줄 수 있다. 그렇지만 알 듯 말 듯 툭 던지는 묘한 평가는 참으로 사람을 아리송하게 만든다. 누군가가 능력 좋고 잘생긴 연하남과 결혼한다는 소식이 들리는 순간, 누군가가 집안도 좋고 돈도 많이 버는 전문직 여자와 날을 잡았단 소식이 들리는 순간 한마디 던진다. "와, 좋겠다.

제대로 얻어걸렸네."

정말로 좋겠다는 건지, 부럽다는 건지, 질투가 난다는 건지, 비꼬는 건지. 어쩌면 그 모든 복합적인 감정이 섞여 있을 수도 있다. 확실한 건 축하의 말로는 들리지 않는다는 점이다. 응당 그런 소식을 들으면 "그래? 잘됐네"란 말이 먼저 들려와야 하지 않겠는가? 어디서 그런 사람을 만났는지, 어떻게 사귀게 되고 결혼까지 이어졌는지, 궁금한 건 묻고, 부러우면 부럽다고, 나도 그런 사람 만나서 결혼하고 싶다고 솔직하게 말하면 된다. 그런데 왠지 그런 식의 솔직함을 내보이는 것은 내가 지는 것 같다. 결국 당사자들이 그 관계를 만들어내기 위해 얼마나 노력했는지에는 관심도 두지 않은 채 '얻어걸렸네'라는 말로 퉁치고 만다.

참 고약한 심보다. '얻어걸렸네'라고 던지는 말 뒤에는 '어쩌다 운이 좋았네'라는 속마음이 자리한다. '운이 좋았다'는 말은 내가 쓰면 겸손이 되지만, 다른 사람이 쓰면 노력을 깎아내리는 말이 된다. 그런데 운이 좋은 것도 무시 못 할 일이다. '운칠기삼運七技三'이라는 말도 있지 않은가. 운이 좋은 사람을 이기기가 더 힘든 법이다. 그래서일까, 운이 좋은 건 부러움의 대상이기도 하면서 질투의 대상이 된다.

하지만 노력이 받쳐주지 않으면 운도 무용지물이다. 세상에 운만 좋아서 되는 일은 없다. 우리는 운칠기삼에서

'운칠'만 기억한다. 하지만 '기삼'도 있다. 칠(7)이란 운을 완성시키는 건 삼(3)이란 노력이다. 운이 찾아왔는데 그걸 볼 눈도, 그걸 살릴 능력도 없다면 말짱 도루묵이다. 그렇기에 나는 운칠기삼이란 말을 노력하라는 말의 다른 표현이 아닌가 생각한다. 운삼기칠이라고 해보자. 노력을 7할이나 해야 된다고? 생각만 해도 너무 힘들다. 엄두가 나지 않는다. 그런데 노력을 3분의 1쯤 해도 된다면 어떤 마음이 들까? 노력하는 게 너무 어렵지 않게 느껴진다. 따라서 "노력하세요, 그러다 보면 운도 찾아옵니다"가 내가 생각하는 운칠기삼이다.

아프리카TV의 여캠 BJ가 수익을 올리는 방식에 대해 말들이 많다. 대개는 곱지 않은 시선으로 바라본다. 카메라 앞에 편히 앉아 불특정 다수를 상대로 선정적인 옷차림과 말 몇 마디로 쉽게 돈을 벌어들인다며 손가락질한다. 그렇다면 한번 생각해 보자.

- 불특정 다수에게 자동차를 파는 딜러
- 불특정 다수에게 음식을 파는 점주
- 불특정 다수에게 경제 지식 및 주식 정보를 파는 유튜버
- 불특정 다수에게 책을 파는 작가

○ **불특정 다수에게 콘텐츠를 파는 아프리카TV BJ**

 이 다섯 부류의 사람이 대체 뭐가 다른 걸까? 모두 돈벌이, 즉 '수익'을 추구한다는 점에서는 별반 다를 바가 없다. 판매하는 품목과 방식이 다를 뿐 그 행위 자체를 통해 추구하는 목적은 동일하다. 외모와 말솜씨도 하나의 상품으로 기능하는 시대다. 선정적인 옷차림도 어떻게 보면 하나의 콘텐츠에 불과하다. 성인 비디오도 넘쳐나는 세상에서 불특정 다수가 볼 수 있는 정도의 선정성을 문제 삼는 것이 과연 온당할까? 어린 학생들에게 노출되지 않도록 신경 쓰는 일은 분명 필요하겠지만, 아예 성인마저 볼 수 없도록 하는 것은 다른 문제다.

 세상에 수요 없는 공급은 없다. 아프리카TV의 콘텐츠도 시장 논리에 의해 움직인다. 수요와 공급에 의해 시장이 형성돼 BJ들은 자신 있게 카메라 앞에 서고, 시청자들은 콘텐츠에 만족하는 만큼 별풍선을 쏘는 것이다. 대한민국은 자유민주주의 국가이면서 자본주의 사회다. 법의 테두리를 벗어나지 않는 선에서 소비하고 수익 활동을 추구하는 것은 전혀 문제가 되지 않는다.

 우리는 참 남의 일은 쉽게 생각한다. 쉽게 돈을 버는

것처럼 보여도 어디 그게 쉽겠는가. 여캠 BJ들도 예쁘게 보이기 위해 여러 가지로 신경 써야 할 일이 있으며, 시청자들이 채널을 벗어나지 않고 별풍선을 쏘도록 말을 계속 던져야 한다. 누구도 보이지 않는 카메라 앞에서 몇 시간씩 떠드는 일이 쉬워 보이는가? 절대 그렇지 않다. 채팅창이 큰 부분을 차지하는 양방향 방송의 경우 순발력과 센스는 기본이다.

최근 사람들이 가장 많은 관심을 보이는 것은 유튜브다. 실제로 유튜브가 꽤 큰 수익이 나는 사업으로 이어지기도 한다. 유튜버로 활동하면서 유명해지고, 돈도 벌고, 책도 쓰고, 지상파 방송까지 진출한 사람이 얼마나 많은가. 그러니 너도나도 유튜브를 개설하고 시작해 본다. 하지만 그 모든 사람이 오픈 경쟁인 유튜브에서 살아남기란 쉬운 일이 아니다. 말을 잘한다고 해서, 편집을 잘한다고 해서, 콘텐츠가 좋다고 해서 잘되는 것이 아니기 때문이다. 구독자가 꾸준히 늘고 수익을 내기 위해서는 이 모든 것이 한데 어우러져야 한다.

그나마 다행인 것은, 편하게 시작할 수 있는 자유가 있다는 점이다. 아프리카TV든 유튜브든, 누구나 관심이 있다면 편하게, 꾸준히 할 수 있는 것이 장점이다. 심지어 영상으로 일기를 남겨도 된다. 그러다가 사람들의 입소문을 타고 관심을 받으면 그야말로 '얻어걸리는' 경우가 생긴다. 그렇다. '얻어걸리는 것'도 결국은 했기 때문에 가능한 일이다. 속된 말로 입만 산 사람들에게는 얻어걸리는 일조차 생기지 않는다.

모든 BJ가, 모든 유튜버가 양질의 콘텐츠를 올리는 것은 아니다. 모두 수익을 내는 것도 아니다. 잘 버는 사람도 있고 아닌 사람도 있으며, 잘 알려진 사람도 있고 아닌 사람도 있다. 중요한 것은 이들이 꿈을 실행하고 있다는 점이다. 칠의 운을 만나기 위해 삼의 노력을 계속하고 있는 것이다. 나 역시 그 꿈을 실행하며 언젠가 얻어걸릴 심산으로 오늘의 기삼을 태우고 있다.

얻어걸렸다는 것은 절대 흠이 아니다. 지금도 수많은 마케터들이 홍보하며 바랄 것이다. '얻어걸린 거라도 좋으니 우리 상품 많이 팔렸으면….' 지금도 수많은 길거리 공연자들이 노래하며 바랄 것이다. '얻어걸린 거라도 좋으니 우리 노래 많이 들어줬으면….' 가장 좋은 건 가수 소속사에 얻어걸리는 것일 테지만 말이다. 하지만 밖에 나가지 않으면 얻어걸릴 기회조차 없다.

그러니 '얻어걸렸다'라는 말로 타인을 시기 질투하는데 시간 낭비, 에너지 낭비는 하지 말자. 오히려 내가 얻어걸릴 기회를 찾자. 얻어걸린다는 것은 창피한 일도 아니고, 손가락질 받을 일도 아니다. 삶의 노력으로 꾸준히 해보자. SNS 등으로 인해 눈에 띄는 화제가 순식간에 널리 퍼지는 세상이다. 기회는 찾을수록 많다. 다만 안 좋은 일로 구설에 오르는 일은 피해야 한다. 요즘 세상은 잊힐 권리가 없다. 한번 찍히면 영원히 남는다.

열린 마음, 열린 사고, 열린 사람

　서울 용산역에 가면 1984년에 준공된 LS용산타워 건물을 볼 수 있다. 국제그룹 사옥인 국제센터빌딩으로 지어진 이 건물은, 준공 완료 당시 '서울에서 가장 아름다운 건물'로 선정됐을 만큼 모양이 이색적이다. 최근에 지어진 건물들이야 기술의 발달로 인해 실험성이 돋보이는 디자인이 많아 각양각색이지만, 30~40년 전에 지어진 빌딩들은 그렇지 못했다. 그런 상황에서 LS용산타워가 얼마나 돋보였겠는가.

　시간이 흐른 지금도 LS용산타워의 매력은 사그라들지 않았다. 그 특유의 외관은 볼 때마다 시선을 잡아끈다. 보는 각도에 따라 사각형이나 오각형, 또는 육각형처럼 보이기도 한다. 빌딩 전체가 마치 하나의 커다란 계단처럼 보이기도 하고, 블록처럼 보이기도 한다. 이러한 다양성 때문에 지어진 지 40년이 된 지금도 지루하지 않게 느껴지는 건지도 모르겠다.

　한 건물을 보는 관점도 이렇게나 다양할진대 사람을 대하고 바라보는 것은 어떠할까? 안타깝게도 우리는 고정관념에 사로잡히는 때가 많다. 이러한 고정관념은 상대가 가진 다양한 모습과 매력을 제대로 보지 못하게 만든다. 그리고 그 결과는 다름 아닌 나에게 마이너스로 돌아온다.

　잔뜩 기대를 하고 누군가를 만나러 갔는데, 예상과는 다른 모습에 당황한 적이 다들 한두 번쯤은 있을 것이다. 그게 아마 이성과의 소개팅이라면 더욱더 그러했을지 모르겠다. 빨리 이 만남을 마무리하고 자리를 뜨고 싶은 생각만 든다. 그런 생각에 강하게 사로잡힌 나머지 상대가 어떤 이야기를 하는지 귀에 들어오지도 않는다.

　상대라고 그 기색을 눈치채지 못했을까. 뭔가 대단한 이야기를 꺼내려다가도 도로 삼켜버릴지 모른다. 게다가 그게 상대의 시험이라면? 나는 이런 식으로 첫 만남에 상대를 시험하려 드는 것을 매우 싫어하지만, 그렇다고 해서 그 자리를 망쳐버릴 만큼 바보같이 굴지는 않는다.

　인간사 기본만 해도 달라진다. 첫 만남부터 답도 안 나오는 진상이라고 해도 내가 끝까지 예의를 잃지 않는다면 나는 적을 하나 줄인 셈이다. 어디 가서 그 사람 이상하다,

몹쓸 사람이라는 소문은 나지 않을 테니까 말이다. 안타깝게도 이런 적반하장의 경우가 종종 생기기도 한다. 따라서 너무 뻣뻣하게 굴지 말고 유연하게 대처할 필요도 있다. 다시 말하지만, 사람은 그날의 컨디션과 기분에 따라 태도가 달라질 수 있다. 내가 열린 마음으로 대하는 게 우선이다.

어떤 성공의 치트키를 알려주길 기대했는데, 내 생각과는 영 맞지 않거나 별로여서 끝까지 듣지 않거나, 시간 낭비했다는 태도를 보이는 것도 문제다. 그 자체가 퇴보의 시그널이다. 타인의 관점을 존중할 줄 모르면 제아무리 훌륭한 조언과 꿀팁을 들었더라도 아무런 의미가 없다. 그 사람이 왜 그렇게 생각했는지, 왜 그런 조언을 했는지 다시 한번 곱씹어봐야 한다. 그래야 다각적인 관점이 생긴다. 내가 그걸 택하지 않더라도 어떤 문제에서 그걸 고려해 볼 수 있는 검증 단계가 하나 더 생기는 것이다. 내가 어떤 결정을 내리는 데 고려할 것이 두 개에서 세 개, 네 개로 늘어난다는 것은 그만큼 대비를 잘할 수 있고 실수를 줄일 수 있다는 뜻이다. 누군가는 그런 생각을 한다는 정보를 얻었으니 비슷한 상황이 생겼을 때 방비할 대책도 생긴다.

다각적인 사고를 하는 것은 이래서 중요하다. 늘 보던 것에, 늘 하던 것에 익숙해서, 새로운 시각을 갖는 것이 귀찮아서 편협한 사고에 갇혀버리면 뒤처질 수밖에 없다. 멀리 갈 것도 없다. 가까운 직장 생활만 봐도 이런 경우가 심심치 않게 보인다.

두 직원에게 똑같은 일을 시켰는데 평가가 다르게 나왔다. 이 차이는 유연한 사고력을 지녔느냐 아니냐에서 발생한다. 같은 일에 대해서 한 직원은 어떻게 해결할 수 있을까를 생각한다면, 다른 직원은 자신의 책임이 어디까지인지를 계산하고 누군가에게 떠넘길 생각부터 한다. 당연히 차이가 날 수밖에 없다. 게다가 주변 사람들이 그걸 모를까? 당연히 안다. 따라서 엮이고 싶어 하지 않는다. 실력도 조직 내 평판도 떨어질 수밖에 없다. 그리고 이러한 악순환은 계속된다.

나도 팀장이다 보니 이런 부분이 잘 보이고, 전체적인 업무 배분이 잘되도록 교통정리에 매우 신경 쓴다. 그래야만 조직이 잘 굴러가고 일 잘하는 사람이 보상받기 때문이다. 즉 아무도 선뜻 나서지 않는 복잡하거나 어려운 일은 지원자를 찾고, 지원자가 생기면 그 일을 우선적으로 할 수 있는 환경을 만들어준다. 나머지 부수적인 일들은 빼서 다른 직원들에게 나눠준다. 결론적으로 솔선수범해서 일을 맡은 직원은 그 일에만 집중할 수 있게 해줌으로써 실적도 챙기고, 대우도 받을 수 있게 해주는 것이다.

솔선수범해서 지원한 만큼 그 직원은 맡은 일을 해결하기 위해 최선을 다한다. 혼자서 끙끙 앓기보다는 필요한 도움을 요청하고, 여러 각도에서 문제를 분석하고 해결책을 도출한다. 알고 보면 이런 직원은 이미 사내에 도와줄 인맥들을 줄줄이 꿰고 있기도 하다. 그만큼 발이 넓고 사람들과 두루 잘 지낸다는 뜻이다. 누군가 지나가다가 보고서를 보고 이런저런 부분에 대한 지적이나 조언을 건네면, 기분 나빠하지 않고 합당한지 아닌지를 먼저 생각해 본다. 합당하다고 여겨지면 반영하고, 그렇지 않다고 해도 도움을 줘서 고맙다는 인사를 잊지 않는다.

이렇게 준비된 사람은 누군가가 전혀 생각하지 못한 역질문을 던져도 당황해하거나 혼란스러워하지 않는다. 이미 다양한 상황에 대한 시뮬레이션이 되어 있기 때문이다. 모르면 솔직히 모른다고, 생각지도 못한 부분을 짚어줘서 고맙다고 더 고민해 보겠다고 답한다. 이런 사람에겐 누구나 믿고 일을 맡긴다. 필요하면 다른 프로젝트에 차출되기도 한다. 그렇게 그는 여러 사람의 도움을 받고 협업을 이루면서 점점 더 높은 곳으로 올라간다.

미국의 물리학자 레오나르드 믈로디노프가 쓴《유연한 사고의 힘》을 보면, 우리의 뇌에는 인지 여과 장치가 있어 어떤 신경 반응은 강화되고, 어떤 신경 반응은 억제된다고 한다. 주위 환경에 잘 적응한 뇌는 과거의 경험을 통해 현 상황을 해석하고 익숙한 상황에는 빠르게 대응하지만, 새로운 문제를 해결하는 데는 제약을 받는다는 것이다. 즉 유연한 사고력은 자연스럽게 생기는 것이 아니다. 끊임없는 훈련을 통해서 강화되는 것이다. 의도적으로 다양한 관점으로 바라보고 사고의 폭을 넓히려고 노력할 때, 우리는 한 발 더 나아갈 수 있으며, 남이 보지 못한 성공의 기회를 맞이할 수 있다.

5

인적 레버리지를 해치는 것들

성공의 비결은 노력과 준비,
그리고 기회와 만남에 있다
_공자

생각만 하다가는 끝난다

우리는 생각을 많이 하면 할수록 더 좋은 결정을 내릴 수 있다고 믿는다. 그렇지만 우리의 예상과는 달리 생각을 많이 하면 할수록 의외의 선택을 하는 경우도 많다고 한다. 즉 잘못된 결정을 내릴 수도 있는 것이다.

정신분석의 김혜남 박사는 《생각이 너무 많은 어른들을 위한 심리학》에서 정보가 많을수록 정보 자체에 중독돼 잘못된 판단을 내리거나 정보에 질려 일을 시작하기도 전에 포기하게 되는 경우도 있으니, 쓸데없이 많은 정보를 모으는 데 힘을 빼지 말라고 조언한다. 신경과학자 조나 레러는 《뇌는 어떻게 결정하는가》에서 생각이 많아질 경우 '이게 가장 좋은데'와 같은 심리 과정이 제어되어, 진짜 좋아하거나 원하는 것을 선택하는 것이 아니라 선택한 이유를 찾아 스스로를 설득하게 되는 오류에 빠진다고 설명한다. 미국 작가 닉 트렌턴은 《생각 중독》을 통해 생각이 너무 많으면 평상시의 자연스러운 사고 체계에 과부하가 걸리고, 사고 과정이 우리의 통제를 벗어나게 되어 고통을 초래한다고 말한다.

그야말로 생각도 과유불급過猶不及인 것이다. 그런데 우리는 항상 많은 생각으로 우리 스스로를 괴롭힌다. 때로는 그 생각에 갇힌 나머지 불안이 끊이지 않는다. 사람을 만나고 관계를 쌓아가는 일도 예외는 아니다.

'찾아가면 과연 나를 만나주기나 할까?'

'나를 이상하게 생각하면 어떡하지?'

'괜히 바보처럼 보이는 것은 아닐까?'

'내가 실수해서 기분 나쁘게 하면 어쩌지?'

'내가 그 사람을 특별하게 생각하는 만큼 그 사람도 나를 그렇게 생각해 줄까?'

어느 것도 속 시원히 답할 수 없다. 이런 문제는 아무리 생각해도 답이 나오지 않는다. 칼자루를 내가 쥐고 있는 것이 아니라 상대가 쥐고 있기 때문이다. 상대의 마음을 읽는 능력이 있는 것도 아닌데 대체 어떻게 알 수 있겠는가? 상대도 그 순간에 자신이 어떻게 반응할지 확신할 수 없을 것이다. 그런데 우리는 이런 문제에도 답을 내고 싶어 안달한다. 그러다 '답 없음'으로 결론 짓고 체념부터 하고 본다.

나 역시 한때 이런 오류의 순환 속에 빠져서 아무것도

하지 못한 적이 있다. 긍정적인 생각이 들다가도, '다른 반응이 돌아오면 어떡하지?' 하고 한순간 부정적인 생각이 들면, 거기에만 점이 찍혀 다른 생각은 할 수조차 없다. 기분이 롤러코스터를 탄 듯 밑으로 떨어진다. 극심한 피로가 몰려와 '하지 말자'가 되어버린다. 시작도 하기 전에 지쳐 포기한다는 말이 바로 이런 경우다.

단언컨대, 내가 걱정하며 만든 수만 가지 상상이 현실로 나타나서 실제로 나를 고통스럽게 하거나 충격을 준 일은 거의 없었다. 오히려 쓸데없는 정보를 수집하고 과도한 생각에 빠진 나머지, 바보 같은 패턴을 반복해 시간만 낭비하는 경우가 많았다. 덕분에 정신이 더 피폐해지기만 했다. 학자들이 '생각 많음'의 위험성을 경고할 만도 하다.

부정적이고 나쁜 생각이 연쇄적으로 일어나는 경우, 그 생각의 고리를 끊어야 한다. 꼬리에 꼬리를 무는 생각의 행렬을 멈춰야 한다. 어떻게 해야 할까? 많이들 경험해 봤겠지만 쉬운 일이 아니다. 나는 기질적으로도 생각이 많은 편이라 더욱 애를 먹었다. 그만 생각하자, 이만 벗어나자, 마음먹어도 어느새 머릿속은 그 생각으로 되돌아가 있곤 했다. 이를 해결하기 위해 나는 '번호 매기기'란 방식을 고안해냈다.

그래, 충분히 생각하자, 충분히 고민하자 하는 마음으로 1부터 50까지 번호를 쓰고, 떠오르는 생각들을 순서대로 다 적기 시작했다. 이렇게 50개를 실컷 적고 나서 읽어보니, 중복되는 생각과 쓸데없는 걱정이 대부분이었다. 그다음에는 30번까지만 번호를 쓰고 적어보았다. 마찬가지였다. 상당수 내용이 중복되었고, 안 해도 되는 걱정들이 가득했다. 그렇게 20번, 10번으로 번호를 줄여나가며 생각도 줄여나갔다. 가장 마지막에 남은 진짜 나의 생각들(정보, 걱정 등)은 기껏해야 4~5개에 불과했다. 《뇌는 어떻게 결정하는가》에서도 가장 중요시하는 요소 네 가지만 고려해 선택했을 때가 가장 만족도가 높다는 내용이 담겨 있다. 어떤 사항을 결정할 때 고려할 요소들이 생각보다 많지 않다는 사실을 우리는 인식할 필요가 있다.

대표적인 게 건강 정보다. 하루에도 쏟아지는 건강 정보가 꽤 많다. 인터넷에 찾아보면 내게 해당하는 증세가 한두 개가 아니다. "어? 이거 난데? 나 큰일 난 건가?" 병원에 가서 의사한테 이것저것 다 물어본다. 그래서 요즘 의사들이 한탄한다는 소리도 들린다. "인터넷에서 봤는데요…"라는 말로 시작하는 질문들이 너무 많다며, 그럴 거면 인터넷에 물어보지 병원엔 왜 찾아왔느냐고 말이다.

은행에서도 이와 비슷한 일이 종종 벌어진다. "제가 인터넷에서 봤는데요, 제가 이런 경우에 해당하고…." 미리 알아보고 오는 것은 나쁘지 않다. 다만 잘못된 정보도 있는데, 그걸 믿고 은행에 와서 왜 안 되느냐고 따진다. 기업의 대표들은 더한 경우도 많다. 위치가 위치인지라 보고 듣는 게 얼마나 많은지, 정보도 많고, 말도 많으며, 자기 의견도 강하다. 어떤 질문을 해도, 몇 시간을 떠들어도 은행에서는 딱 다음의 네 가지 정보를 바탕으로 대출 여부를 결정한다. 1) 필요 자금, 2) 매출액(영업 이익, 직장인이라면 연봉), 3) 담보 또는 신용, 4) 필요한 날짜. 잠깐 자세히 살펴보자.

1) 필요 자금

보통 대출을 받으러 오는 고객 중에 이런 말을 하는 사람이 있다. "최대한 많이 대출해 주세요." 은행원들이 가장 고달파하는 주문이다. 대출은 그 자금이 쓰일 용도를 바탕으로 한다. 따라서 어디에 얼마를 어떤 용도로 사용할 것인지 계획이 잡혀 있는 사람이라면, 정확히 얼마의 돈이 필요하다고 말하지, 절대로 최대한 많이 해달라고 요청하지 않는다. 계획에 없는 돈을 빌리러 오는 사람에게 대출을 해주고 싶은 은행은 그리 많지 않을 것이다.

2) 매출액(영업 이익, 직장인이라면 연봉)

은행의 수익 구조는 예대마진, 다시 말해 예금 이자와 대출 이자의 차이에서 발생하는 이윤을 바탕으로 한다. 고객이 대출 이자를 제때 내지 못해 은행에 피해를 줄 것 같다면 선뜻 돈을 빌려주지 않을 것이다. 이를 판단하는 근거가 기업(법인)은 재무제표의 매출액과 영업이익이고, 개인(직장인, 개인사업자 등)은 근로소득, 사업소득, 임대소득 등이다.

3) 담보 또는 신용

당연히 신용대출이 될 줄 알고 은행에 상담받으러 왔다가 어렵다고 하면 발끈하는 사람들이 있다. 은행은 '돈을 빌려주고 이자를 받아서' 돈을 버는 구조다. 대출 원금을 돌려받을 수 있는 근거가 되는 담보(부동산, 보증서 등)를 최우선으로 여기는 것은 매우 당연하다. 제아무리 공격적인 영업의 시대라지만, 은행은 기본적으로 리스크를 최소화하고 안전을 지향하도록 설계되어 있다.

4) 필요한 날짜

영업점장 전결로 대출 지원이 가능한 금액이면 상관없

지만, 본부의 승인을 얻어야 하는 경우에는 준비 시간이 필요하므로, 돈(대출 실행)이 언제까지 필요한지 정확한 날짜(일정)를 확인하는 것은 필수다.

이쯤 되면 대충 눈치를 챘을 것이다. 우리가 쓸데없이 생각이 많고 걱정이 많은 것은 결국 부정적인 감정과 잘못된 질문도 한몫한다는 것을. 그렇다면 질문을 바꿔야 한다. '내가 찾아가면 나를 만나줄까?'가 아니라 '나는 왜 그 사람을 만나야 하는가?'가 되어야 한다. 그래야만 내가 만나야 할 당위성이 생기고, 찾아갈 용기를 낼 수 있으며, 결국 실행에 옮길 수 있다.

생각만 하다 끝나도록 자신을 묶어두지 말자. 안 그래도 바쁜 뇌, 쓸데없는 걱정으로 혹사시키지 말자. 그래봤자 지치고 손해 보는 것은 나의 뇌고, 나의 몸이고, 나의 인생이다. 그토록 염원하던 누군가를 만났을 때, 뇌를 풀 가동할 수 있도록 에너지를 아껴라. 생각만 하다가 끝나기엔 우리의 인생은 얼마나 길고 소중한가. 해야 할 일도, 만날 사람도, 이뤄야 할 성공도, 누려야 할 행복도 아직 우리에겐 많이 남아 있다. 당신의 소중한 시간과 에너지를 함부로 낭비해서는 안 된다.

조금만 더 기다려주시면 안 될까요?

대출과 관련된 실용적인 팁을 하나 더 공개한다. 대출을 받으러 은행에 가려면 2월과 8월에 가는 것이 좋다. 은행별로 약간의 차이는 있지만, 대부분 인사이동이 끝나고 새로운 실적 경쟁이 시작되는 달이기 때문이다. 대출(여신), 예금(수신), 외환 등 전 분야에 걸쳐 빼곡히 들어찬 목표 점수를 채우기 위해 다시금 부지런히 달려야 한다.

거래처가 많고 총알이 많은 영업점이야 느긋하겠지만, 승진 대상자가 있거나 거래처 여건이 열악한 곳은 늘 실적에 목마를 수밖에 없다. 돈을 빌려야 하는 상황이라면 이런 영업점을 공략하는 것도 전략적일 수 있다. 그런데 영업점의 일 처리가 더디고 답답하다면? 대출은 받을 수 있는 건지, 제날짜에 대출이 되는 건지 걱정이 몰려온다. 내 상황이 급한데 굳이 기다려야 할까? 다른 영업점을 찾아 떠나가 버린다. 이러면 원 영업점은 낙동강 오리 알 신세가 된다. 귀중한 고객은 물론이고, 앞으로의 좋은 기회까지 몽땅 날려 버리고 만 것이다.

모든 일에는 '타이밍'이 있다. 너무 늦어도 너무 빨라도 안 되지만, 이 타이밍이다 싶을 때는 놓치지 말아야 한다. 제때제때 하는 것, 속도감 있는 일 처리가 중요한 것은 이 때문이다.

경기도에서 자가 공장을 돌리는 제조업 대표 L이 있었다. L의 회사는 대출 잔액만 100억대에 육박했는데, 전액 담보가 있는 대출로 채권보전에도 큰 문제가 없을 정도로 탄탄했다. 매출액도 좋고, 은행에 대한 기여도 등 모든 게 양호했다. 문제는 대출 금리였다. 기준 금리가 한창 올랐을 때 대출을 많이 받아 대출 이자가 만만치 않았다. 그렇다 보니 대출 금리를 낮춰줄 수 있는 은행을 찾아 갈아타야 했다. 내 입장에서는 다른 은행에 보내기가 너무 아까웠지만, L의 입장에서는 반드시 옮겨야 하는 상황이었다. 물론 좋은 은행이 나타나야 가능한 일이었다.

나는 고심 끝에 지인의 소개를 받아 지점장으로 승진하기 위한 실적이 필요한 다른 은행 지점의 J팀장을 연결해주었다. L이 운영하는 회사의 대출뿐만 아니라 예금까지 몽땅 가져가는 조건으로, J팀장은 6개월치의 실적을 한 방에 올리게 된 상황이었다. 이만하면 지점장으로 승진하는 데 무리도 없을 터. L도 대환 결정에 동의한 상황이라 J팀장은 작업에 돌입했다. 그런데 예상치 못한 복병이 나타났으니, 바로 J팀장의 진행 속도였다.

1주가 지나고, 2주가 지났다. 3주가 지나도록 L의 대환 작업이 어떻게 되고 있는지 소식이 없었다. 답답한 나머지, 내가 먼저 세 차례 연락을 취해 진행 과정을 물었다. 나 역시 지인의 소개를 받은 터라 직접적으로 독촉하는 것에는 한계가 있었다. 듣고 보니 3주 내내 휴대폰만 붙들고 있는 모양이었다. 한시라도 빨리 은행 옮기기를 희망하는 L을 생각할 때, 요샛말로 내가 다 고구마 백 개, 아니 천 개를 먹은 기분이었다.

지점장으로 승진하기 위해서 실적이 필요한 상황이면 일이 되게 만드는 게 우선이다. 전화만 붙들지 말고, 직접 찾아가서 얼굴도 보고, 공장도 파악하고, 대우하고 대접하는 분위기를 만들어 L을 내 사람으로 만들어야 한다. 여차 싶으면 여신약정서를 들고 가서 자필 서명부터 받고 볼 일이다. 더디다 못해 답답한 J팀장의 일 처리 과정을 보니 뭔가 싸한 기분이 들었다.

아니나 다를까, 한 달이 넘어갈 무렵 L로부터 연락이 왔다. 다른 은행에서 매우 좋은 조건을 제시한 것도 모자라,

추가 대출 요청 자금 6억 원을 바로 진행해 주기로 했다는 것이었다. 실제로 단 일주일 만에 모든 일이 일사천리로 진행되었다. 결국 L은 J팀장의 영업점이 아닌 다른 은행 지점으로 옮겨갔다. J팀장은 우량 고객을 뺏긴 것은 물론이고, 예상되었던 6개월치의 실적마저 놓치고 말았다.

    J팀장은 추후에 신용평가부터 시간이 걸릴 수밖에 없었다고 항변했지만, 그거야 J팀장의 입장일 뿐 L의 입장에서는 전혀 고려 사항이 아니었다. 시간이 걸린다고 미적댔던 것도 J팀장이 아니었던가. 자기 실적이 걸린 상황에서 그렇게 전화만 몇 번 하고 3주라는 시간을 흘려보낸다? 은행의 상식뿐만 아니라 보통의 상식으로도 이해할 수 없는 일이다. 시간이 좀 걸리고 있지만 어떻게든 빨리 끝내보겠다고 찾아가고 매달리고 했다면, 그 정성을 보아서라도 L이 시간을 좀 더 줄 수 있었을지 모른다. 하지만 J팀장은 아무것도 하지 않았다. 결국 J팀장의 패착이다. 앞서 말했듯 여신약정서라도 미리 받아둬 경쟁자가 치고 들어올 틈을 주지 말았어야 했다.

    기다리는 걸 좋아하는 사람은 없다. 맛집이라면 땡볕에도 칼바람에도 줄을 서기도 하지만, 막상 자리를 안내받고 주문을 늦게 받으러 오면, 음식이 늦게 나오면, 계산이 늦으면 기분이 또 상한다. 그에 대한 사과와 설명을 정중히 하면 또 쉽게 풀어지고. 사람 마음이 이렇게나 간사하다. 식당에서도 이럴진대 이보다 더 중요한 일이 걸렸다면 어떻겠는가?

나의 생계와 나의 경력이 걸린 문제라면 누구보다 기민하게 굴어야 한다. 상대가 원하는 것을 우선적으로 해결해 주어야 한다. 안 될 것 같으면, 시간이 걸릴 것 같으면, 솔직히 말해주는 것이 오히려 낫다. 그래야 나도 상대도 시간 낭비를 하지 않을 수 있다. 우리의 인생은 유한하고, 결정하고 실행해야 할 일들은 널려 있다. 서로 시간을 아껴주는 것이 최우선이다.

중요한 일이라면, 중요한 상대라면, 미뤄둬서는 안 된다. 오래 걸리도록, 오래 기다리도록 두어서는 안 된다. 빨리 문제점을 파악하고 해결해야 한다. 내 선에서 정리하기가 어렵다면 주변 사람의 도움을 받아서라도 처리해야 한다. 그래도 정 안 될 경우에는 사정을 솔직하게 털어놓고 물러나면 된다. 이렇게라도 하는 것이 그나마 후일을 기약할 수 있다. "이번 일은 잘 안 됐지만, 그 사람 참 노력하긴 했어. 나중에 또 보면 되지." 볼 일이 없으면 지인 소개라도 들어올지 모른다.

인생은 타이밍이다. 당신의 커리어를, 당신의 인생을

더욱 알차게, 더욱 성공적으로 만들어줄 사람과 기회가 눈앞에 있는데, 그걸 굳이 뒤로 미뤄두어야 할까? 미루는 순간, 그 사람과 그 기회는 더 이상 내 것이 아니다. 어어 하는 순간에 다른 사람이, 다른 곳에서 채간다. '우선순위'란 말이 괜히 있는 게 아니다. 가장 중요한 일, 가장 큰 일, 가장 우선적인 일에 집중해야 한다.

'시간이 없다.' 많은 사람이 늘 대는 핑계다. 그런데 정말 시간이 없을까? 전쟁통에도 연애하고 결혼하고 애를 낳는다는 말이 있다. 결국 시간이나 상황이 문제가 아니라는 뜻이다. 정말 눈코 뜰새 없이 바쁠 수도 있다. 하지만 1년 365일 매일 바쁜 것은 아니다. 그리고 바쁜 와중에도 정말 좋아하는 것이라면 시간을 내서라도 하는 것이 사람 마음이다.

정말 사랑하는 사람인데, 시간이 없다고 만나러 가는 것을 안 하겠는가? 그렇다면 그건 그냥 마음이 식은 것이다. 시간을 핑계로 이별을 고하는 수순을 밟는 것이다. 회사 일이 바쁘다는 이유로 사랑하는 가족을 소홀히 대하는 경우도 심심치 않게 있다. 아마 가족이니 나를 이해해 주리라는 믿음이 있기 때문일 것이다. 그런데 가장 소중하고 가장 사랑하는 가족은 상처를 입는다. 가장 소중하다면서, 가장 사랑한다면서 왜 이렇게 대하지?

속된 말로 재수 없으면 길 가다 돌 맞아 죽을 수도 있는 게 사람 목숨이다. 아끼고 미루다가는 외려 해보지도 못하고 인생의 끝을 맞이할 수 있다. 다음 주에 해야지, 다음 달에 해야지, 내년에 해야지. 그 다음 주가, 그 다음 달이, 그 내년이 안 올 수도 있다. 그러니 미루지 말고 틈나는 대로 해라. 일상의 틈새를 활용하는 것도 매우 효과적인 방법이다.

해야 할 일이 있다면 지금 해라. 만나야 할 사람이 있다면 지금 만나라. 함께 시간을 보내야 할 사람이 있다면 지금 보내라. 우리의 인생은 '지금'이라는 점 위에서 이뤄진다. 그 점이 연결되어야 과거, 현재, 미래가 이어진다. 이미 지나간 과거는 어쩔 수 없다고 해도, 이제부터라도 그 지금을 다시 잘 쌓아간다면, 과거조차도 달라질 것이다. 미래는 말할 것도 없다.

당신이 뭔데 나한테 이래?

간혹 서운한 마음도 든다. 용기 내 찾아갔더니 만나주지 않는다. 나는 상대가 필요한 만큼 해줬는데 상대는 딱히 그런 것 같지도 않다. 내가 잘못한 일이 있어 사과를 했는데도 받아주지 않는다. 나는 도와줬는데 상대는 도와주지 않는다. 그래, 사람인 이상 서운한 마음이 드는 것은 이해할 수 있다. 하지만 서운한 데서 끝이 나야 한다.

"네가 뭔데 나를 안 만나줘?"
"내가 해준 만큼 너도 해줘야 할 거 아니야?"
"아니, 사과를 했으면 받아줘야지."
"뭐야, 기껏 도와줬더니 입 싹 닦아?"

서운함을 넘어서서 원망하고 화가 나는 마음이 드는 것은 경계해야 한다. 내가 어떻게 했는데, 우리 사이가 어떤데 하는 식으로 '무조건' 받아내야겠다는 생각은 버려야 한다. 어째서일까? 상대의 마음은 상대의 것이고 우리가 어떻게 할 수 없는 문제기 때문이다.

우리는 자꾸 바꿀 수 있는 것보다 바꿀 수 없는 것에 집착하는 경향이 있다. 아무래도 '나' 그리고 '나의 마음', '나의 입장'이 우선시되어서 그럴 것이다. 그런데 상대도 똑같다. 상대도 자신, 자신의 마음, 자신의 입장, 자신의 생각이 우선이다. 결국 사람과 사람의 만남은 자아와 자아가 만나는 것과도 같다. 따라서 다른 사람과 잘 지내고 오래가는 인연을 만들고 싶다면, 내 마음은 내 것, 상대의 마음은 상대의 것이라고 받아들이고 인정하는 태도가 필요하다.

언제부터인가 '자존감'이 중요해지면서 '자신을 소중히 여겨야 한다'는 것이 중요 명제가 되어버렸다. 무례와 갑질, 희생을 강요하는 사회에 맞서 자신의 가치를 되찾고자 한 것이다. 전통적으로 우리는 '나'보다는 '우리'를 중요시하고, 다수를 위해 소수가 희생하는 것을 당연시한 면도 없잖아 있었다. 그런 만큼 자기 자신을 인식하고 자아를 찾는 일은 매우 중요하다. 우리 삶에 있어서 반드시 필요한 과정이다.

하지만 도를 넘어선 자아 찾기는 본연의 의미를 상실해, 과도한 나르시시즘과 자기중심적 사고를 낳는 결과로 이어지기도 했다. 자존감은 '자아존중감'의 준말이다. 그런데 나를 존중한다는 것이 나만 존중해야 된다는 뜻일까? 타인을 무시해도 된다는 말일까? 아니다. 나도, 타인도, 그리고 우리가 서로 존중해야 한다. 진정한 자존감은 바로 거기서 비롯된다.

이 자존감이 '겸손'이란 개념과 맞닿아 있음을 일깨워 준 사람이 있다. 미국의 심리학자 대릴 반 통게렌은 《겸손의 힘》을 통해 겸손이 우리의 성장과 성공을 돕는다며, 겸손을 다음과 같이 세 가지 특성으로 분석했다. 자신을 아는 것(자기 평가), 자신을 점검하는 것(자아 통제 능력), 자신을 넘어서서 생각하는 것(다른 사람을 향한 관심). 이 세 가지 특성을 가만히 살펴보면 재미있는 게 보인다.

먼저 이 세 가지 특성은 다른 사람을 대할 때의 마음 변화를 보여주는 것 같다. 다만 순서는 소개된 것과는 반대다. 다른 사람에게 관심을 가지고 찾아갔다(관심). 다행히 반겨주면 좋으련만 곤란해하면서 난색을 표한다. 이때 나는 어떻게 반응할까? 당신이 그렇게 잘났느냐며 화를 낼 것인가, 아니면 다음을 기약하며 일단 조용히 물러날 것인가(자기 통제). 돌아와서는 참지 못한 자신을 책망하며 반성할 수도 있고, 다음을 기약한 자신의 태도를 칭찬할 수도 있다(자기 평가). 그렇다면 겸손이란 우리가 익히 알고 있는 '나를 낮추는 자세'를 넘어서 자신의 강·약점과 타인의 마음을 잘 이해하고 조율하는 것에 가깝다고 볼 수 있다.

이를 바탕으로 생각해 볼 때, 겸손하지 않은 사람은 타인의 조언을 자신에 대한 지적으로 듣고, 타인의 가르침을 자신에 대한 평가로 들을지도 모르겠다. 아무리 좋은 이야기를 들어도 소화시키지를 못하는 것이다. 받아들일 그릇이 되지 못하니 그저 기분만 상한다. 이러면 득보다 실이 더 많아진다. 어떤가? 이렇게 보면 자존감과 일맥상통하는 부분이 확실히 있지 않은가? '겸손하지 않은 사람' 자리에 '자존감이 약한 사람'을 넣어봐도 위화감이 없을 것이다.

모두가 나라는 사람을 알아야 하고, 존중해야 한다고 고집을 부리고, 나를 중심으로 세상 일을 이끌려고 한다면 결코 좋은 평가를 받을 수 없다. 이런 사람에게서는 좋은 에너지도 뿜어나오지 않는다. 좋은 에너지가 뿜어나오지 않는데, 다른 사람과 좋은 시너지 효과를 낼 수 있을까? 언감생심이다. 따라서 자기 자신을 되돌아보고 정확한 자기 평가를 내려야 한다. 이를 토대로 상대를 제대로 이해하는 것이 중요하다. 그래야 내가 필요한 사람을 얻고, 더 많은 사람을 내게 둘 수 있다. 그렇게 인적 레버리지가 커지는 것이다.

겸손한 태도로 상대의 마음은 상대의 것임을 인정하자. 그러면 원하는 대로 일이 풀리지 않아도 상처를 덜 받게 될 것이다. 오히려 "다음엔 이렇게 해봐야지" 하고 도전의식을 더 불태우게 될지도 모른다. 더 많은 사람을 찾아갈 용기를 얻고, 더 많은 사람과 좋은 관계를 쌓게 되며, 평생 함께할 동반자를 만나게 될 것이다. 그 마음가짐과 사람까지 모든 것이 당신의 자산이 되고, 좋은 경험이 선순환을 불러와 당신의 우량 자산은 더욱 불어나게 될 것이다.

내가 만나본 대부분의 성공한 자산가들, 기업체 대표들 또한 겸손하고 감사할 줄 아는 마음을 가지고 있었다. 도움받은 것 이상으로 돌려주고 싶어 하며, 누군가를 돕는 일에 마음이 열려 있었다. 그렇지 않았다면 나는 결코 이 책을 쓰지 못했을 것이다. 누구에게나 올챙이 시절이 있다. 성공한 사람들도 다를 바 없다. 오히려 올챙이 시절을 더 기억하고 자신을 채찍질한다.

겸손할 줄도 모르고, 감사할 줄도 모르는 사람이라면 오히려 이쪽에서 걸러라. 혼자서 성공한 줄 알고, 자아가 비대한 사람은 외려 주변에 있는 사람을 이용할 가능성이 높다. 원하는 게 있으니 자기에게 다가오는 것이라며, 원하는 대로 해준다는 핑계로 이것저것 빼먹는다. 그러면서 세상은 원래 이런 것이라며, 이렇게 배워야 다시는 쉽게 사람에게 기대하지 않는다며 이상한 훈계질을 한다. 더 나아가 자기는 그래도 되는 특권을 가졌다고 생각한다. 따라서 갑질을 그렇게나 해대며 사람의 진을 뺀다.

겸손의 미덕을 아는 사람이 되어라. 겸손의 미덕을 아는 사람을 가서 만나라. 진정으로 자존감이 높은 사람이 되어라. 진정으로 자존감이 높은 사람을 만나라. 서로에 대한 존중은 우리의 삶을 더욱 풍요롭게 만든다. 곳간에서 인심 난다고, 이러한 삶의 여유가 우리를 더욱 너그럽게 만들고, 나눌 줄 아는 사람으로 만든다.

아, 그럼요, 믿습니다!

　세상의 모든 사람을 믿을 수 있다면 얼마나 좋을까? 안타깝게도 세상엔 좋은 사람만 있는 것이 아니다. 다행히 우리는 좋은 사람과 나쁜 사람을 구분할 줄 알고, 나쁜 사람과는 엮이지 않으려 한다. 다만 겉으로 보이는 게 전부는 아니다. 세상에는 얼마나 교묘한 사기꾼이 많은가. 이런 사람들은 좋은 사람의 얼굴을 하고 있다. 좋은 사람이란 가면을 쓰고 약삭빠르게 행동한다. 자기 잇속을 챙기고, 타인을 몰래 조종하며, 다른 사람이 가진 것을 빼앗고 마음을 무너뜨린다.

　이러한 본모습을 알 수 있다면 얼마나 좋을까? 하지만 우리는 아무것도 모르고 겉모습에 속아 그 사람을 추종한다. 때로는 이성적인 판단을 하지 못하고, 옳고 그름을 가리지 못한다. 유명 인사가 하는 말은 모두 다 옳으니 거리낌 없이 시키는 대로 한다. 여기 오면 큰돈을 벌 수 있다는 친구의 말에 피라미드 회사에 덜컥 들어간다. 우리 가수의 말이 다 옳으니 술을 마셨어도 음주 운전은 하지 않은 것이다. 더 충격적인 것은, 배울 만큼 배운 고학력자들과 인생을 살 만큼 살아서 지혜로울 것으로 여겨지는 어르신들조차 이런 맹목적 추종에 빠져든다는 것이다.

여기, 사회적 신망이 두터운 사람이 있다. 재산도 있고, 명예도 있으며, 각계각층에 아는 사람도 매우 많다. 누가 봐도 재능 있고, 실력 있고, 사람 좋다. 인정할 수밖에 없다. 어찌나 말을 잘하는지 그가 하는 말은 다 진실인 것처럼 들린다. 주변에 난다 긴다 하는 사람들이 왔다 갔다 하고, 그를 영웅처럼 호위하는 무리까지 가세하면 미약하게 남아 있던 경계심마저 무너진다. 더욱이 평소 그렇게 존경하고 흠모하던 사람이다. 그러면 더 이상 볼 것도 없다. "당신 말이 다 맞습니다. 그저 믿을게요." 어느새 정신을 차려보면 그 많은 재산도, 곁에 남아 있는 친구도 하나 없다. 정신을 차리면 그나마 다행이다. 잘못된 줄도 모르고 너무 깊이 빠진 나머지 재산뿐만 아니라 건강마저 잃는다.

사람의 외로운 마음을 공략하는 방법도 있다. 노인을 상대로 하는 카드 깡이 대표적이다. 젊은 사람은 별로 없고 노인들만 많이 사는 곳을 골라 노래잔치 등을 벌인다. 집안

일도 도와주고 먹을 것도 갖다 주고, 돌아가신 우리 부모님 닮았다며 살갑게 군다. 그 말에 노인들은 사기꾼이 자식 같은 생각이 들어 가져온 물건을 비싼 값에 사준다. 얼마 가지 못해 고장이 나는 싸구려 물건인지 알지도 못한 채 말이다.

터무니없는 가격을 제시하며 물건을 사라고 하든지, 불우이웃 돕기를 가장한 고액의 기부금을 강요한다든지, 성공하게 해주겠다며 말도 안 되는 과도한 진행비를 요구한다든지 하면, 미련 없이 그 자리를 박차고 나가야 한다. 진정으로 다른 사람의 성공을 도와주고자 하는 사람이라면, 이런 식의 인적 레버리지를 도모하지 않는다. 아니, 이건 인적 레버리지라고 볼 수조차 없다. 세간의 평가대로 사기, 모략이라고 해야 한다.

성공하고 싶은 마음은 누구에게나 간절하다. 문제는 이런 간절한 마음을 이용하려는 악질의 빌런들이 도처에 깔려 있다는 점이다. 부동산 강의, 재테크 강의 등의 탈을 쓴 경우도 있다. 나 역시 비슷한 일을 겪어본 적이 있다.

이 책을 보는 독자들이라면 이제 다들 알다시피 나는 작가가 되고 싶었다. 그것도 베스트셀러 작가가. 그렇다면 어떻게 해야 베스트셀러 작가가 될 수 있을까? 일단 베스트셀러 작가를 만나보자 싶었다. 수소문 끝에 어떤 작가의 강연이 있다는 이야기를 듣게 되었다. 나는 강연이 열린다고 하는 강남의 어느 사무실로 찾아갔다. 그날은 비가 왔었다. 나와 비슷한 꿈을 가진 사람들이 나처럼 빗속을 뚫고 와 삼삼오오 모여 있었다.

그런데 참 이상했다. 책 쓰기 강연이라고 듣고 왔는데, 강사는 책 쓰기에 관한 이야기는커녕 자기 차가 벤츠라며 무기처럼 생긴 차 키를 보여주고, 한쪽에 쌓아둔 책더미를 베스트셀러라고 소개했다(처음 보는 책이었다). 어쩌라는 걸까. 이제 그만 책을 쓰고 작가가 되는 법에 대해 알려줬으면 좋겠는데. 그런데 대뜸 수강료가 1500만 원이라고 한다. 특별히 세일해서 1000만 원에 해주겠다며, 어차피 여기 모인 사람들은 다 베스트셀러 작가가 될 것이니 비싼 값은 아니라는 말도 안 되는 궤변을 늘어놓았다. 일단 책을 내고 작가란 타이틀이 붙으면 여기저기서 강의 요청이 들어오니, 강의료만 받아도 1000만 원은 뽑고도 남는다는 논리였다. 아, 이래서 차 키와 책더미를 먼저 보여준 것이로구나.

참다못해 나는 질문을 던졌다. "베스트셀러가 되려면 몇 부가 팔려야 하나요? 그만큼 책이 팔린다는 보장을 어떻게 할 수 있습니까?"

그의 대답이 압권이었다. "여기 모인 사람들이 한 권씩 사주시면 됩니다. 여러분도 그렇게 하시면 돼요. 강의하시면서 강의 들으러 오는 사람들에게 판매하시면 돼요. 여기 모인 분들끼리도 서로 한 권씩 사주시고요." 즉 강의 들으러 오는 사람들에게, 혹은 지인에게 강매하는 것과 다름없었다. 그런 논리로 작은 출판사에 영향력을 행사해 수강생들의 출간 계약을 맺어주는 모양이었다.

진짜로 1500만 원을 내는 사람이 있는지 모르겠지만, 아마도 있으니 계속 강의가 이루어졌을 터. 대략적으로 계산해 봤더니 100명에게만 1500만 원씩을 받아도 15억 원을 챙기는 셈이었다. 심지어 현금으로 결제하면 500만 원을 깎아주겠다고 했고. 실제로 거기 모인 사람들 중 몇몇이 당장 돈을 낼 기세였다. 그 분위기에 휩쓸렸다면 나 역시 그랬을지도 모른다. 하지만 당시에 나는 현금으로 1000만 원을 가지고 있지도 않았고, 그렇게 하기에는 나는 세속적 계산에 능한 은행원이었다. 은행원의 셈법으로는 전혀 이해가 가지 않았다.

수강생 100명이 한 권씩 구매해 준들 100권이다. 지인까지 동원했다고 치자. 아는 지인이 많아 한 100명이 사줬다고 한들 그래봤자 200권이다. 그런데 베스트셀러가 될 수 있다고? 한마디로 다른 사람을 희망 고문하면서 본인이 돈을 버는 구조였다. 그의 수완이 좋았는지, 사람들의 욕망이 그토록 강했는지는 알 수 없지만, 그 강사의 SNS를 엿본 결과, 15억 원 이상을 벌어들인 것처럼 보였다.

다만 그 카르텔에 결국 문제가 생겼는지 내분으로 서로 고소 고발하는 사태가 벌어지고 진흙탕 싸움이 된 모양이다(훗날 기사로도 나왔다). 그 강사에 대한 의혹을 다룬 유튜브 영상도 돌아다녔다. 그러나 여전히 그 강사는 잘 먹고 잘살고 있다. 그 사람의 강의를 듣고 책을 낸 사람 중에 정말 우리가 알 만한 베스트셀러 작가가 나왔는지 어쨌는지는 확인할 길이 없다. 다만 책 쓰기 수업은 명분이고, 책 출간을 꿈꾸는 사람들을 유인해, 적당히 글을 윤문 및 편집하여 자비출판을 시키는 형태라는 것을 나중에 알게 되었다. 출판사 대표는 그 강사의 배우자였다.

이런 일을 겪다 보면 사람에 대한 불신이 생기는 것도 당연하다. 하지만 이런 일을 당했다고 해서 움츠러들고 사람 만나는 일을 피해서는 안 된다. 내 잘못이 아니다. 잘못한 것은, 나쁜 것은 그 사람이다. 왜 그런 사람 때문에 정작 내가 성공의 기회를 놓쳐야 하는가? 이런 위험에 빠지지 않도록 검증 레이더망을 세우고 가동하는 법을 익히면 된다.

가장 직접적이고 확실한 것은 객관적이고 날카로운 질문을 던져보는 것이다. 내가 알고 싶은 부분에 대해서 정확히 묻는 것이다. 질문한 당사자는 안다. 내 질문에 대한 저

답변이 충분히 되었는지, 아닌지. 면접을 보다 보면 질문에 엉뚱한 대답을 하는 지원자가 있다. 상대의 질문보다는 자기가 준비해 온 답이 중요하기 때문이다. 그래서 어떻게든 꿰어 맞추려고 한다. 그러다 보니 동문서답이 되어버린다. 준비를 잘 해오지 않은 것이다. 제대로 된 답변을 하지 못하는 사람은 자기 할 말만 준비해 온 탓에 상대의 질문 의도를 정확히 파악하지 못한다.

물론 현란한 말재주로 넘어가는 사람도 있고, 그래서 내가 원한 답이 맞나 아닌가 아리송할 때도 있다. 하지만 그 아리송함이, 얼떨떨함이 기준이 되어주기도 한다. 내가 원하는 답이 아니라고 생각될 경우는 미련을 버려라. 혹시라도 내가 답을 잘못 들은 게 아닌가 애매한 생각이 든다면, 들은 답변을 토대로 또 다른 질문을 해보자. 꼬리에 꼬리를 무는 질문을 통해 앞뒤 말이 맞는지 확인해 보는 것이다. 분명 함정에 걸리는 순간이 온다.

대놓고 과도한 금전적 요구를 하는 것은 일단 의심부터 하고 봐야 한다. 한 번 더 생각해 보고 다시 오겠다며 자리를 피해라. 물론 다음 기회는 없다며, 오늘 해야 하는 이유에 대해서 줄줄이 설득이 들어올 것이다. 급한 건 그들이기 때문이다. 당신이 아니다. 혼란하게 현혹하는 유혹의 장에서 벗어나 조용한 집으로 돌아와서 곰곰이 다시 생각해 보고, 주변 사람들에게 상황에 대해 설명한 후 조언을 구해라. 백이면 백, 좋은 말이 돌아오지 않을 것이다.

가장 큰 문제는 가족이나 친구가 권할 경우다. 특히 어디 땅, 어느 주식이 좋다고 권하는 말에 가족이니까, 친구니까 의심하지 않고 철석같이 믿는다. 사실 가족이나 친구 등은 좋은 걸 같이하자는 마음에서 권할 때가 많다. 문제는 이들이 가진 정보가 잘못되었을 때다. 인터넷 커뮤니티를 봐라. 큰아버지가 권해서, 친한 친구가 좋다고 해서, 엄마가 하자고 해서 했다가 피 본 케이스가 무수히 올라와 있다. 이럴 때는 차라리 인터넷 검색이라도 해보자. 인터넷에 정말 믿고 쓸 만한 정보가 있는 것은 아니지만, 최소한 검색을 많이 하고 최대한 많은 의견을 보다 보면, 교차 검증을 할 수 있는 단서만큼은 발견할 수 있게 될 것이다.

살다 보면 우리는 믿음과 의심 사이에서 외줄 타기를 하는 때가 종종 생긴다. 누군가를 근거 없이 맹목적으로 의심하는 것은 잘못이다. 하지만 무조건적인 믿음과 추종은 더 위험하다. 군중에 섞여 있으면 '몰이'에 짓눌려 원치 않는 동조를 하게 되는 경우도 있기는 하다. 그렇다 해도 이는 되돌릴 수 없는 결과를 가져올 수 있다. 되돌리려면 너무 많은 정신적·경제적 보상, 어쩌면 신체적 보상까지 치러야 할지도 모른다. 그렇다면 일단 멈추고, 이성적으로 잘 생각하고 다각적으로 검증해야 한다. 그 피해와 고통이 오로지 나에게만 돌아오지 않기 때문이다. 나 혼자만이 고통스러운 것도 문제지만, 때로는 가장 사랑하는 사람, 가장 아끼는 사람에게까지 피해를 줄 수 있다.

만난 지 얼마 되지도 않아서 "우리가 남인가!", "그냥 형이라고 불러" 하고 당장이라도 간이나 쓸개라도 빼줄 듯 구는 사람이 있다면 일단 의심부터 하고 봐라. 그 의심이 합리적인지 아닌지 확인해 봐라. 진짜 성공한 사람들은 말과 행동이 그렇게 가볍지 않다.

진짜 성공한 사람들은 허황된 말에 넘어가지 않는다. 함부로 곁을 내어주지도 않고, 함부로 사람을 믿지도 않는다. 계산적이라는 말이 아니다. 최소한 믿을 만한 사람인지 아닌지 보고 판단하는 시간을 갖는다는 뜻이다. 그렇기에 그들 주변에는 믿을 만한 사람만 있다. 그리고 그것이 더 큰 성공으로 이어진다. 적어도 내가 본 바에 의하면 그렇다.

조바심이라는 덫에 걸리면

　유명 연예인들이 많이 산다는 용산구 한남동에 자가 주택을 가진 금수저 대표를 만나러 가는 기분이란 참 묘하고도 조심스럽다. 영업점 VVIP 고객 중 Y업체의 대표 C가 가계대출 10억 원을 요청했고, 그 때문에 여신약정서에 자필 서명을 받기 위해 그의 회사로 찾아가는 길이었다. 나로서는 초면이었다. 처음 만나러 가는 경우, 방문하기 전에 고객의 이력과 주의사항을 잘 살피고 이슈가 없는지 정리해야 한다. C는 나보다 한 살 어렸다. 같이 늙어가는 처지지만 그와 나의 위치는 상당히 달랐다.

　으리으리한 회사의 간판 뒤로 파란 이온 등이 옅게 내비쳤다. 넓고 쾌적한 접견실로 안내받아 들어갔는데, 그 공간이 뿜어내는 아우라가 대단했다. 한쪽에는 C의 골프 우승 사진과 그의 모습이 나온 포브스 표지가 자리하고 있었다. 중간중간 낯익은 셀러브리티들과 찍은 사진들도 보였다. 그렇게 기다리고 있는데, 일전에 식사를 같이한 적 있는 Y업체의 상무 M의 목소리가 들렸다. M은 장수를 연상시키는 목소리와 체격의 소유자였다. 밖을 살펴보니 그런 M보다 한 뼘은 더 커보이는 남자가 통화를 하며 뒤따라오고 있었다. 통화하는 음성의 울림이 굵고 명확했다. 지점장이 접견실 문 앞까지 가서 두 사람에게 정중히 인사를 했다. 드디어 C, 그를 만났다.

악수를 나눈 뒤 명함을 건넸다. 잘생겼다. 가까이에서 보니 키가 큰 게 확실히 느껴진다. 나도 작은 키가 아닌데 올려다보게 된다. 그냥 봐도 185센티미터는 확실히 넘었다. 거기에 목소리까지 좋다니. 요샛말로 사기캐(사기 캐릭터)였다. 금수저로 태어났는데 외모에 능력까지 갖췄다. 아버지의 회사를 물려받아 몇 배로 성장시키기까지 한 것이다. 보통 경영 2세들은 1세대의 벽을 넘지 못하고 헤매거나 실망스러운 경영 행보를 보이는 경우가 많은데, C는 달랐다. 중소업체였던 Y를 중견기업으로 점프하게 만들었다. 게다가 큰돈 들이지 않고 새롭게 만든 자회사까지 잘나가는 중이었다. 눈빛을 보니 영민하면서도 우직함이 보였다.

마음이 복잡했다. 한 살 차이인 누구는 이렇게 잘나가는데, 나는⋯. 하지만 이런 생각도 한순간이었다. 본격적으로 대화를 나누기 시작하면서 나는 강렬한 욕구를 느꼈다.

'이 사람처럼 되고 싶다!'

하지만 쉬운 일이 아니었다. 그는 태생부터 달랐다. 게다가 여기까지 오는 데 걸린 시간을 생각하면…. 나는 대체 어디서, 무엇부터, 어떻게 시작해야 한단 말인가. C에 비하면 가진 게 없는 나는 얼마나 시간이 걸릴지도 알 수 없었다. 순간 나는 내가 거기에 온 목적을 잃고 흔들렸다. C의 모습에 압도되어 그처럼 되고 싶다는 생각에 사로잡혀 다른 데 신경 쓸 마음의 여유를 잃고 만 것이다.

그때, 내가 가장 좋아하는 작가 알랭 드 보통이 쓴 《불안》의 한 구절이 떠올랐다. 우리가 동등하다고 여기는 사람들이 우리보다 나은 모습을 보일 때 받는 그 느낌이 불안의 원천이라고 하던 그 문장. 그래, 나는 아마도 불안했던 모양이다.

사실 그러한 불안을 느끼게 하는 자리는 평소에도 많다. 아마도 다들 한 번씩은 경험해 봤을 것이다. 동창회를 나갔을 때, 처음 몇 분간은 열심히 같이 추억도 공유하고, 자기 사는 이야기도 나누다가, 결국 너는 요새 어떠냐로 이어지는 일종의 잘난 척 경연대회 말이다. 승진을 했고, 연봉이 올랐고, 아파트 사둔 게 올라서 팔았고, 주식으로 돈 좀 만졌고, 어디에 투자를 했다는 등 자기 자랑에 여념이 없다.

그렇게 동창들 사이에서도 계층이 나뉘고, 그걸 보는 마음은 복잡하다.

'저 자식, 학교 다닐 때는 나보다 공부 못했는데….'
'쥐뿔도 없었으면서 결혼 잘해서 팔자 폈네.'
'만날 나한테 아쉬운 소리만 하더니 언제 저리 됐대?'
은근한 시기와 질투 사이로 자책감이 치솟는다.
'나는 뭐야? 대체 그동안 뭐 하고 산 거지?'

어릴 땐 아무것도 모르고 친하게 지냈지만 대학에 들어가면서, 입사를 하면서, 결혼을 하면서 하나씩 둘씩 달라진다. 어느 대학에 들어갔느냐, 어떤 회사에 들어갔느냐, 연봉은 어느 수준이냐, 배우자가 얼마나 버느냐, 부모님이 물려줄 재산이 얼마나 되느냐, 재테크를 잘했느냐 못했느냐에 따라 사이가 벌어지기 시작한다. 누군가가 내보이는 우월감을 평온하게 감당해 내기 어렵기 때문이다. 의도적으로 내비쳤든 아니든 간에 말이다. 친구는 앞서가는데 나는 뒤처지는 느낌이 싫다. 그렇게 우리는 친구 사이에도 벽을 만든다.

'이렇게 살아도 문제없으니, 그냥 마음을 편히 먹자.'
'애초에 시작점이 다르잖아. 뱁새가 황새 따라가려고 하면 내 마음만 피곤해.' 이렇게 마음먹고 불안의 감정을 내려놓는 사람이 있다면, 그 정신력에 박수를 보낸다. 이런 사람은 심지가 굳은 사람이다. 자신이 추구하는 행복을 지킬 줄 아는 사람이다.

그렇지만 아무것도 하지 않은 채 '내게는 딴 세상 이야기니 관심 끊고 이렇게 살자. 근데 얘네들은 이제 안 보고 싶네. 거리를 두자'라고 한다면 당신은 질투할 자격도 없다. 차라리 뻔뻔하게 '그래, 잘나가는 친구들 둔 덕에 뭐라도 얻어보자!'라고 하는 편이 훨씬 낫다. 더 나아가 '계속 이렇게 살기는 싫은데. 변화가 필요해. 나도 뭐라도 해보자!' 한다면 금상첨화다. 그건 불안을 극복하고 앞으로 나아가겠다는 선언과도 같기 때문이다.

문제는 '조바심'이 날 경우다. 조바심은 '변화가 필요해. 뭐라도 해보자!'가 아니라, '어디 두고 보자. 곧 나의 달라진 모습을 보여주겠어!' 하는 마음을 낳는다. 다시 말해, 조바심은 시기심과 질투심을 부추긴다. '나를 위한 성공'보다는 '다른 사람에게 보이고 싶은 성공'을 하고 싶게 만든다. 즉 성공하고 싶은 이유가 '나를 위해서'가 아니라 '다른 사람 때문'이다.

'하루빨리 성공해서 나를 무시했던 사람들 앞에서 으스대고 싶다.'

이런 마음으로 과연 삶의 변화를 이룰 수 있을까? 성공할 수 있을까? 삶의 변화를 이룰 수 있을 것 같긴 하다.

그것이 긍정적인 방향이 아니라 부정적인 방향이라는 게 문제겠지만 말이다. 그리고 그렇게 해서 성공했다 하더라도 그것이 얼마나 오래갈까? 이런 과시적 성공을 추구하다가는 오히려 부작용과 큰 희생이 따를지도 모른다.

우리가 성공하고 싶은 이유는, 돈을 많이 벌고 싶은 이유는 다름 아니다. 오래오래 행복하고 건강하게, 사랑하는 사람들과 잘살고 싶기 때문이다. 남을 누르고, 잘난 체하기 위한 성공에 과연 행복이란 게 있을까? 경주마처럼 앞만 보고 달리다가는 나만 남게 될 수 있다. 함께 축하하고, 함께 기쁨을 나눌 사람이 곁에 없는 것이다. 여기엔 가족이나 친구들도 포함될 수 있다. 그런 인생이 과연 행복할까? 나에게 성공과 부는 행복과도 연결된다. 내가 성공하고 부자가 되었는데, 소중한 가족들과 친구들이 멀어지거나 혹은 없다? 이런 건 상상조차 하고 싶지 않다.

은행이라는 곳에서 일하다 보니, 어렵게 사업을 일구고 성공한 사람을 많이 보기도 하지만, 반대로 잘나가다 무너지는 회사도 많이 본다. 무너지는 사업을 어떻게든 일으켜보겠다고 조바심을 내는 바람에 더욱 안 좋은 결과를 맞이하는 경우도 심심치 않게 있었다. 잘나갈 때 더 잘나가 보겠다고 무리하게 사업을 확장하다가 본전도 못 건지는 상황은 말할 것도 없다. 이런 사례야 신문기사에서도 심심치 않게 나온다.

조바심은 우리의 눈을 멀게 만든다. 정작 중요한 일에 집중시켜야 할 에너지를 뺏기게 만든다. 다른 게 더 중요해 보이기 때문이다. 빨리 해결을 봐야 한단 마음에 하루에도 몇 번씩 확인하고 재촉하고 다른 사람을 피곤하게 만든다. 그러면 인간관계도 엉망이 된다.

주식 차트를 하루에도 몇 번씩 들여다본다고 주식이 쭉쭉 오르고 수익이 늘어나던가? 그런데도 많은 직장인이 회사 일은 뒷전으로 미뤄놓은 채 주식 앱으로 하루에도 수십 번씩 확인한다. 그러다 보면 회사 일에도 피해를 주게 된다. 평가가 낮아지는 것도 당연하다. 참고로 꾸준히 투자를 하되 관심을 덜 두는 투자자가 주식 수익률이 더 높다. 결국 느긋하게 멀리 보는 시야가 필요하다는 말이다.

나는 내 안의 불안과 조바심을 인정했다. 그리고 내려놓기 시작했다. 차곡차곡 쌓아 올린 것도 한순간에 무너질 수 있는 법이다. 내가 지금 불안해서 조바심을 낸다 한들, 안 될 일이 한순간에 이뤄질까? 그럴수록 차근차근 다져나갈 일이다. 중심을 잡아야 한다. 나의 영역을 구축하며 조금씩 조금씩 단계를 밟아나가야 한다. C의 모습에 눈이 멀어 강렬한 열망에 사로잡혔던 나의 마음이 서서히 가라앉고,

나는 본연의 호흡을 되찾을 수 있었다.

대나무 중 최고로 치는 '모죽'의 생장 이야기를 들어본 적 있을 것이다. 모죽은 씨를 뿌리면 무려 5년 동안 싹이 나지 않는다. 그러다 5년 후 싹이 나기 시작하면 무서운 속도로 자라난다. 하루에 80센티미터씩, 최대 30미터까지 성장한다. 왜 모죽은 첫 5년 동안 가만히 있다가 5년 후에 무섭도록 성장하는 걸까? 학자들이 조사해 봤더니, 모죽은 첫 5년간 땅속 깊이 자신의 뿌리를 사방으로 뻗는 데에 집중한다고 한다. 절로 고개가 끄덕여진다. 훗날 30미터까지 자라려면 내실과 기초를 다져야 할 것이 아닌가. 그 높은 길이와 무게를 감당하려면 당연히 뿌리가 깊고 탄탄해야 한다.

우리는 당장 티가 나지 않으면 뒤처질까 봐 불안해한다. 그렇게 조바심을 낸들 일이 하루아침에 뚝딱 이뤄지지는 않는다. 오히려 그르치고 다시 처음부터 시작하게 될지도 모른다. 급히 먹는 밥이 체한다고 했다. 따라서 우리에게는 모죽의 지혜가 필요하다. 뿌리를 깊고 넓게 내려 내실과 기초를 다져야 한다. 그렇게 우직하게 시간을 다져간다면, 어느 날부터 폭발적으로 성장할 나의 모습이 나를 기다리고 있을 것이다.

이만하면 됐겠지?

2013년 4월, 화제의 중심이 된 노래가 한 곡 있다. 바로 가수 조용필의 〈바운스〉다. 이 노래를 발표할 당시의 조용필은 예순세 살이었다. 환갑이 넘은 나이에도 그가 발표한 곡은 시대에 딱 맞게 트렌디하고 세련됐다. 그야말로 남녀노소를 막론하고 노래 제목처럼 심장을 '바운스'하게 했다. 젊은 세대는 부모 세대의 인기 가수가 그런 감성을 낼 수 있는 것에 주목하며 열광했다. 후배 가수 이문세마저 신문 칼럼을 통해 "충격적이었다"며, "형님이 다시 20대로 돌아가셨구나. 음반에 대해서 그렇게 오랫동안 고민하지 않고 파지 않았던 것에 반성을 또 했다"라는 감상평을 남겼다.

조용필은 〈바운스〉 이후로도 2022년, 2023년 싱글을 발표하며 변화하는 시대에 맞춰 꾸준히 활동을 이어오고 있다. 데뷔 연도가 1969년임을 감안한다면 그의 음악적 시도가 얼마나 대단한 건지 여실히 느껴진다. 실제로 조용필은 데뷔 이후 다양한 시도를 해오며 음악성과 대중성을 모두 잡은 아티스트 중의 아티스트다. 국내 최초의 뮤직비디오도 조용필이 시도했다. 지금도 톱스타인 김혜수가 출연해 드라마 타이즈 형식을 선보였다. 당시 얼마나 파격이었을지 짐작이 가고도 남는다. 조용필의 끊임없는 시도와 열정이 살아 숨 쉬는 그의 연대기를 만들었다.

일흔이 넘은 지금도 조용필은 매일같이 자신의 음역대를 확인하고 연습한다고 한다. 늘 겸손한 자세로 끊임없이 배우려고 하며, 후배들과도 격이 없이 지낸다고 한다. 그런 꾸준한 노력과 열린 태도가 조용필을 더욱 완성형의 뮤지션으로 만드는 것이 아닐까. 그래서 우리는 세대를 막론하고 아직 그의 음악을 기다린다. 후배들이 그를 추앙하며 닮고 싶어 한다. '살아 있는 전설'이라는 수식어에 걸맞는 가수가 있다면 단연코 조용필이다.

거장 하면 떠오르는 사람이 또 한 명 있다. 바로 신간을 발표할 때마다 노벨문학상 후보로 거론되는 소설가 무라카미 하루키다. 하루키는 루틴화된 일상을 보내는 것으로 꽤 유명한데, 《렉싱턴의 유령》이란 단편집 및 이후 여러 루트로 공개된 그의 일과를 대략 정리해 보면 다음과 같다.

1. 아침 4~5시에 일어나 모닝 커피 마시기
2. 책상에 앉아 9~10시까지 원고 집필
3. 간단한 아침 식사(두부 위주) 후 정오 12시까지 계속 집필
4. 한 시간 가량 점심을 먹고 운동 및 취미 생활(달리기, 수영, 독서, 음악 감상 등)
5. 9시까지 저녁을 먹고 취침

이렇게 1번부터 5번까지를 반복하며, 원고는 하루 200자 원고지 20매 분량을 꾸준히 쓴다고 한다. 보면 딱히 특별한 게 없어 보인다. 그런데 수십 년간 동일한 생활 패턴을 유지한다는 것은 그리 쉬운 일이 아니다. 아침 4~5시 기상, 9시 취침은 얼핏 생각하기에 사회생활이 가능한가 싶을 정도다. 소설가라면 응당 경험이 많아야 할 것 같고, 그러려면 사람 만나는 일이 필수처럼 보이기도 하니 말이다. 어쩌면 그건 그만의 방법이 있을지도 모른다. 어쨌든 하루키는《직업으로서의 소설가》라는 책을 썼을 만큼 그의 직업에 충실한 삶을 영위하는 것처럼 보인다. 그랬기에 그가 위대한 작가 반열에 오른 것인지도 모르겠다.

〈삼시세끼〉, 〈꽃보다 할배〉, 〈서진이네〉 등으로 유명한 나영석 PD는 "제가 꾸준히 인기 예능 프로그램을 만들 수

있었던 것은 무언가를 엄청 잘해서가 아니라 좋아하는 걸 꾸준히 버티면서 했기 때문인 것 같다"고 말한 적이 있다. 실제로 나영석 PD의 프로그램을 보는 사람들은 이런 말을 하곤 한다. "다 거기서 거기 같다." 그런데 거기서 거기 같은 프로그램이 늘 항상 인기다. '좋아하는 걸 꾸준히 버티면서 한 결과'다.

사실 나는 '버틴다'라는 표현을 썩 좋아하지 않는다. 선택권이 없는 사람이 꾸역꾸역 하루를 이어가는 느낌이 강하게 들기 때문이다. 게다가 많은 사람의 일상이 쳇바퀴처럼 돌아가지 않던가. 그나마 예능 PD라는 직업 덕에 나영석 PD는 다른 사람과 다른 시도라도 해볼 수 있다. 프로그램을 만드는 전체 과정은 비슷하더라도 출연자가, 배경이, 상황이 다르다. 같은 일이지만 변주가 가능한 것이다.

그럼에도 '좋아하는 걸 꾸준히 버티면서 했다'라는 말에서 좋아하는 일을 직업으로 해야 하는 애환이 느껴졌다. TV 프로그램이라는 특성상, 그리고 잘 알려진 대로 그가 받는 연봉을 생각하면, 시청률이나 화제성을 생각하지 않을 수 없을 것이다. 실제로 그가 연출한 모든 프로그램이 잘된 것도 아니다. 다른 PD와 비교당하기도 한다. 그럼에도 그는 크게 욕심부리지 않고 좋아하는 걸 꾸준히 이어나간다. 이게 나영석 PD의, 그리고 나영석 프로그램의 힘이다.

성공한 사람들이 마치 짜기라도 한 듯 하는 말이 있다. "그냥 하니까 되던데요." 짤막한 말이지만, 별거 없어 보이는 말이지만, 이 말 안에는 많은 의미가 포함되어 있다. "그냥 (꾸준히 계속) 하니까 되던데요." '꾸준히 계속'이 얼마나 어려운 일인지 알 만한 사람은 다 안다. '작심삼일作心三日'이란 말이 왜 나왔겠는가? 결심은 쉽고, 실천은 어렵다. 행동을 루틴으로 만드는 일은 더 어렵다. 그러니 이 어려운 일을 해내는 사람이 성공하는 것이다.

"이만하면 됐겠지?" 아니, 이렇게 만족해서는 안 된다. "이만하면 됐다!"가 되어야 한다. 지레짐작으로 만족하고 놔버리는 것이 아니라 스스로 확신이 들 때까지 해야 한다. 그래야 남들도 똑같이 말해준다. "이만하면 됐어"를 넘어 "매우 훌륭한데!"라는 찬사를 보낸다.

사람을 만나고 대하는 일도 마찬가지다. "내가 이만큼만 하면 되겠지?"란 태도는 금물이다. 면접 자리에서조차 우리는 가진 것을 모두 쏟아내야 한다. 하물며 나를 도와줄 사람이라면, 나와 일할 사람이라면, 나와 함께 갈 사람이라면, 진심을 다해야 하지 않을까? 반대로 생각해 보자. 나를 대하는 상대의 태도가 간만 보고 적당히 넘어가려 한다면, 과연 그 사람을 믿고 함께할 마음이 생길까?

'만남'은 순간이지만, 그 만남을 '어떻게 지속시킬 것인가'는 꾸준함의 문제다. 한결같은 태도, 한결같은 마음, 한결같은 노력이 필요하다. 세상에 아무 조건 없이 나를 사랑해 주는 사람은 부모님밖에 없다. 그것도 요즘 세상에서는 의문이 드는 말이지만 말이다(언론 매체에 나오는 사건 사고를 보면 부모 같지 않은 부모가 너무나도 많다). 가장 가까운 사이일수록 한결같은 모습을 보여야 한다. 가장 가깝기에 상처를 주고받기도 쉽기 때문이다.

이정재와 정우성은 연예계의 절친으로 유명하다. 무엇보다 이들은 친구로 지낸 지 몇십 년이 넘었는데도 서로 존대하는 것으로 잘 알려져 있다. 그 이유에 대해 이정재는 "더 위해주고 아껴주기 위해서"라고 밝힌 적이 있다. 그 마음을 꾸준히 잘 이어왔기에 지금도 그들은 존대하면서 서로의 가장 가까운 친구인 것이다.

"이만하면 됐겠지?" 하고 서로 어물어물한 사이보다는 "이만하면 됐지" 하고 서로 확신하는 사이가 많아졌으면 좋겠다. 그런 관계가 많아질수록 세상이 더 편해지고 잘 돌아가며, 더 많은 기회가 주어지지 않을까? 일회성 만남보다는 꾸준한 만남을 이어갈 수 있도록 해보자. 물론 때에 따라서 일회성 만남이 필요하거나 있을 때도 있다. 그렇더라도 그 사람에게 최선을 다해 깊은 인상을 남겨보자. 다시 만날 수 없더라도 누군가의 기억에 인상 깊게 남았다는 사실만으로도 충분하지 않은가. 비록 내가 그 사실을 알 수 없다고 해도 말이다. 나 역시 한순간 스쳐 지나갔지만 뇌리에 깊은 인상이 박힌 사람이 있다. 지금도 그 사람을 떠올리며 그 사람 같은 센스를 키우고 싶다고 생각한다. 이렇게 한번 스쳐 지나갔어도 기억에 오래 남는 인생의 스승 같은 사람들이 있는 법이다.

안 하고 후회 안 할래

세상에 후회하지 않는 사람은 없다. 우리는 알게 모르게 크고 작은 후회를 하며 살아간다. 그런데 후회가 반복되는 것만큼 사람을 비참하게 만드는 것도 없다. 후회는 이제 그만, 후회 없는 삶을 살고 싶다. "에잇! 차라리 하지 말고 후회도 하지 말자." 이러면 마음은 편해질지 모른다. 그런데 우리 인생은 어떻게 되는 걸까?

심리학자지만 행동경제학 연구로 노벨경제학상을 수상한 대니얼 카너먼의 저서 《생각에 관한 생각》을 보면 독특한 개념이 나온다. 바로 '경험하는 자아 Experiencing Self'와 '기억하는 자아 Remembering Self'다. 우리 안에는 '지금 이 순간을 경험하는' 나(경험 자아)와 훗날 이러한 경험을 기억하고 떠올리며 '새로운 관점으로 재해석하고 의미를 부여하는' 나(기억 자아)가 있다는 뜻이다. 이렇게 우리는 두 가지 자아가 있기에 추구하는 행복도 두 가지라고 카너먼은 주장한다. 하나는 경험 자아를 위한 행복이고, 다른 하나는 기억 자아를 위한 행복이다. 경험 자아를 위한 행복은 현재의 기분과 만족감을, 기억 자아를 위한 행복은 삶 전체에 대한 의미와 가치를 추구한다.

꼭 행복해야 하는지 묻는 사람이 있다면 다른 접근이 필요하겠지만, 일단 우리 모두는 행복을 추구한다는 점에서 양자의 밸런스는 중요하다. 현재에 만족할 수 있는 경험이 많아질수록 삶 전체를 행복하게 여기기 때문이다. 현재에 만족할 수 있는 경험이 적다면 우리는 삶을 불행한 것으로 느끼게 된다. 따라서 고통스러운 기억을 만들고 싶어 하는 사람은 없다. 하지만 그 고통의 경험이 우리를 더 나은 방향으로 이끈다면? 경험 자아는 괴로울 수 있지만, 기억 자아는 행복할 수 있다.

내가 만나본 부와 성공을 이룬 많은 사람은 대부분 선택의 기로에 섰을 때 "이때 안 하면 두고두고 후회할 것 같아서"란 마음으로 결정을 했다고 한다. 후회는 이미 지나간 경험에서 파생된 반응이다. 그리고 우리는 후회가 들면 같은 일을 반복하지 않기 위해 노력한다. 그만큼 경험에 기반한 후회는 우리 삶에 지대한 영향을 미친다. 그런데 성공한 사람들은 훗날의 반응을 생각해 현재의 선택을 내린 것이다. 이를 보면 성공한 사람들은 경험 자아보다는 기억 자아를 더 우선시하는 듯하다. 지금 당장보다는 인생 전체의 의미와 가치를 먼저 생각하는 것이다. 다만 이렇게 따지고 보면 이들의 경험 자아는 고통스러운 것만도 아닌 것 같다. 이쯤 되면 고통을 즐기는 수준 아닌가? 고생 끝에 낙이 온다는 말을 온몸으로 실천하는 사람들이다.

그렇다고 후회가 없을까? '안 하면 후회했을 것 같아서' 한 선택이 훗날에 후회로 돌아오는 경우도 분명 있다. 그렇다고 후회가 될까? 단순히 '아쉽다' 정도에서 끝나는 선택이 아닌, 인생의 궤적을 완전히 틀어버릴 만한 선택이라면? 일반적인 사람이라면 '안 하면 후회했을 것 같아서'란 결정을 내린 그때의 나를 쥐어박고 싶어질지도 모른다. 그런데 부와 성공을 이룬 사람들은 달라도 달랐다. 후회 대신 수업료를 낸 셈 쳐버리곤 했다. 어쨌든 그러한 선택과 결정을 내렸기에 경험한 일이었고, 그 경험 덕에 자신이 배운 것이 분명 있었기 때문이다. 그걸 우린 '지혜'라고 부르기도 한다.

당신은 어떤가? 당신의 과거에 대해 후회가 되는가? 어떤 점이 제일 후회되는가? 공부를 덜한 것? 배낭 여행을 가보지 않은 것? 저축을 덜한 것? 그 회사에 입사하지 않은 것? 그 사람과 결혼하지 않은 것? 주식이나 코인을 멀리한 것? 그 아파트를 사란 말을 흘려들은 것? 확실한 건, 그 후회에 매몰되어 지금 해야 할 것을 하지 못하면 앞으로도 후회할 일만 펼쳐질 것이란 점이다. 인생 자체가 후회로 점철되는 것이다. 이런 인생을 살고 싶은 사람은 누구도 없을 것이다.

지금이라도 나의 경험 자아에게 수많은 경험을 안겨줘야 한다. 그것이 고통스럽고 괴로울지라도 안 하는 것보다는 낫다. 훗날 나의 기억 자아가 재해석하고 의미를 부여하는 추억이 많길 바라는가, 적길 바라는가? 지나간 일이 아름답게 기억된다는 말은, 지나간 일이 실제로 아름다워서가 아니다. 지금 그걸 바라보는 내가 바뀐 탓이다. 나의 마음이, 나의 관점이, 나의 해석이 바뀐 탓이다. 그만큼 내가 성장했다는 뜻도 된다. 지나간 일이 아름답게 기억되길 원하는가, 고통스러운 기억 그 자체로 남길 원하는가? 아름답게 기억되길 원한다면 현재의 경험 자아를 고생시켜라. 그러면 훗날의 나의 기억 자아는, 그리고 나는 행복할 것이다.

이는 알프레드 아들러의 개인심리학식으로 말하자면 바꿀 수 없는 과거에 집착하지 말고, 바꿀 수 있는 현재에 집중해 미래를 만들어나가란 뜻이다. 아들러는 "우리는 누구나 주관적인 세계에 살고 있다"고 말했다. 내가 세상을 어떤 눈으로 보느냐에 따라 세상이 달라진다는 말이다. 결국 나의 관점과 해석에 달렸다는 뜻이다. 그러고 보면 학자들끼리는 통하는 게 있는 모양이다. 대니얼 카너먼이나 알프레드 아들러나 큰 궤적에서는 같은 말을 하고 있다. 그것을 표현하는 용어나 수단이 다를 뿐이다.

많은 사람이 그러했겠지만, 나 역시도 한때 삶의 모토가 '인생 한 방'이었다. 무엇이 되었든 소소한 것은 안중에도 없고, 오로지 한 번에, 왕창 몰아서, 한 번에 끝내려고 했다. 그게 맞는 방향이고, 나의 스타일이며, 심지어 멋지다고 여겼다. 그러한 마인드로 지내는 동안 나는 작은 일들은 신경 쓰지도 않게 되었다. 대수롭지 않게 여겼던 것들이 쌓이고 쌓여 동산이 되고, 마침내 커다란 산이 되어 내 앞을 가로막는 장애물이 되었다. 나는 그 산을 피해 다른 방향으로 향했다. 그렇게 도망치는 습관이 생기자 나는 더 이상 갈 곳도 설 곳도 없게 되었다.

숨이 막혔다. 이 지경이 되면 경험 자아도 기억 자아도 더 이상 작동하지 않는다. 갈수록 후회만 쌓이며 무기력이 나를 집어삼킨다. 마음이 힘드니 생각도 부정적인 방향으로 흐르기 시작하고, 나는 원래 이 모양 이 꼴을 못 벗어나나 보다 하는 무력감에 빠진다. 정신이 나가 있으니 기본도 하지 못하는 나날들이 계속되었고, 채워지지 않는 마음에 불안과 초조함만 쌓여갔다. 예민하게 굴고 짜증을 내니 사람들도 점점 더 거리를 두었다. 나는 갈수록 고립되고 외톨이가 되었다. 잘은 모르겠지만, 지금 생각해 보면 심각한 우울감이 왔던 것 같다. 이러다 스스로 목숨을 끊을지도 모른다는 생각마저 들었으니 말이다.

어느 날인가, 그날도 이런 우울감에 시달리고 있는데 마침 탁상 달력이 눈에 들어왔다. 탁상 달력의 비어 있는 서른 개의 칸이 마치 공허한 나의 마음처럼 보였다. 물끄러미 바라보다가 펜을 들어 빈칸을 채우기 시작했다. 칸이 작으니 작은 글씨로 딱 한 줄만 써넣었다. 지나간 날은 그날의 인상 깊었던 사건이나, 그로 인해 생각나는 사자성어나 문구 등을, 남은 날들은 하고 싶은 것이라든가 해야 할 일들을 적었다. 사실 적는 재미보다는 칸을 채워가는 재미가 쏠쏠했다.

그렇게 시작된 하루 한 줄 쓰기—日—作가 나를 살렸다. 달력에 작지만 빼곡한 기록들을 보고 있으려니 내가 해야 할 일이 보였다. 사소하지만 꼭 해야 할 일들이었다. 그렇게 다음 달의 비어 있는 칸도 채워나갔고, 하루 한 줄 쓰기는 지금까지도 해오고 있는 나의 습관이 되었다. 이를 바탕으로 나는 다음 달의 계획을 세운다. 무언가를 지속하는 나의 모습을 느끼는 순간, 나를 위한 어떤 강한 무기가 만들어지고 있다는 확신이 들었다. 우울감은 사라지고 벅찬 감정이 그 자리를 대신했다. 이 하루의 기록들은 이제 나의 유튜브 대본이 되고, 책의 원고가 되었다.

매일 5분을 걷든 10분을 걷든, 책 한 페이지를 읽든 열 페이지를 읽든, 짧게 한 줄 메모를 남기든 길게 일기를 쓰든, 무엇이든 꾸준히 해서 쌓이다 보면 죽이든 밥이든 된다. 누군가는 걷기부터 시작해서 마라톤에 입문하고, 누군가는 한 페이지부터 읽기 시작해서 1년에 50권씩 읽는 다독가가 되며, 누구는 한 줄 쓰기부터 시작해서 블로거가 되기도 한다. 나는 유튜버도 되고 작가도 되었다.

처음부터 이뤄지는 일은 없다. 연말이 되면, 아무것도 이뤄놓은 게 없다는 생각에 허무해지는 것은 뭔가 큰 것을 이뤄야 한다는 욕심 때문이다. 이러한 태도야말로 후회하고 버려야 한다. 어쩌면 우리가 진정 후회해야 하는 것은 '지금 아무것도 하지 않는 것'일지도 모른다. 먼 훗날, 지금의 이 날을 후회로 남기지 않기 위해서는 고생스럽더라도 지금 해야 할 일을 해야 한다. 움직여야 한다. 그래야 나의 기억 자아가 행복하다.

어떻게 해야 할지 모르겠다면 나처럼 탁상 달력을 이

용하는 방법을 추천한다. 요즘엔 휴대폰으로도 일정 관리를 할 수 있으니, 휴대폰 캘린더 앱을 활용해도 된다. 연말에 그 활동 기록들을 본다면 '올해도 아무것도 이룬 게 없구나' 하는 허망한 마음은 들지 않을 것이다. 그 기록들이 내가 지내온 1년을 고스란히 내보여줄 테니까. 보면서 내가 올해 이런 일을 했구나 싶어 놀라고 감탄하게 될 것이다. 좋았던 일은 미소가 지어지고, 후회되는 일은 거울 삼아 반성하게 될 것이다. 그 후회를 바로잡는 일을 새해의 목표로 삼을 수도 있다. 그렇게 우리는 앞으로 조금씩 나아갈 수 있다.

딱히 할 일이 생각나지 않는다면, 100명 연락하거나 만나기, 1000명 연락하거나 만나기, 1만 명 연락하거나 만나기를 목표로 삼아도 된다. 휴대폰 연락처나 카톡 친구 목록을 열고, 누구와 연락하고 누구와 만날 것인지 달력에 계획을 세워보는 것이다. 연락을 한 날이나 만남이 성사된 날은 눈에 뜨이도록 표시를 해둔다면, 그 표시가 늘어나는 것에 재미가 느껴질 것이다. 계획대로 하다 보면, 잊고 지낸 어릴 때 동창을 만나 까마득했던 기억을 되살릴 수도 있고, 은사님을 다시 만나 자신을 되돌아보는 시간도 가질 수 있을 것이다. 일적으로 만난 사람이라면, 이번 기회에 안부를 묻고 또 다른 약속도 잡아볼 수 있을 것이다.

오랜만에 하는 내 연락에 사람들이 꺼리기도 할 것이

다. 이거 설마 보험 들라는 이야긴가, 뭐 전기 매트 사달라는 부탁인가? 따라서 미적지근한 반응이 돌아올지도 모른다. 그렇더라도 실망하지 말고 계속해라. 그것조차 내가 오해를 살 만큼 얼마나 사람들에게 무심했는지 확인하는 결과다. 그렇게 내가 그동안 놓치고 산 것이 무엇인지 깨달음의 시간도 주어질 것이다.

안 하고 후회하지 말고, 하고 후회해라. 그것이 우리의 인생을 더욱 풍요롭게 만든다. 지금의 나에게, 경험 자아에게 자꾸 필요한 먹이를 주어라. 그러면 미래의 내가, 기억 자아가 행복을 느낄 것이다. 궁극적으로는 나라는 존재 자체가 성장하며 더욱 행복해진다. 오늘, 당신의 행복을 써라.

나 혼자 성공할 수 있다는 착각

"저를 뭐라고 불러도 괜찮습니다. 하지만 제가 자수성가했다고는 말하지 마십시오. 저는 다른 사람들의 도움 없이는 성공하지 못했을 겁니다."

영화 〈터미네이터〉로 잘 알려진 미국의 유명 배우이자 전 캘리포니아 주지사를 지냈던 아놀드 슈워제네거가 2017년 미국 휴스턴대학 졸업식에서 한 말이다. 1947년생인 그는 올해로 일흔일곱 살의 장년이 되었지만, 지금도 인스타그램에서 2600만 명의 팔로워들과 활발히 소통하는 젊은 감각의 스타다. 2023년에는 자기 이름으로 된 자서전을 출간하기도 했다.[*]

아놀드 슈워제네거의 이 연설은 많은 것을 생각하게

---

[*] *Be Useful: Seven Tools for Life*로 《뉴욕타임스》 베스트셀러이자 2023년 아마존 올해의 책으로 뽑혔다.

한다. 우리는 '자수성가'의 신화를 좋아한다. 혼자 힘으로 어려움을 이겨내고 불굴의 의지로 성공을 이뤄낸 사람의 이야기를 듣고 찬사를 보내며 그 사람을 닮고 싶어 한다. 아놀드도 미국에서는 그러한 상징이었다. 오스트리아 출신의 그는 빈털터리로 미국으로 건너와 보디빌더를 거쳐 액션 스타가 되었다. 그런 그를 보며 많은 사람이 "자수성가한 완벽한 본보기"라는 말을 했다고 한다. 하지만 정작 아놀드는 자기가 한 것이라고는 '동기부여를 하고 비전을 가진' 것일 뿐 그가 보디빌더로, 액션 스타로 성장할 수 있었던 것은 수많은 사람의 도움 덕분이라고 확실히 못 박았다. 경쟁자이자 좋은 친구들이 많았다며, 세상 모든 사람에게 그런 친구들이 있었으면 좋겠다고 말이다.

내가 가진 능력이나 가능성 위에 다른 사람의 도움이 덧붙여져 자신이 성공했다고 믿는 사람은 계속 잘나갈 수밖에 없다. 도움을 받았던 경험이 있기에 남을 도울 줄 알며, 그것이 또 새로운 성공으로 이어지기 때문이다. 남이 성공하도록 도와주는 이의 주변에 사람들이 모이는 것은 매우 자연스러운 일이다. 아놀드가 바로 그 증거다. 그의 수많은 인스타 팔로워 수는 그의 변하지 않는 인기를 증명하며, 그는 여전히 영화 및 넷플릭스 시리즈에 캐스팅되며 활발한 활동을 이어가고 있다. 자서전 또한 베스트셀러가 됐음은 물론이다.

생각해 보면, 완전히 '자수성가' 했다고 할 만한 일은 세상에 거의 없는 듯하다. 알고 보면 우리는 다른 사람들이 이룩해 놓은 환경과 시스템에서 배우고 성장하고 살아간다. 경제 활동만 봐도 그렇지 않은가. '돈을 주고 구매한다'는 거래가 존재하긴 하지만, 물건을 생산하는 사람이 없다면, 소비하는 사람이 없다면, 우리는 모두 어려움을 겪을 것이다. 그러니 우리는 어떤 식으로든 타인과 관계를 이어가며 발전하고 성장하는 것이다.

하버드대 엘리트들의 성공 노하우를 담아낸 쑤린의 《어떻게 인생을 살 것인가》에도 이런 부분이 잘 나타나 있다. 이 책을 보면, 하버드대의 엘리트들은 '혼자서도 살 수 있지만 함께해야 발전할 수 있다'는 인생 철학을 가지고 있음을 알 수 있다. 저자는 아무리 재주가 좋고 능력이 뛰어나다고 해도 혼자 힘으로는 한계가 있으며, 수학 공식으로 따지면 원래 1+1은 2가 맞지만, 사람과 사람의 만남은 1+1이 11이 되기도 한다고 주장한다. 즉 사람과 사람이 함께할 때 발산하는 효과는 수학 공식을 뛰어넘는, 퀀텀 점프를 하게 하는 위력을 발휘한다는 말이다.

대한민국의 1세대 기업인으로, 낮은 학력을 극복하고 현대그룹을 세운 고 정주영 회장은 한국형 자수성가의 대표적 인물로 꼽힌다. 하지만 정주영 회장도 그 성공을 오롯이 자신의 힘으로만 일군 것은 아니었다. 정주영 회장에게도 그가 고난에 빠졌을 때 그를 도와준 사람들이 분명 있었다.

1971년, 정주영 회장은 한국에 조선소를 짓기로 결정하고, 돈을 빌리기 위해 영국으로 날아갔다. 영국 바클리스은행과 4300만 달러의 차관 도입을 협의했지만, 은행의 최종 입장은 거절이었다. 돈도 기술도 없으며, 전쟁이 끝난 지 20년도 채 지나지 않은 작고 힘없는 나라에서 온 낯선 이에게 누가 그렇게 큰돈을 덜컥 빌려주겠는가? 예상치도 못한 난관에 정주영 회장은 궁리 끝에 바클리스은행에 영향력을 행사할 수 있는 선박 컨설턴트 회사의 롱바텀 회장을 찾아갔다. 그의 추천서가 있으면 바클리스은행에서 쉽게 돈을 빌려주리란 계산 때문이었다.

롱바텀 회장을 설득하러 간 자리에서 정주영 회장은 500환 지폐를 꺼내 보였다.* 지폐에 있는 거북선 그림을 보여주며 정주영 회장은, 우리는 영국보다 300년이나 앞서

---

* 당시 한국의 화폐 단위는 '환'이었으며, 500환짜리 지폐에는 거북선이 그려져 있었다.

철갑선을 만들었다고, 그 잠재력을 믿어달라고 설득했다. 정주영 회장의 자신감 넘치는 말에 롱바텀 회장은 추천서를 써주었다.

그렇게 추천서를 들고 갔건만, 이를 받아든 바클리스은행은 이번에는 선박 매수자를 구해 오면 차관을 해주겠다고 변덕을 부렸다. 정주영 회장은 다시 롱바텀 회장을 찾아갔고, 그리스 선박왕 아리스토틀 오나시스의 처남인 리바노스가 싸게 살 수 있는 배를 찾는다는 정보를 입수했다. 정주영 회장은 바로 리바노스를 찾아갔고, 마침내 26만 톤짜리 선박 수주 계약을 따내는 데 성공했다. 대한민국 조선업의 새로운 역사가 시작된 순간이었다.

이렇듯 성공의 이면에는 그 성공을 위해 힘을 보탠 조력자들이 있게 마련이다. 우리는 겉으로 드러난 모습만 보고 쉽게 단정지어 버린다. 그러니 우리는 혼자 성공할 수 있다는 잘못된 신념을 버려야 한다. 누군가를 찾아가 만나면 기적이 일어난다. 물론 거절도 있을 수 있다. 마치 영국의 바클리스은행이 그랬던 것처럼 말이다. 하지만 길은 하나가 아니다. 그 옆에도 있을 수 있으며, 한 번 갔던 길을 자꾸 가는 식으로 넓힐 수도 있다. 결국 정주영 회장이 롱바텀 회장이나 리바노스의 도움을 받아 바클리스은행의 차관을 얻어낸 것처럼 말이다.

우리는 지금 스마트폰으로 전 세계 81억 명의 사람이 실시간으로 소통할 수 있는 꿈의 세상에 살고 있다. 그만큼 우리의 가능성은 확장되고 기회도 많아졌다. 우리는 더 넓은 세상에서 필요한 지식과 도움을 구하고, 아이디어를 서로 교환하고 발전시키며, 비전이 같은 파트너를 쉽게 찾을 수 있다. 그만큼 경쟁도 치열해졌다. 이전에는 작은 한국 내에서 경쟁하면 됐지만, 이제는 전 세계의 모든 국가 및 기업, 사람들이 경쟁자가 되었기 때문이다. 경쟁자도 조력자도 많은 세상이다. 누구를 거울삼아 경쟁하고 발전할 것인지, 누구와 함께 일을 도모하고 걸어갈 것인지 우리는 얼마든지 결정할 수 있다.

더 나아가 사심 없이 도움을 주고받을 수 있는 친구와 지인도 더 많이 얻을 수 있다. 어느새부턴가 우리는 랜선 친구, 트친(트위터로 사귄 친구)이란 말에도 친숙해졌다. 인터넷 모임에서 만나 같은 취미 생활을 공유하는 사람들도 많아지고, 오랜 인연을 이어가는 사람들도 많다. 커플이 되어 결혼에 골인하는 사람들도 있다. 최근 젊은 세대가 미혼을 두려워하지 않는 이유에는 이런 면들도 작용할 것이다.

나를 이끌어주고, 발전시켜주고, 성장시켜주고, 성공하게 해줄 것이 눈만 돌리면 이렇게나 많다. 이런 세상을 외면만 하고 살 것인가? 삶은 선택의 연속이며, 그 선택의 결과가 인생의 향방을 결정짓는다. "혼자서도 살 수 있지만 함께해야 발전할 수 있다." 하버드대의 엘리트들도 깨달은 사실이다. 왜 우리는 안 되는가? 이제 당신 차례다. 이제 당신의 이야기로 성공과 행복을 경험해라.

나오는 말

각자도생이 함께 도생이 되도록

언제부터인가 '각자도생'이란 말이 유행하기 시작했다. 본인 스스로 살 길을 구한다는 뜻으로, 한때 유행했던 '헬조선'의 또 다른 변형이다. 즉 기대할 게 없는 세상이니 나라도 잘 먹고 잘살아야 한다는 무관심과 이기주의를 반영한다. 특히 젊은 사람들이 이런 표현을 많이 쓰는데 참으로 안타깝다.

같은 조직 안에서도 5센티미터 두께의 파티션을 두고 각자 할 일을 하며, 누군가 나를 찾는 일이 없기를 바란다. 나 또한 다른 사람을 찾는 일은 없었으면 좋겠다고 생각한다. 직장은 사교의 장이 아니니 받는 만큼만 일하고, 회사 사람들과는 필요한 일만 딱 주고받는 건조한 관계가 좋다. 괜한 일에 엮어서 피 보는 일은 사양하고 싶다.

그런데 이게 과연 옳은 일일까? 바람 부는 벌판에 홀

로 서 있을 수 있는 사람은 없다. 바람을 막아줄 울타리가 없다면, 바람을 이겨내도록 최소한 손을 붙잡고 함께 견뎌줄 사람이 필요하다. 나는 그게 우리가 사는 세상이라고 생각한다.

이제 남자들도 편히 육아휴직을 쓸 수 있는 시대가 되었다. 하지만 한편으로는 이런 분위기를 싫어하는 사람들도 있다. 누군가 육아휴직을 들어가면서 생기는 공백을 남은 사람이 메워야 하는 것이 싫어서다. 그 남은 사람이 나일 경우, 그 손해를 굳이 감수하고 싶은 생각이 없는 것이다. 그런데 생각해 보자. 내게도 언젠가 급하게 회사를 비워야 하는 사정이 생길 수 있다. 내가 지치지 않는 AI 로봇이라면 모를까, 건강상의 이유로 자리를 비워야 할 때가 있을 것이다. 그렇다면 누군가 내 업무를 메워줘야 하지 않을까?

물론 가장 좋은 것은, 이런 문제가 해결되도록 회사가 지원하는 것일 테다. 하지만 그렇지 않다고 해서 함께 일하는 사람들끼리 아웅다웅하며 감정싸움을 하고, 조금의 손해도 보지 않으려는 태도가 과연 옳은 것인지는 생각해 볼 문제다. 호구가 되라는 이야기가 아니다. 양보의 미덕, 이해의 미덕을 발휘하는 마음의 여유가 없는 상황이 아쉬워서 하는 소리다.

각자도생만큼 많이 거론되는 말이 금수저, 은수저, 동수저, 흙수저다. 다이아몬드 수저에 나무수저까지 등장했다. 요즘 웹소설은 회귀물, 빙의물, 환생물이 유행이라고 한다. 과거 어느 시점으로 다시 돌아가거나, 그 시대 유력자의 몸에 혼이 들어가거나, 과거의 다른 사람으로 다시 태어나는 것이다. 드라마《재벌집 막내아들》이 대표적이다. 동명의 웹소설을 원작으로 하는 이 드라마는, 재벌 총수 일가의 오너리스크를 관리하는 비서가 그 재벌집 막내아들로 환생하면서 벌어지는 일들을 다루고 있다. 미래의 기억을 가지고 과거로 돌아간 만큼 하는 일마다 족족 대박이다.

이런 수저론과 웹소설의 유행이 어쩌면 사람들의 숨은 욕망을 대변하고 있는지도 모른다는 생각이 들었다. 어딘가에 부자인 내 친부모가 살고 있는 것은 아닐까의 또 다른 버전? 안타깝게도 세상에 태어난 것은 나의 의지가 아니다. 그렇다 보니 나의 환경이 또 원망스럽다. 부모님이 돈이 많았더라면, 아는 사람이 많았더라면, 물려줄 가게라도 하나 있었더라면 내 인생은 달라졌을 텐데. 이러한 마음이 수저론과 회귀하고, 빙의하고, 환생하는 이야기에 몰입하는 것으로 나타나는 것이다.

사실 타고난 수저를 이길 수는 없다. 이건 어쩔 수 없는 일이다. 기울어진 운동장에서 시작할 수밖에 없는 심정, 나도 잘 알고 있으며 이해한다. 나 역시 동수저조차 못 되었으니까. 벌어진 경제적 격차 때문에 젊은 세대가 그 어느 때보다 힘겨워한다는 사실도 잘 알고 있다. 풍족하게 자랐지만 실질적으로는 가난한 세대라는 말에 동감하는 면도 있다. 집값, 학자금, 생활비가 오르는 속도에 비해서 연봉이 오르는 속도는 더디고, 일자리도 더 적은 것이 현실이니까 말이다. 더욱더 내가 차지할 수 있는 자리가 소중하고, 다른 것은 살필 여유가 없는 것도 당연하다.

그런데 신세한탄만 하고 있다고 해서 세상은 바뀌지 않는다. 꿈만 꾸고 가상의 세계로 회피해서는 이룰 수 있는 게 없다. 다소 꼰대스러운 발언이라고 해도 할 수 없다. 사실 이렇게 경쟁하고 위로 올라가야만 하는 상황이 불만이라면, 아예 이 시스템 밖으로 벗어나도 된다. 자신의 선택에 책임만 질 수 있다면 누구도 뭐라 하지 않는다. 실제로 그러한 삶을 추구하는 사람도 있다. 그것은 그 나름대로 행복하고 보람 있는 인생일 것이다.

그럴 수 없다면 지금 있는 그 자리에서 성공을 꿈꾸어야 한다. 그 성공에 대한 정의가 각자 다르다고 할지라도, 지금 선 자리에서 시작해야 하는 것만큼은 명확한 사실이다. 환경이 어떻든, 시스템이 어떻든 우리 주변에는 성공한 사람들이 끊임없이 생겨나고 있다. 은행에서 수많은 사람을 만나본 내가 그 증인 중 한 명이다.

    은행이란 곳은 냉정한 계산이 베이스인 곳이다. 돈을 빌리고 빌려주는 사람들이 모이기 때문이다. 조금이라도 이자를 낮추려고 아웅하고, 조금이라도 이자를 더 받으려고 다웅한다. 그래서 다소 인간미가 없을지도 모른다. 대신 다양한 이야기가 넘쳐난다. 그것도 돈에 관한 무수한 이야기가 들려오고 나간다. 돈에 얽힌 이야기다 보니 생생하다 못해 절절하기까지 하다. 돈을 어떻게 벌었다부터 어떻게 잃었다까지, 그러한 이야기를 듣는 모든 순간이 내게는 배움이다.

    그 배움으로 인해 이 책을 쓰게 되었다. 방대한 데이터나 과학적 실험을 바탕으로 하는 것은 아니지만, 현장에서 호흡하며 얻은 인사이트를 최대한 전달하려고 노력했다. 너무 개인적인 경험이라서 보편적인 이야기가 될 수 있을지 걱정스런 마음도 들긴 하지만, 내가 겪은 다양한 이야기를 엮어서 내놓는 것만으로도 누군가에게는 도움이 되지 않을까 생각해 본다. 부디 이 책을 읽고 뭔가 해볼 용기를 내고 실천에 옮기는 사람이 있다면 저자로서 그보다 더 기쁜 일은 없을 것이다.

끝까지 읽어주신 독자 여러분과 나의 이야기가 책으로 출간될 수 있게 기회를 주신 출판사 관계자 분들께 감사드린다. 내게 항상 응원과 도움을 아끼지 않는 주변 분들과 유튜브 채널 〈부르르 부동산〉 구독자 분들께도 진심으로 감사드린다. 무엇보다 나를 위해 수고를 아끼지 않는 사랑하는 아내와 가족들에게 두 손 모아 감사의 마음을 전한다.

이제 세상에 단 하나뿐인 소중한 당신의 삶을 의미 있게 만들어줄 누군가와 동행할 시간이다. 자, 다 함께 출발!

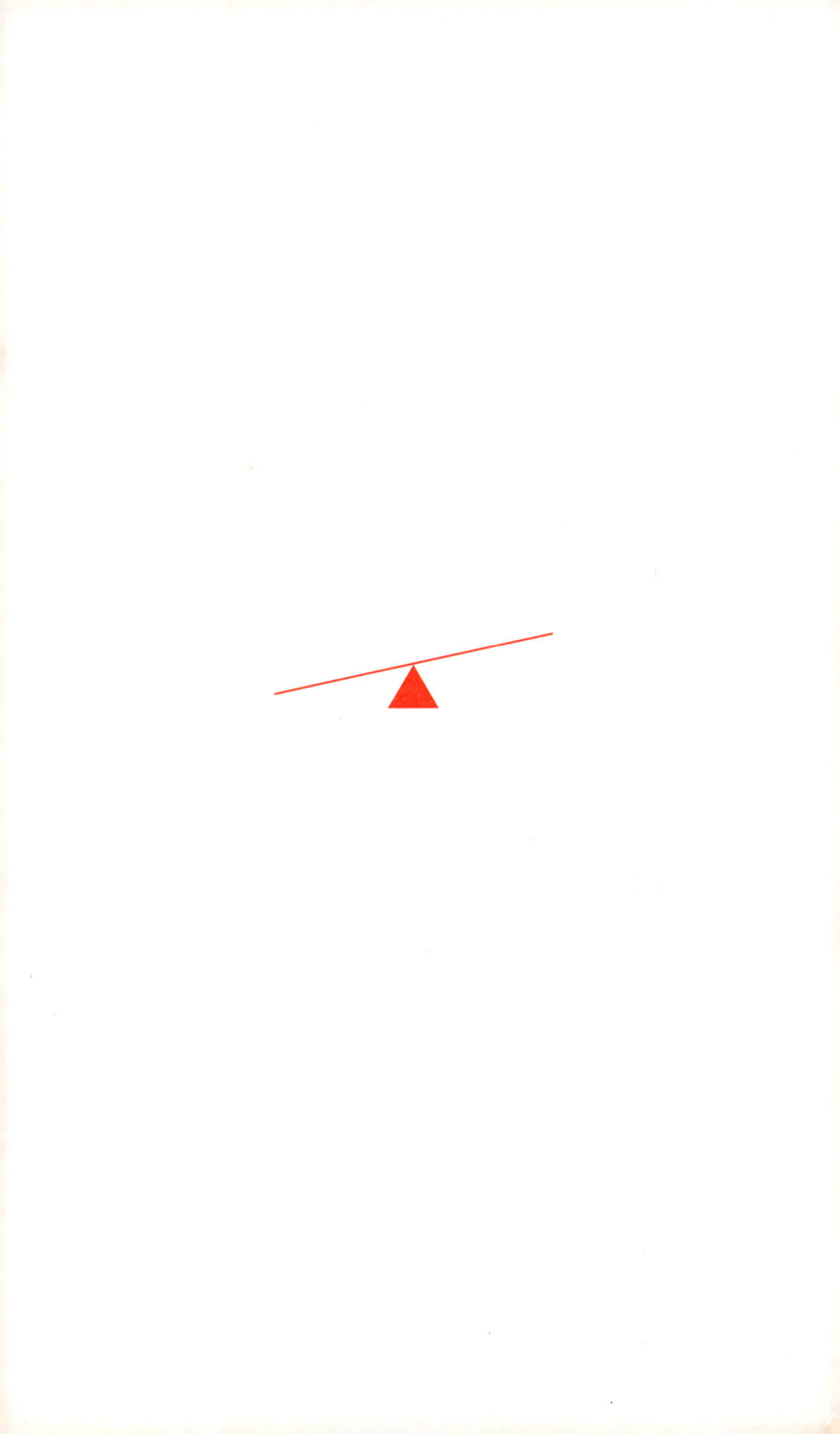

사람을 통해 부와 성공의 확률을 높이는 인적 레버리지
잘나가는 사람은 혼자 가지 않는다

초판 1쇄 인쇄 2024년 9월 5일 | 초판 1쇄 발행 2024년 10월 1일

지은이 부르르Brr

펴낸이 신광수
CS본부장 강윤구 | 출판개발실장 위귀영 | 디자인실장 손현지
단행본개발팀 김혜연, 조문채, 정혜리
출판디자인팀 최진아, 김가민 | 저작권 김마이, 이아람
출판사업팀 이용복, 민현기, 우광일, 김선영, 신지애, 허성배, 이강원, 정유, 정슬기, 정재욱, 박세화, 김종민, 정영묵, 전지현
영업관리파트 홍주희, 이은비, 정은정
CS지원팀 강승훈, 봉대중, 이주연, 이형배, 전효정, 이우성, 장현우, 정보길

펴낸곳 (주)미래엔 | 등록 1950년 11월 1일(제16-67호)
주소 06532 서울시 서초구 신반포로 321
미래엔 고객센터 1800-8890
팩스 (02)541-8249 | 이메일 bookfolio@mirae-n.com
홈페이지 www.mirae-n.com

ISBN 979-11-6841-904-9 03190

- 와이즈베리는 ㈜미래엔의 성인단행본 브랜드입니다.
- 책값은 뒤표지에 있습니다.
- 파본은 구입처에서 교환해 드리며, 관련 법령에 따라 환불해 드립니다.
  다만, 제품 훼손 시 환불이 불가능합니다.

와이즈베리는 참신한 시각, 독창적인 아이디어를 환영합니다.
기획 취지와 개요, 연락처를 bookfolio@mirae-n.com으로 보내주십시오.
와이즈베리와 함께 새로운 문화를 창조할 여러분의 많은 투고를 기다립니다.